G

2245/3

COURS

D'ÉTUDES HISTORIQUES.

Paris. — Typographie de Firmin Didot Frères, rue Jacob, 56.

COURS
D'ÉTUDES HISTORIQUES

PAR

P. C. F. DAUNOU,

PAIR DE FRANCE,

SECRÉTAIRE PERPÉTUEL DE L'ACADÉMIE DES INSCRIPTIONS ET BELLES-LETTRES,
MEMBRE DE L'ACADÉMIE DES SCIENCES MORALES ET POLITIQUES,
GARDE GÉNÉRAL DES ARCHIVES DU ROYAUME,
ANCIEN PROFESSEUR D'HISTOIRE
AU COLLÉGE ROYAL DE FRANCE, ETC. ETC. ETC.

———

TOME DIXIÈME.

PARIS,

CHEZ FIRMIN DIDOT FRÈRES, LIBRAIRES,

IMPRIMEURS DE L'INSTITUT DE FRANCE,

RUE JACOB, 56.

—

1845.

COURS

D'ÉTUDES HISTORIQUES.

SUITE DE LA TROISIÈME PARTIE.

EXPOSITION DES FAITS.

THUCYDIDE.

ÉTUDES
HISTORIQUES.

THUCYDIDE.

PREMIÈRE LEÇON.

NOTICE SUR LA VIE ET LES TRAVAUX DE THUCYDIDE.

Messieurs, en commençant son ouvrage, Thucydide se nomme et se qualifie Athénien, Θουκυδίδης Ἀθηναῖος. Il annonce qu'il n'imitera point l'exemple des auteurs qui, plus jaloux d'obtenir des applaudissements que de mériter la confiance, entremêlent aux faits des fictions invraisemblables. C'est peut-être un trait qu'il lance contre Hérodote. Pour lui, il a recherché des témoignages positifs : s'il n'a pu retenir littéralement tous les discours qu'il a entendus, s'il en est d'ailleurs qu'il ne connaît que par le compte qu'il s'en est fait rendre, toujours assure-t-il qu'il se tiendra le plus près possible des pensées et même des expressions de chaque personnage. A l'égard des événements, il ne s'est pas fié aux premiers récits qu'on est venu lui débiter : il a pris des informations exactes, et s'est appliqué à tout vérifier. Il veut laisser aux siècles à venir un monument fidèle, une instruction pure : son travail n'est pas

un jeu d'esprit, une composition romantique, un poëme destiné à charmer l'imagination et l'oreille. C'est
au moment même où s'allumait la guerre du Péloponnèse qu'il en a entrepris l'histoire. En décrivant la
peste de l'Attique, il nous apprend qu'il en a été lui-
même atteint. Dans son quatrième livre, il raconte
que *Thucydide, fils d'Olorus, qui a écrit ces choses,*
possédait et exploitait des mines d'or dans un canton
de la Thrace, ce qui le rendait l'un des hommes les
plus riches du continent; qu'il se trouvait à Thasos,
lorsqu'il reçut ordre de venir au secours d'Amphipolis;
qu'aussitôt il se mit en mer avec sept vaisseaux, pour
empêcher les habitants de cette ville d'écouter les propositions des ennemis, ou pour occuper au moins le
port d'Éion ; que cependant Brasidas, général des Lacédémoniens, parvint à traiter avec les Amphipolitains, et
s'était déjà rendu maître de la place, quand Thucydide
y arriva sur le soir; que, forcé de renoncer à conserver
Amphipolis, il fit les dispositions nécessaires pour mettre
Éion en sûreté, et réussit en effet à en repousser Brasidas. « Exilé après cette affaire, nous dit-il au cinquième
« livre, j'ai passé vingt ans hors de ma patrie; j'ai vécu
« chez l'une et l'autre des parties belligérantes : mon
« exil et le loisir dont j'ai joui m'ont donné les moyens
« de mieux connaître les intérêts et les expéditions des
« Péloponnésiens. » Il parle, en d'autres endroits, de deux
personnages qui portaient le même nom que lui, mais
qui n'étaient pas de sa famille : l'un conduisit quarante
vaisseaux athéniens destinés à seconder la flotte qui as-
siégeait Samos; l'autre, né à Pharsale, concourut à cal-
mer une agitation publique dans Athènes, où il était
étranger. Voilà, Messieurs, tous les renseignements

que Thucydide nous fournit sur sa propre histoire.

Une vie beaucoup plus détaillée de cet historien a été composée en grec par un auteur, appelé Marcellin, qui probablement n'a pas vécu avant le milieu du troisième siècle de notre ère, et qu'il faudrait rejeter au quatrième, si on devait le confondre, comme on l'a fait quelquefois, avec Ammien Marcellin. A l'appui de cette dernière conjecture, on observe qu'Ammien était Grec; qu'il se déclare tel à la fin du trente et unième livre de ses histoires; que sa latinité est fort mêlée d'hellénismes; qu'il imite en plusieurs endroits Thucydide, et qu'il lui emprunte d'heureux traits. Quel que soit ce Marcellin, il est postérieur de sept siècles au moins à Thucydide; et l'on peut s'étonner qu'il ait eu, sur la vie de cet historien, des documents inconnus aux auteurs classiques. Après avoir représenté Thucydide comme un orateur comparable à Démosthène, il lui donne pour père Olorus, qui tenait ce nom d'un roi de Thrace; pour mère, Hégésipyle; pour ancêtres, Miltiade et Cimon, par lesquels il descendait d'Æacus, fils de Jupiter. Didyme et Hellanicus sont cités à l'appui de cette généalogie : pour en éclaircir les derniers degrés, le biographe dit que Miltiade, pendant son séjour à la Chersonèse, prit pour femme Hégésipyle fille du roi de Thrace Olorus, laquelle mit au monde un fils qui pourrait être le père de l'Hégésipyle mère de notre historien, puisque celui-ci possédait en Thrace de si riches domaines. Toutefois, selon Marcellin, Olorus n'est pas le vrai nom de son père ; c'est Orolus qu'on lit sur le tombeau de Thucydide, situé à Cœla près de celui d'Hérodote : Didyme assure que les copistes ont transporté les deux lettres ρ et λ, et il rétablit Orolus. Du reste, Marcellin avoue que Thucydide n'a donné lui-même aucun renseignement sur sa famille : il a fallu suppléer à son silence, et vous voyez, Messieurs, qu'il n'y a rien perdu. On a su par Polémon qu'il avait eu un fils nommé Timothée, et par Hermippus qu'il comptait Pisistrate parmi ses aïeux ; ce qui explique pourquoi il parle assez mal d'Harmodius et d'Aristogiton. Il se maria en Thrace à une femme qui n'est point nommée, mais qui lui apporta des mines d'or. L'un des usages qu'il faisait de ses richesses était de payer les Lacédémoniens et les Athéniens qui lui fournissaient, pour son histoire, des renseignements sûrs et fidèles. Il avait eu pour maître de philosophie Anaxagoras, et pour maître d'éloquence Antiphon, rhéteur célèbre, dont il parle au huitième livre de son ouvrage. Parvenu à l'âge mûr, il ne s'était pas encore mêlé d'affaires publiques, n'avait paru ni au barreau ni aux assemblées du peuple : plus tard, on lui confia le commandement d'une armée ; ce fut la cause de ses malheurs. Ici Marcellin rapporte ce que l'historien nous a déjà dit lui-même de son revers à Amphipolis, du service qu'il rendit en défendant le port d'Éion, et de l'exil auquel ses ingrats concitoyens le condamnèrent. Nous lisons de plus dans la notice biographique, qu'il se retira d'abord à Égine, où il prêta la plus grande partie de son argent à de gros intérêts, ensuite en Thrace, où il écrivit son histoire ; en sorte que Timée, qui le transporte en Italie, ne doit pas en être cru. Mais ce qui l'honore le plus, selon Marcellin, c'est qu'ayant à se plaindre de l'Athénien Cléon qui l'avait fait bannir, et du Lacédémonien Brasidas, qui avait surpris Amphipolis, il s'exprime en termes fort modérés sur le compte de ces deux personnages ; il ne fait pas comme Hérodote, qui a si maltraité les Corinthiens, ni comme Xénophon, qui, en haine de Platon son rival, outrage le platonicien Ménon. Ces réflexions de Marcellin ne sont pas d'une parfaite justesse. Nous ne voyons point surtout que Cléon ait été si ménagé par Thucydide. « Les bons citoyens, dit cet historien, « se réjouissaient en songeant que de deux grands avantages, ils allaient infailliblement en obtenir un, ou de « subjuguer les Spartiates, ou, ce qu'ils désiraient encore plus, d'être délivrés de Cléon, qui partait pour Pylos. » Nous avons, Messieurs, déjà distingué trois Thucydide ; le biographe en indique un quatrième, fils d'Ariston et poëte. Après quoi il cite Praxiphane, suivant lequel l'historien de la guerre du Péloponnèse n'a brillé que depuis la mort d'Archélaüs, et n'a point obtenu par sa célébrité la fin de son exil, puisqu'il mourut et fût inhumé hors d'Athènes, où l'on n'a que son cénotaphe. Didyme, au contraire, prétend qu'il revint dans sa patrie et y périt de mort violente. Zopire, Cratinus et Timée ont suivi d'autres traditions entre lesquelles Marcellin ne désigne pas celle qu'il préfère. Mais, se livrant à des considérations littéraires sur l'ouvrage de Thucydide, il convient que cet écrivain a imité le plan d'Homère et l'élocution de Pindare ; qu'il a craint d'être peu estimé s'il s'exprimait assez clairement pour être entendu de tout le monde ; qu'il aspirait à être deviné et admiré par les lecteurs habiles ; qu'avant lui, les livres d'histoire étaient sans âme, ἀψύχους; qu'Hérodote, à la vérité, avait essayé de vivifier les siens par quelques harangues, mais trop peu nombreuses et trop vagues pour atteindre le but; que Thucydide en a le premier composé d'excellentes et

en nombre suffisant; qu'il a choisi le style sublime,
plus convenable au récit des actions humaines que le
style moyen d'Hérodote, et que le style simple ou maigre
(ἰσχνὸς) de Xénophon ; qu'il a emprunté les formes et
les figures de la poésie ; que néanmoins les caractères
de l'éloquence, tant délibérative que démonstrative et
judiciaire, se conservent et brillent dans ses livres, à
l'exception du huitième, auquel il n'a pas mis la dernière main, et qu'il a rédigé à une époque où la maladie affaiblissait son talent. Quelques-uns ont attribué
ce huitième livre soit à Xénophon, soit à Théopompe,
soit à la fille de Thucydide. Marcellin rejette ces trois
hypothèses : ce qu'il dit contre la troisième est aussi
injuste qu'incivil : il refuse aux femmes le talent
d'écrire, qu'il est loin de posséder lui-même au degré
où plusieurs d'entre elles l'ont porté. Il écarte Théopompe sans dire pourquoi, et la distance du simple au sublime, ἰσχνοῦ καὶ ὑψηλοῦ, lui paraît une raison suffisante
de ne point faire achever par Xénophon l'ouvrage de Thucydide. Nous verrons pourtant que Thucydide a été
continué par Xénophon et par Théopompe, en ce qui
concerne les sept dernières années de la guerre du Péloponnèse, car il s'était arrêté à la vingt et unième; la
notice dit ensuite qu'il est mort en Thrace où il avait
écrit ses huit livres, recherchant la vérité, dédaignant
les digressions et les fables, et ne racontant pas, comme
Hérodote, l'histoire merveilleuse du musicien Arion.
Thucydide ne laisse pas pourtant de parler de Térée,
des cyclopes et de plusieurs oracles : il ne faudrait
pas, Messieurs, nous former d'avance une idée exagérée
de la sévérité de sa critique. Il aime à faire usage de
l'ancienne langue attique; il emploie la lettre ξ au lieu

de σ, la diphthongue αι au lieu d'α; ξυνέγραψε pour συνέγραψε, ξυμμαχίαν pour συμμαχίαν, αἰεὶ pour ἀεί; des mots qui lui sont propres, tels qu'ἀποσιμῶσαι, *élever*, κωλύμη, *interdiction*; des expressions poétiques, comme ἀνακῶς, *avec un grand soin*; des termes vieillis au nombre desquels le biographe cite παγχάλεπον et ἁμαρτάδα, qui ne se rencontrent point dans les livres de l'historien. Vers la fin de cette notice, il est fait mention de l'émotion vive qu'éprouva Thucydide, bien jeune encore, et des larmes qu'il versa en écoutant Hérodote, qui lisait une partie de ses récits aux jeux Olympiques : Hérodote s'en aperçut, et félicita Olorus d'avoir un fils si bien disposé aux études et aux travaux littéraires. Nous apprenons en outre de Marcellin, que certains réviseurs ont partagé en treize sections l'Histoire de la guerre du Péloponnèse, mais que la division ordinaire est en huit livres; que c'est celle qu'Asclépius a jugée la véritable; que l'auteur de cette Histoire avait la physionomie d'un penseur, la tête et la chevelure terminées en pointe, le port et les attitudes les plus conformes au caractère de ses écrits; qu'il mourut à l'âge de plus de cinquante ans, en Thrace, comme il a été déjà dit; qu'il y fut enterré; que cependant l'on assure que ses os ont été secrètement rapportés dans Athènes par ses parents; que son tombeau s'y voyait, ainsi que l'atteste Anthyllus, à Cœla, et qu'on y lisait les trois mots Θουκυδίδης Ὀλόρου ἁλιμούσιος, « Thucydide fils « d'Olorus, du bourg d'Alimuse. » Telle est, Messieurs, la substance de la notice biographique la plus étendue que nous ayons sur Thucydide.

Une autre vie de cet écrivain, rédigée par un anonyme, est beaucoup plus succincte; et présente néan-

moins quelques détails nouveaux. Il y est dit que les
Athéniens ayant confié au fils d'Olorus un commandement militaire et l'exploitation des mines de Thasos,
il devint riche et puissant; qu'on l'accusa de trahison;
qu'il était au moins coupable de lenteur et de négligence; qu'il avait laissé prendre Amphipolis; que, durant les dix années de son exil, il composa son ouvrage
historique, en y saisissant toutes les occasions d'exalter les Spartiates, de dévoiler l'avarice, la tyrannie, la
faiblesse des Athéniens, qui l'avaient si rigoureusement
traité; qu'avant d'être écrivain, il s'était fort mêlé
d'affaires publiques; qu'il avait plaidé des causes, notamment celle de Pyrilampès, accusé d'assassinat et
poursuivi par Périclès. Il est à propos de remarquer,
Messieurs, que Cicéron assure, au contraire, que jamais
Thucydide n'a prononcé de plaidoyers. L'anonyme raconte ensuite qu'ayant fait absoudre Pyrilampès, Thu-
cyde s'attira par ce triomphe les regards et les suffrages
de la multitude; qu'on le fit général, mais qu'entraîné
à des malversations par sa cupidité, il fut déclaré coupable de péculat, et destitué de ses fonctions administra-
tives; qu'il partit pour Sybaris avec Xénocrite; qu'il
osa pourtant reparaître dans Athènes; qu'on l'y sur-
prit, et qu'on le bannit; qu'alors il alla s'établir à
Égine où il écrivit ses livres; que là encore, il s'abandonnait à ses honteux penchants, et ruinait les Éginètes par des prêts usuraires; qu'il achevait son huitième
livre quand il mourut de maladie; que son tombeau
est à Cœla, soit qu'après l'expiration du terme de son
exil il soit revenu finir ses jours dans sa patrie, soit
qu'on y ait rapporté son corps; qu'enfin la colonne
érigée sur sa tombe porte pour inscription ce vers :

Θουκυδίδης Ὀλόρου ἀλιμούσιος ἐνθάδε κεῖται.

« Thucydide, fils d'Olorus et Alimousien, repose en ce
« lieu. » L'auteur de cette notice paraît n'avoir eu aucune
connaissance de celle de Marcellin, auquel cependant
on a lieu de le croire postérieur de plusieurs siècles.

Au douzième, Suidas a inséré, dans son lexique, un
article dont voici la traduction : « Thucydide, fils d'O-
« lorus, Athénien, eut un fils nommé Timothée. Lui-
« même, il descendait par sa mère, de Miltiade ; par
« son père, du roi de Thrace Olorus. Il fut disciple
« d'Antiphon. Il florissait à la quatre-vingt-septième
« olympiade (431 ans avant J. C.). Dans son enfance,
« il entendit Hérodote lisant son histoire aux jeux
« Olympiques, et fut saisi d'un enthousiasme qui lui
« arracha des larmes. Hérodote le remarqua et félicita
« Olorus d'avoir un fils d'une si grande espérance et
« qui montrait une telle ardeur pour l'étude. Hérodote
« ne se trompait pas. Thucydide devint un habile
« historien, un élégant écrivain, versé dans l'art de
« raconter les combats et les délibérations. On observe,
« dans sa diction, quelques formes particulières. »

Pour rassembler tous les éléments d'une vie de Thucydide, il faut, Messieurs, joindre à ce qu'il nous en a
lui-même appris, et aux trois notices que je viens de
mettre sous vos yeux, plusieurs textes classiques, grecs
et latins, mais surtout ceux que fournissent Pline l'Ancien, Plutarque, Aulu-Gelle et Pausanias. Pline dit
que les Athéniens exilèrent Thucydide général, et le
rappelèrent quand il fut devenu historien : ils admiraient l'éloquence de celui dont ils avaient condamné
la conduite militaire : *Thucydidem imperatorem
Athenienses in exilium egere, rerum conditorem*

*revocavere, eloquentiam mirati cujus virtutem dam-
naverant.* Quatre Thucydide, y compris l'historien,
nous ont été jusqu'ici désignés : Plutarque en fait connaître un cinquième, qui était fils de Milésius, et qui,
en racontant ses combats à la lutte contre Périclès,
disait : « Quand je l'ai renversé, il se met à discourir
« avec tant d'art, qu'il persuade aux assistants que c'est
« lui qui est le vainqueur. » On lit dans les Notices de
Plutarque sur les dix orateurs, comme dans l'opuscule
de Marcellin, qu'Antiphon passait pour avoir donné
des leçons d'éloquence au fils d'Olorus, et que Cæcilius fondait cette conjecture sur les éloges donnés au
rhéteur par l'historien. Mais le passage de Plutarque,
qui mérite ici le plus d'attention, se rencontre dans la
vie de Cimon. « Cimon... estoit fils de Miltiadès et d'Hé-
« gésipyle, Thracienne de nation et fille du roy Olorus,
« comme l'on trouve en certaines compositions poéti-
« ques, que Mélanthius et Archélaüs ont escriptes de
« Cimon. Le père mesme de l'historien Thucydidès, qui
« estoit aussi de la parenté de Cimon, s'appelloit sem-
« blablement Olorus, monstrant par ceste conformité
« de nom que ce roy Olorus estoit un de ses ancestres,
« et si possédoit des mines d'or au païs de la Thrace,
« joint que l'on tient qu'il y mourut en un certain lieu
« qui se nomme la Forêt Fossoyée, Scalpté Sylé, là où il
« fut tué; mais ses cendres et ses os furent rapportez au
« païs de l'Attique, et se void encore son tombeau entre
« les sépultures de la famille de Cimon... Toutefois
« Thucydidès estoit du bourg d'Alymus, et Miltiadès de
« celui de Lacia. » Aulu-Gelle, s'appuyant de l'autorité
de Pamphila, dit qu'à l'ouverture de la guerre du Péloponnèse, l'auteur qui en devait écrire l'histoire avait

quarante ans, ce qui porte sa naissance à l'an 471 avant l'ère vulgaire, treize ans après celle d'Hérodote. Pausanias, enfin, parle de la statue érigée à OEnobius en récompense d'une très-belle action, savoir, de ce qu'il avait provoqué le décret qui rappelait Thucydide, fils d'Olorus; mais peu de temps après, ajoute Pausanias, Thucydide fut tué par une insigne trahison : il a son tombeau près de la porte Mélitide.

D'après ces données qui sont, je crois, les seules, ou du moins les plus importantes, c'est à vous, Messieurs, de juger de ce qu'il y a de connu, de probable ou d'invraisemblable, concernant la vie de Thucydide. Qu'il soit né en 471, nous sommes autorisés à le supposer avec Pamphila et Aulu-Gelle. Ce que Marcellin, le biographe anonyme et Suidas rapportent de sa généalogie est en partie confirmé par Plutarque : il appartenait à deux familles illustres, l'une en Thrace, l'autre dans l'Attique. Il n'y a point de nécessité de changer le nom de son père Olorus en Orolus; ce changement introduit par le seul Marcellin est contredit par trop de textes. Je suppose aussi que nous ne ferons point remonter sa généalogie à Æacus et à Jupiter; ce sont là des embellissements au moins superflus. Croyons, puisque Plutarque et avant lui Cæcilius l'ont conjecturé, qu'il a reçu d'Antiphon des leçons de rhétorique; nous n'avons pas autant de motifs de lui donner Anaxagoras pour maître de philosophie. Les jeux Olympiques auxquels il assista, et où son talent s'annonça par l'impression que firent sur lui les récits d'Hérodote, doivent être ceux de 460, ou de 458, ou de 452. La deuxième de ces dates me semble la plus convenable : Thucydide était alors âgé de quinze ans.

De l'an 454 à 452, Dodwell l'enrôle dans une milice,
d'après des indications beaucoup trop vagues; et, sur
la foi du biographe anonyme, il l'associe à la colonie
athénienne qui, en 444, alla s'établir à Thurium, ou la
nouvelle Sybaris. Le même anonyme semble placer
avant ce départ pour Thurium les prétendues malversations qui entraînèrent un premier bannissement de
Thucydide : Dodwell, au contraire, veut que ces dix années d'exil soient comprises entre 441 et 431; mais je
crois, Messieurs, qu'il est fort permis de tenir pour
nuls les articles de la notice anonyme qui ne sont con-
firmés par aucun texte classique. Pour accuser un grand
écrivain de péculat et de rapines honteuses, il faut
d'autres indices que les assertions d'un grammairien
inconnu, de je ne sais quel rhéteur du moyen âge,
qui vient, après mille ans, nous faire de pareilles révélations. Marcellin, qui ne dit rien de ce premier exil,
est déjà lui-même assez peu croyable, quand il ne cite
aucun témoignage que nous puissions vérifier : il manque de jugement et de méthode; et son opuscule, qu'on
a quelquefois regardé comme un fragment d'un ouvrage
plus étendu, est si plein d'interversions et de répéti-
tions, que d'autres savants ont cru, avec plus de raison, y reconnaître un recueil de morceaux rédigés par
différents grammairiens. Mais l'anonyme est encore
bien moins instruit et plus incapable de recherches
attentives. Voyez pourtant, Messieurs, quelle influence
le plus obscur compilateur peut avoir sur la réputation d'un auteur célèbre. Si vous adoptez le récit de
cet inconnu, Thucydide ne sera qu'un vil exacteur,
qu'un usurier sordide, qu'un administrateur infidèle;
et toute sa gloire littéraire demeurera, non amoindrie

par des faiblesses ou des erreurs, mais flétrie par des
vices impardonnables. Il faut admirer ou plutôt déplo-
rer les soins extrêmes que s'est prescrits l'érudition
moderne, pour recueillir tant de gloses, de scholies,
de légendes, de prétendues notices fabriquées sans
jugement comme sans esprit au sein des ténèbres du
moyen âge. On dira que les rédacteurs de ces misérables biographies avaient entre les mains des relations
originales ou antiques qui ne sont pas venues jusqu'à
nous : mais d'abord il serait à propos qu'ils prissent
la peine de les citer : Marcellin le fait quelquefois ;
l'anonyme s'en dispense à l'égard des particularités
graves que je viens d'indiquer. Reste ensuite à savoir
quelle confiance ces citations méritent : plusieurs de
celles que l'on peut vérifier, parce qu'elles renvoient à
des livres qui subsistent encore, se trouvent fausses ou
inexactes ; et c'est ce qui arrive pour quelques-unes
de celles de Marcellin. En général, les mensonges littéraires, les suppositions d'écrits et de textes, ont été
fort en usage dans tout le cours des moyens siècles. Il
était si facile de tromper des lecteurs à qui manquait
presque toute faculté d'examiner, et qui attachaient
d'ailleurs fort peu de prix à l'exactitude historique.

Je crois donc, Messieurs, qu'en ne tenant compte
que des monuments classiques, ce qui, en pareille matière, est toujours le parti le plus sûr, nous n'aurons
rien du tout à placer dans la vie de Thucydide, depuis
les jeux Olympiques de 456 jusqu'à la prise d'Amphipolis par les Lacédémoniens, en 424. Il vous raconte
lui-même qu'il n'est pas arrivé assez tôt pour sauver
cette ville, et que les Athéniens l'ont exilé : il ne se
plaint pas de cette rigueur ; seulement il expose com-

ment il leur avait conservé le port d'Éion, et cette circonstance écarte tout soupçon d'infidélité. De savoir jusqu'à quel point on avait droit de lui reprocher de la négligence et des retards, c'est ce que nous n'avons aucun moyen d'éclaircir : il n'en resterait du moins sur sa mémoire aucune de ces taches profondes que rien ne peut effacer; il n'a été, au milieu des troubles de la Grèce, ni un proscripteur, ni un déprédateur, ni un traître, ni un lâche. D'un autre côté, nous devons l'en croire plutôt que ses biographes, lorsqu'il nous apprend que son exil a duré vingt ans, et s'est par conséquent terminé vers 403, quand la guerre du Péloponnèse finissait. Pline dit que les Athéniens l'ont rappelé, et Pausanias nomme OEnobius comme auteur du décret qui rendait ce grand historien à sa patrie. OEnobius mérite des hommages pour avoir fait cesser un bannissement injuste, ou du moins l'une de ces rigueurs qui touchent de si près à l'injustice. Quant au séjour de Thucydide à Égine ou ailleurs, quant aux lieux et aux temps où il a composé ses livres, ni Marcellin ni l'anonyme n'en peuvent être bien informés; et ce qu'ils disent de ses prêts usuraires, sans alléguer ni preuves ni indices, est indigne même de réfutation. Marcellin ne le fait vivre qu'environ cinquante ans, en sorte qu'il serait mort peu après 421 : mais, premièrement, ses récits atteignent la vingt et unième année de la guerre du Péloponnèse, qui correspond à 411; il était donc au moins sexagénaire, lorsqu'il achevait ses derniers livres. En second lieu, nous venons de reconnaître que son bannissement s'est prolongé jusqu'en 404, c'est-à-dire jusqu'à la soixante-septième année de son âge. Enfin, s'il était vrai qu'il n'eût brillé, qu'après la mort d'Archélaüs, comme vous l'a dit Marcellin lui-même en citant Praxiphane, et si cet Archélaüs est le roi de Macédoine assassiné en 399 ou 398, Thucydide n'aurait terminé sa carrière, ou plutôt commencé d'acquérir de la célébrité, qu'à l'âge de soixante-douze ou soixante-treize ans. Suidas, au contraire, fixe son plus grand éclat à l'année 431, au moment même où s'allumait la guerre dont il devait écrire l'histoire. La vérité est que ces compilateurs écrivent au hasard, et qu'ils ne prennent pas la peine de raccorder les articles de leurs notices.

Cependant Dodwell attache une telle importance à cette indication de la mort d'Archélaüs, qu'il retarde en effet jusqu'en 399 la publication et le succès de l'ouvrage de Thucydide. Il en place la composition sous les années 403 à 400, et suppose qu'auparavant, c'est-à-dire jusqu'à l'âge de soixante-huit ans, l'historien s'était borné à rassembler des matériaux. Mais Thucydide nous a déclaré lui-même que, dès l'ouverture de la guerre, il avait entrepris d'en raconter les événements; que ce travail continuait de l'occuper durant son exil; et qu'il profitait, pour le perfectionner, des facilités que lui offraient ses relations tant avec les Athéniens qu'avec leurs ennemis. D'ailleurs s'il est vrai que, dès son adolescence, il ait senti, en admirant Hérodote, le besoin de l'imiter, on a peine à comprendre comment il aurait ensuite attendu plus d'un demi-siècle à remplir cette vocation. Il est donc vraisemblable qu'il s'est occupé de son ouvrage entre les années 431 et 403, en sorte que nous n'avons à tenir ici aucun compte de la fin du règne d'Archélaüs. En écrivant ce dernier nom, Marcellin n'y joint pas la qualification de roi de Macédoine; c'est Dodwell qui fait cette addition, contre laquelle Visconti s'est récrié, d'un ton peut-être trop décisif, dans son *Iconographie grecque*. Visconti veut que le mot Archélaüs ait été transporté d'une ligne à l'autre dans le texte de Marcellin, et il prend la peine de corriger ce texte qui ne le méritait, ce me semble, d'aucune manière.

Dodwell, qui étend la vie de Thucydide au delà de 395, croit trouver la preuve de cette opinion dans les lignes qui terminent le troisième livre de l'histoire du Péloponnèse, et que Lévesque a traduites en ces termes : « Dans le même printemps, un torrent de feu « coula de l'Etna, comme cela était déjà arrivé. Il ra- « vagea en partie le pays des Catanéens, qui logent au « pied de cette montagne, la plus haute de la Sicile. « On dit que cette éruption arriva la cinquantième an- « née après la première, et qu'en tout il y a eu trois « éruptions depuis que la Sicile est occupée par des « Grecs. Voilà quels furent les événements de cet hiver : « il mit fin à la sixième année de la guerre que Thu- « cydide a écrite. » Ces paroles indiquent trois éruptions de l'Etna, qui, selon Dodwell et bien d'autres, appartiennent la première à l'an 476, la seconde à 426, la troisième à 395; et il faut bien que Thucydide ait vécu jusqu'à ce dernier terme, puisqu'au moment où il écrivait ces lignes, on comptait trois de ces catastrophes depuis que les Grecs s'étaient établis en Sicile : celle de 395 est attestée par d'autres documents, et c'est la seule que l'historien ait pu désigner comme la troisième. Ce sens du texte est si naturel, et tellement immédiat que la plupart des interprètes n'en ont pas cherché d'autres : M. Gossellin, dans ses notes sur

Strabon, n'a point hésité à l'adopter comme incontestable. Cependant Dorville, Heyne, Voss et Mannert, plus récemment MM. Goëller et Letronne, ont soutenu que Thucydide donnait l'éruption de 426 pour la troisième, celle de 476 pour la seconde, et que, s'il ne parlait pas plus expressément de la première, c'est qu'il en ignorait la date. La question, Messieurs, n'est pas de savoir s'il ne s'est pas trompé, si les Grecs voyaient effectivement pour la première fois en 476 une éruption du volcan, mais si c'est là ce que le texte signifie. Or nous lisons : λέγεται δὲ πεντηκοστῷ ἔτει ῥυῆναι τοῦτο μετὰ τὸ πρότερον ῥεῦμα· τὸ δὲ ξύμπαν τρὶς γεγενῆσθαι τὸ ῥεῦμα ἀφ' οὗ Σικελία ὑπὸ Ἑλλήνων οἰκεῖται. Une version latine très-littérale donnerait : *Dicitur autem quinquagesimo anno contigisse hanc post primam eructationem; in summa verò ter extitisse eructationem ex qua Sicilia a Græcis habitatur.* Voilà bien, comme dans la traduction française de Lévesque, une éruption en 426, cinquante ans après la première, et en tout trois éruptions depuis que les Grecs habitent la Sicile. Pour trouver là que celle de 426 est la troisième, il faut supposer ou qu'il y en avait eu une entre 476 et 426, ce qui serait démenti par l'histoire, ou que μετὰ τὸ πρότερον veut dire après la précédente et non après la première, ce qu'assurément l'auteur grec n'aurait point assez exprimé. Je crois qu'au lieu de tourmenter son texte ou de le déclarer équivoque, il vaudrait encore mieux en conclure, avec Dodwell, que ces dernières lignes du livre III ont été rédigées après 395. Il ne resterait d'incertitude que sur le nombre d'années durant lesquelles Thucydide a pu survivre à cette troisième éruption de l'Etna. Mais il ne vivait plus à la fin de 391, car alors ses héritiers communiquaient ses écrits à Xénophon. Nous serions donc autorisés à retarder sa mort jusqu'en 392, ou jusqu'aux premiers mois de 391, ainsi que l'a fait Dodwell. Au surplus, Messieurs, ce ne sont là que des conjectures; et il est encore plus difficile de savoir où et comment il est mort : en Thrace ou à Athènes? de vieillesse ou de maladie? naturellement ou sous les coups d'un assassin? Sur ces circonstances, les traditions inconciliables qu'ont suivies Plutarque, Pausanias, Marcellin et le biographe anonyme, nous laissent dans une incertitude dont nul autre document ne nous aide à sortir.

Si donc nous voulons réduire l'histoire personnelle de Thucydide à ce qu'elle a, je ne dis pas de certain, mais de probable, nous consentirons seulement à croire qu'il était né en 471 au bourg athénien d'Halimuse ou Halimonte; que son père Olorus était originaire de Thrace; que sa mère appartenait à la famille de Miltiade; qu'en 456 il entendit aux jeux Olympiques Hérodote lisant des morceaux de son ouvrage; qu'il jouissait d'une fortune considérable; qu'il exploitait des mines d'or auprès de Thasos; qu'en 424, chargé d'un commandement militaire, il conserva aux Athéniens le port d'Éion, et ne secourut point assez promptement Amphipolis; qu'il fut exilé; que vingt ans après un décret, provoqué par Œnobius, le rappela dans sa patrie; que, de 431 à 403, il s'occupa de la composition de ses huit livres; qu'il n'a peut-être terminé ce travail qu'en 395, et qu'il put vivre jusqu'à 391. Je n'hésite point à écarter comme apocryphe et inutile tout ce que disent de plus Marcellin, et l'anonyme, et Suidas. Si l'histoire ancienne, tant littéraire que civile,

s'est surchargée de détails obscurs, incohérents, impos-
sibles à débrouiller, nous devons surtout nous en prendre aux compilateurs, qui, depuis le troisième siècle de
l'ère vulgaire jusqu'au quinzième, l'ont à l'envi défi-
gurée. En l'étudiant dans ses véritables sources, c'est-
à-dire dans les écrivains antiques, nous pouvons, il est
vrai, y rencontrer des lacunes, des incertitudes, des
traditions fabuleuses; mais nous sommes du moins en
présence des matériaux primitifs que nous avons à reconnaître et à disposer. Il y aurait un très-grand profit à
n'admettre jamais d'autres éléments que ceux-là dans
l'édifice des connaissances historiques. Je ne crois pourtant pas que le temps soit venu de tenir pour nul tout
ce qu'ont écrit sur l'ensemble et les détails de l'histoire
ancienne, les chronographes, lexicographes, biographes, scoliastes grecs et latins du moyen âge : le pré-
jugé qu'ont établi en leur faveur beaucoup de savants modernes a trop d'empire encore; on n'est point assez désabusé de l'espoir de trouver dans ces compilations dé-
plorables des suppléments aux livres et aux monuments
de l'antiquité. Nous serons condamnés à recourir à
ces prétendus suppléments, jusqu'à ce que par une
analyse rigoureuse, par un examen véritablement critique, on soit enfin convaincu qu'ils sont tous inutiles
ou dangereux, qu'ils sont, à l'égard de l'histoire, ce
qu'étaient pour les sciences naturelles les livres d'alchi-
mie et de magie. Si jamais on parvient à les apprécier ainsi à leur juste valeur, il y aura un obstacle de
moins au progrès des études raisonnables. Depuis quatre siècles, l'esprit humain travaillait à se guérir des
maladies qu'il avait contractées pendant les quatre précédents. La cure semblait fort avancée; mais elle a

été plus qu'interrompue dans ces derniers temps; et d'ailleurs les maux étaient trop compliqués pour qu'on ait pu en effacer tous les vestiges, ni même en extirper les germes. L'histoire surtout a été si essentiellement altérée que plusieurs philosophes du dix-huitième siècle étaient tentés de la déclarer incurable, et proposaient presque de la retrancher du système des connaissances humaines comme une branche tout à fait morte. Heureusement quelques hommes doués d'une raison profonde et d'un vaste savoir n'ont pas désespéré de la ranimer, en la délivrant de ses entraves et en dissipant les nuages amoncelés autour d'elle. Un des moyens de continuer à lui rendre ce service, est de tenir pour nulles presque toutes les notes et notices ajoutées, en des temps d'ignorance et de mensonges, aux témoignages des auteurs classiques. Je viens de vous en montrer des exemples dans les vies de Thucydide que Marcellin et un anonyme ont si malhabilement fabriquées. Mais je vois trop comment une philosophie vague et fantastique peut égarer la science, aveugler l'érudition, et rendre du crédit à des inepties indignes d'examen.

Ce qui doit, Messieurs, attirer notre attention, c'est l'ouvrage même de Thucydide. Jadis on attribuait à cet écrivain, outre son Histoire, une Épître, qui est caractérisée comme prolixe et emphatique dans le Traité de l'élocution qui porte le nom de Démétrius de Phalère. Cette Épître ne subsiste plus, et les défauts qu'on y reprenait sont si étrangers au style de l'historien, qu'il pourrait bien y avoir là quelque erreur. On doute qu'il ait lui-même divisé son grand ouvrage en livres; car il paraît que cette division n'a pas été constamment la même. Diodore de Sicile la suppose en huit livres, en ajoutant qu'on en compte quelquefois neuf; d'autres ont porté ce nombre à treize, si nous en croyons Marcellin. Une controverse plus importante s'est élevée sur l'authenticité du dernier de ces livres, de celui que nous appelons le huitième. Il ne contient pas de harangues, et le style y a moins d'éclat, moins d'énergie que dans les précédents : on a voulu en conclure qu'il n'était pas du même auteur, ou bien qu'il fallait le regarder comme un simple recueil de matériaux destinés à être mis en œuvre. Les conjonctures qui tendent à l'attribuer à Xénophon ou à Théopompe sont dénuées de toute vraisemblance. Diodore de Sicile et Plutarque le disent composé par Thucydide, et leur opinion suffit pour déterminer la nôtre, sans qu'il soit besoin d'invoquer par surcroît l'autorité de Marcellin ni d'Étienne de Byzance. On cite aussi le témoignage de Thucydide lui-même, qui, en son livre v, dit qu'il a travaillé sur l'histoire des vingt-sept années de la guerre du Péloponnèse : mais il n'a réellement pas conduit son ouvrage jusqu'à ce terme ; et par conséquent ce texte ne prouve rien ou prouverait plus qu'on ne demande, savoir, que ce huitième livre était suivi de deux ou trois autres qui se sont perdus. Cette dernière hypothèse a été soutenue, avec peu de succès, par M. Gail, qui du reste a exposé plus complétement qu'on ne l'avait fait encore, les motifs de recevoir le huitième comme parfaitement authentique. M. Gail ne consentait point à le déclarer trop inférieur aux premiers : il croyait y retrouver le même talent, la même méthode, les mêmes opinions sur les peuples, sur les gouvernements, sur les personnages, par exemple sur Alcibiade. Et si vous demandez pour-

quoi, tandis que les sept autres livres sont ornés ou
quelquefois même surchargés de harangues, celui-ci
n'en contient aucune, M. Gail répond qu'il en rem-
ferme douze, indirectes à la vérité, mais qui, vu la
nature des circonstances qui les amènent, ne pouvaient
s'offrir que sous cette forme. Par exemple, quand il
s'agit de discours semés de rang en rang dans une armée,
de groupe en groupe dans une multitude, l'historien
n'aurait pu, sans devenir déclamateur, y substituer
des harangues proprement dites, revêtues de l'appareil
du genre oratoire. Loin de garantir la justesse de
toutes ces observations, je pourrai, dans la suite, en
contredire quelques-unes, mais, en attendant, nous ad-
mettrons comme extrêmement probable l'authenticité
de ce dernier livre.

Je me propose de faire avec vous, Messieurs, une
étude particulière de toutes les parties de l'ouvrage :
aujourd'hui nous allons le considérer dans son ensemble, et prendre seulement une idée générale des faits
que nous y trouverons racontés.

Le livre premier s'ouvre par des vues générales sur les
plus anciens temps de la Grèce. Ce tableau, resserré
en d'étroites limites, est également instructif par les
traits qu'il présente, et par le soin qu'a pris l'auteur
d'en écarter les fictions et les exagérations. Des savants
l'ont trouvé trop peu étendu ; ils auraient voulu plus
de détails, plus de résultats, des assertions plus tran-
chantes. Mais ceux qui n'attachent aucun prix à la
fausse science approuvent l'historien d'avoir craint de
rien dire au delà de ce qu'il avait pu bien apprendre.
Du reste, ce n'est encore là qu'une première partie de l'exposition de son sujet : la seconde, beaucoup

plus ample, a pour matière les causes prochaines, l'ouverture et les préparatifs de la guerre du Péloponnèse.
Il y a dans ce premier livre des interversions et des digressions qui peuvent nuire à la clarté d'un tel précis,
et en affaiblir l'intérêt ; on y rencontre aussi des harangues, qui remplissent peut-être trop d'espace, mais on
y voit comment des minces démêlés entre Corcyre et Corinthe ont amené la guerre que les Athéniens et leurs
alliés ont eue à soutenir, pendant vingt-sept ans, contre Lacédémone et d'autres cités du Péloponnèse.

En commençant le second livre, l'auteur annonce
qu'il suivra, dans ses récits, l'ordre des temps, par étés
et par hivers. Le nom d'été s'applique chez lui aux
six mois compris depuis l'équinoxe vernal jusqu'à l'au-
tomnal ; et le nom d'hiver à l'autre semestre. Cette division, qui lui est particulière, a été critiquée par Denys d'Halicarnasse et par divers écrivains, qui préfèrent
la méthode commune, savoir, celle qui procède par années civiles, et, en ce qui concerne Athènes ou même
toute la Grèce, par années archontiques. Mais Thucydide croyait prévenir plus sûrement toute confusion et
toute erreur, en ouvrant chaque année au terme où s'ouvrait la campagne. Son livre II embrasse ainsi les
trois premières années de la guerre, d'avril 431 à juillet 428. On y distingue des morceaux restés fort célèbres, tels que le discours du roi de Sparte Archidamus
à ses guerriers, l'oraison funèbre des Athéniens morts
dans les combats, prononcée par Périclès ; surtout la
description de la peste de l'Attique, admirable morceau dont Lucrèce a emprunté plusieurs traits, que Virgile et Ovide ont aussi imité ; qui depuis a servi de mo-

dèle à plusieurs écrivains, à Procope par exemple, et dans nos temps modernes, à Marmontel.

Les six années suivantes, jusqu'au printemps de 422, fournissent la matière des livres III et IV. Entre les harangues qu'ils contiennent, celles de Diodote en faveur des Mityléniens et d'Astimaque pour les Platéens se font remarquer par la sagesse des pensées et par une éloquence énergique. Pour peindre les personnages, l'auteur les laisse parler et agir : c'est ainsi qu'éclate l'ambition de Cléon, et que ses intrigues se dévoilent. Les détails de la prise d'Amphipolis et de l'exil de Thucydide se lisent dans la dernière partie du quatrième livre, où l'on trouve ensuite le texte du traité qui, en 423, suspendit les hostilités entre Athènes et Lacédémone, et interrompit le cours des succès de Brasidas. Vous verrez, Messieurs, que cette guerre, si folle dans son origine, était devenue partout désastreuse. Athéniens, Spartiates, peuples alliés des uns ou des autres, tous déploraient les malheurs dont ils étaient à la fois les auteurs et les victimes. Néanmoins ils continueront à s'entre-détruire sans raison, sans espoir, et quelquefois presque sans haine : c'est le spectacle que présentent les quatre derniers livres de cette histoire. On ne s'explique cette opiniâtreté que par l'empire des habitudes, et par l'influence qu'exercent toujours certains chefs sur les destinées publiques. Tels étaient, à l'époque que je viens d'indiquer, Brasidas chez les Spartiates, Cléon chez les Athéniens. Brasidas voulait poursuivre une carrière qu'il avait su rendre glorieuse : ayant conçu un plan fort sage, il l'exécutait avec la bravoure et les talents d'un guerrier, avec l'habileté d'un homme d'État, avec la modération d'un grand homme. Cléon, fier d'avoir réussi à Sphactérie contre sa propre attente, avait besoin de la guerre, pour recueillir les fruits d'une popularité mal acquise et mal affermie. Il lui fallait des occasions de répandre des alarmes, de jeter des soupçons, d'irriter le peuple contre ses magistrats et ses généraux : il se destinait bien moins à courir les hasards des combats et à cueillir des lauriers, qu'à profiter des revers d'autrui ; il espérait que la république deviendrait assez malheureuse pour qu'il pût la dominer un jour.

Sa mort et celle de Brasidas suivirent de près le renouvellement des hostilités, ainsi que l'historien le raconte au commencement du cinquième livre : mais les feux de la discorde qu'ils avaient rallumés, ne s'éteignirent pas sur leurs tombes. On convint d'une autre trêve, qui devait durer cinquante ans, et dont Thucydide transcrit encore les articles, quoiqu'il la tienne à peu près pour nulle, attendu que les restitutions ne furent pas exécutées, que les guerres de Mantinée et d'Épidaure éclatèrent, et que les Béotiens demeurèrent presque toujours armés. En la douzième année, 420 avant l'ère vulgaire, Alcibiade apparaît dans cette histoire, et bientôt, par de perfides manœuvres contre Nicias, il obtient un commandement militaire. En 417, il se tint, entre les députés d'Athènes et les magistrats des Méliens, une conférence que l'historien rapporte sous la forme de dialogue. Les observations critiques de Denys d'Halicarnasse sur ce morceau seraient fort justes, si elles ne s'appliquaient qu'aux maximes iniques et à la conduite déloyale des Athéniens ; mais il n'y a point de reproche à faire à Thucydide, à moins qu'on ne prétende qu'il a inventé cette conversation, ce qui

n'est guère admissible, ou bien qu'il approuve la théorie politique des envoyés d'Athènes, ce qui n'est pas
non plus soutenable; car il n'affaiblit point les réponses des Méliens, et il laisse au moins à ses lecteurs la
liberté de préférer l'un ou l'autre système : peut-être
devait-il réprouver plus expressément celui que la probité sociale désavoue.

Son sixième livre s'ouvre au mois d'octobre 416. La
Sicile devenant le principal théâtre de la guerre, l'historien remonte aux antiquités de cette contrée, et trace
rapidement le tableau des vicissitudes qu'elle a subies.
Une partie de l'histoire d'Alcibiade est comprise dans
ce livre, qui renferme d'éloquents discours, et des narrations fort animées. On regrette que ces récits soient
interrompus par une digression au moins inutile sur
Pisistrate et ses fils, sur Harmodius et Aristogiton. Le
système que l'auteur veut établir a été combattu par
Meursius dans un savant traité intitulé : *Pisistratus*.

De tous les livres de Thucydide, celui où l'intérêt
historique est porté au plus haut degré est le septième,
où la catastrophe des Athéniens en Sicile est racontée :
rien n'est omis ni négligé de ce qui peut en rendre
sensibles les causes, les avant-coureurs, les circonstances et les résultats. Ce livre ne correspond guère
qu'à une seule année, depuis le milieu de 414 jusqu'à
l'automne de 413; mais outre les harangues qui l'em-
bellissent, il est plein d'événements militaires et politiques, à jamais mémorables et savamment décrits. Il
contient la partie la plus glorieuse de la vie de Gylippe, général lacédémonien.

Je suis obligé d'avouer que, dans le huitième, les récits
froids et décolorés ne me paraissent que des esquisses.

Le ton de l'auteur s'abaisse tout à coup, et s'affaiblit à tel point qu'on dirait qu'il ne prend plus le même inté-rêt à sa matière; sa diction même ne ressemble à celle des livres précédents, que parce qu'elle est parfois obs-cure; elle devient moins précise, plus monotone, moins élégante. Selon toute apparence, l'historien s'é-tait promis de retoucher et de perfectionner cette sec-tion de son ouvrage, qui d'ailleurs ne devait pas être la dernière; car elle se termine en 412, vingt et unième année de la guerre du Péloponnèse; et il avait annoncé le projet d'étendre son travail jusqu'à la vingt-septième année. Tel est, Messieurs, le plan, telle est la matière de l'ouvrage que nous entreprenons d'étudier.

Quoique Pline nous ait dit que les Athéniens rap-pelèrent Thucydide au sein de leur ville, parce qu'ils admiraient l'éloquence de ses écrits, il paraît que ses livres étaient fort peu répandus de son vivant : c'est du moins ce qu'il faudrait supposer, si l'on s'en rap-portait à Diogène Laërce, selon lequel il n'en restait, en 391, qu'un seul exemplaire que Xénophon aurait pu, s'il l'avait voulu, s'approprier ou faire disparaître. Nous serions ainsi redevables à Xénophon de la con-servation et de la publication de ce monument; mais ce n'est là qu'une tradition vague, que Diogène rap-porte comme il l'a reçue, λέγεται. Les copies des livres de Thucydide ne tardèrent point à se multi-plier. On dit que Démosthène s'en fit huit pour sa part; on le croit, d'après un texte de Lucien, dans sa diatribe contre un bibliomane ignorant, texte que Massieu traduit ainsi : « Quand tu aurais tous les ou-« vrages de Démosthène écrits de sa main, et les huit « copies qu'il fit de l'histoire de Thucydide... en se-

« rais-tu plus avancé? » Le passage grec n'est pas sans quelque embarras : on ne sait trop si le mot καλῶς, dont Massieu ne tient pas compte, signifie que ces copies étaient d'une fort belle écriture, ou bien qu'elles furent entreprises par un beau dessein, comme dit Belin de Balue, et pour se pénétrer du style nerveux de ce grand historien. Il n'est d'ailleurs pas certain que cet adverbe καλῶς doive s'appliquer à μετεγγεγραμμένα : M. Gail le rattache à εὑρέθη, en sorte que le sens serait que les huit copies furent *bellement* ou *heureusement* trouvées par Démosthène ou chez Démosthène. Au fond, Messieurs, j'ai peine à croire que cet orateur, qui était fort occupé et qui connaissait le prix du temps, se soit condamné à ces transcriptions, qu'il se soit imposé de si longs *pensums*. Quoi qu'il en soit, ce prétendu fait s'est reproduit dans beaucoup de livres; et un prélat grec du quinzième siècle, nommé Arsène, y a joint une circonstance que Vossius trouve encore moins croyable, savoir, qu'après avoir fait huit copies de ces huit livres, Démosthène les a, une neuvième fois, écrits de mémoire, depuis l'incendie de la bibliothèque d'Athènes.

Je suis loin pourtant de contester le succès que ces livres ont dû obtenir dans le siècle qui a suivi immédiatement celui où ils avaient été composés; il est à présumer qu'au temps de Philippe et d'Alexandre, l'histoire de la guerre du Péloponnèse était appréciée par les Athéniens, comme elle l'est par Euclide l'archonte dans le *Voyage du jeune Anacharsis*. Voici comment Barthélemy fait parler cet Euclide : « Thucydide était « plus jaloux d'instruire que de plaire, d'arriver à son « but que de s'en écarter par des digressions. Aussi

« son ouvrage n'est point, comme celui d'Hérodote,
« une espèce de poëme, où l'on trouve les traditions
« des peuples sur leur origine, l'analyse de leurs usa-
« ges et de leurs mœurs, la description des pays qu'ils
« habitent, et des traits d'un merveilleux qui réveille
« presque toujours l'imagination : ce sont des annales,
« ou, si l'on veut, les mémoires d'un militaire, qui, tout
« à la fois homme d'État et philosophe, a mêlé dans
« ses récits et dans ses harangues, les principes de sa-
« gesse qu'il avait reçus d'Anaxagore, et les leçons d'é-
« loquence qu'il tenait de l'orateur Antiphon. Ses ré-
« flexions sont souvent profondes, toujours justes ; son
« style, énergique, concis, et par là même quelquefois
« obscur, offense l'oreille par intervalles; mais il fixe
« sans cesse l'attention, et l'on dirait que sa dureté fait
« sa majesté. Si cet auteur estimable emploie des ex-
« pressions surannées, ou des mots nouveaux, c'est
« qu'un esprit tel que le sien s'accommode rarement de
« la langue que tout le monde parle. On prétend qu'Hé-
« rodote, pour des raisons personnelles, a rapporté
« des traditions injurieuses à la Grèce. Thucydide n'a
« dit qu'un mot de son exil, sans se défendre, sans se
« plaindre, et a représenté comme un grand homme,
« Brasidas, dont la gloire éclipsa la sienne, et dont les
« succès causèrent sa disgrâce. »

Il est à propos d'observer, Messieurs, que ces jugements attribués par Barthélemy aux Athéniens du quatrième siècle avant notre ère, sont réellement emprun-
tés presque tous à des auteurs latins d'une époque moins
ancienne, à Cicéron et à Quintilien. Ce n'est pas la
seule occasion où l'auteur du *Voyage d'Anacharsis* se
donne la liberté de transporter aux siècles de Philippe

et d'Alexandre des idées qui n'ont été exprimées que bien plus tard. Ce déplacement a fort peu d'inconvénient; mais c'est toujours une sorte de fiction qu'il faut remarquer, si l'on aspire à se former des idées précises. Il est vrai cependant que c'est dans le *Traité de l'Élocution*, attribué à Démétrius de Phalère, personnage du quatrième siècle, qu'il est parlé de la dureté et de la majesté du style de Thucydide; mais on croit généralement que ce traité est moins ancien; qu'il a pour auteur Démétrius d'Alexandrie, ou plutôt Denys d'Halicarnasse, qui, en d'autres écrits, a censuré bien plus sévèrement l'historien de la guerre du Péloponnèse.

Suivant Denys, cette guerre n'avait été ni belle ni heureuse; et il eût fallu la condamner à l'oubli. Thucydide n'en a su ni bien commencer ni bien terminer l'histoire, et il s'est montré peu habile dans la distribution des faits, quoiqu'elle eût dû lui être facile, à cause de l'unité si parfaite et des limites si étroites de son sujet. Il a laissé de l'obscurité dans une si courte chronologie en substituant une division pénible en étés et en hivers à la succession des magistrats ou des pontifes. Le même censeur lui reproche aussi de ne point ménager les transitions d'un lieu à l'autre, de changer brusquement la scène des récits, de ne pas donner non plus à ses propres réflexions l'ordre qu'elles devaient avoir pour éclaircir parfaitement les causes des entreprises, et des revers ou des succès; de s'attacher plus aux harangues et à d'autres accessoires qu'à l'histoire elle-même; d'exciter par l'artifice et le luxe des descriptions une sorte d'intérêt poétique, qui s'affaiblit ou s'éteint tout à coup, à raison de l'exiguïté des détails qui suivent; d'entasser les préparatifs, les batailles,

les entretiens, les discours; d'interrompre et de morce-
ler ses narrations; de les étendre quelquefois sans mesure et de les resserrer ailleurs avec le même excès.
Divers morceaux de l'ouvrage sont cités comme atteints
de ces défauts. Thucydide prend la Grèce au moment
où elle va tomber en décadence : un tel choix ne convenait point à un Grec, à un Athénien issu d'une noble
famille. Ses récits finissent au fatal combat de Cynos-
sème : pourquoi ne pas les conduire au moins jusqu'à
l'époque où les exilés rentrèrent de Phylé, dans leur
patrie? Il entre dans de longs détails sur les combats
de Pylos et de Sphactérie, où périrent peu de guerriers,
tandis qu'il s'arrête à peine à la prise de Cythère, d'où
Nicias amena dans Athènes une multitude de prisonniers. Quand les Athéniens envoient proposer la paix
à Sparte, il ne veut ni nommer les députés, ni faire
entendre leurs paroles, ni exposer les causes des refus
qu'ils essuyèrent; mais lorsque les Lacédémoniens,
après l'affaire de Pylos, font demander la paix, non
moins inutilement, il laisse parler leur ambassadeur,
et il explique les causes qui l'empêchèrent de réussir.
—En certaines occasions, vous le voyez peindre si vivement les malheurs des villes prises ou renversées, de
leurs habitants égorgés ou asservis, que des poëtes n'a-
jouteraient rien aux couleurs lugubres de ses descriptions : c'est ainsi qu'il en use à l'égard de Platée, de
Mitylène, de Mélos, et il se contente d'indiquer sommairement les désastres, non moins lamentables, de
Sicyone et d'Égine. Il ne dit rien des discours tenus
dans une première assemblée où les Athéniens condamnèrent les Mityléniens à la mort; et il rapporte
ceux qui furent prononcés dans la seconde assemblée,

où l'on révoqua ce décret. Peu de citoyens avaient péri, à la première invasion de l'Attique : Périclès tenait les troupes renfermées, et les obligeait à garder la ville : il n'employait que de la cavalerie à défendre les campagnes. Que fait Thucydide? il célèbre pompeusement quinze à vingt cavaliers morts dans les premiers combats, et ne daigne pas nous apprendre si la république a pleuré les quarante mille guerriers qu'elle perdit en Sicile. Pourquoi cette différence? c'est qu'il voulait tirer parti du nom de Périclès, et que cet illustre citoyen n'ayant pas survécu à la seconde année de la guerre, il ne pouvait l'employer qu'à louer les premières victimes. Denys censure, comme je l'ai déjà dit, la conférence entre les habitants de Mélos et ceux d'Athènes : il ne peut souffrir que ces derniers traitent de chimériques les espérances qu'on cherche dans les réponses des oracles et dans la divination. Selon lui, si les Athéniens méritent des éloges, c'est surtout pour n'avoir jamais voulu rien entreprendre, sans consulter les oracles et les devins; Thucydide, il en faut convenir, a moins de foi à ces révélations de l'avenir.

La seconde partie des jugements de Denys sur notre historien, concerne son style ou plutôt sa diction, et se sous-divise en deux articles, dont l'un a pour objet le choix des mots ou propres ou figurés, et l'autre leur construction : là sont recommandées la correction, la clarté, la simplicité, la sobriété dans l'usage des tropes et des autres ornements du discours. En tous ces points Hérodote est déclaré le grand maître; le travail se fait sentir, dit-on, dans toute l'histoire de la guerre du Péloponnèse, et n'y tend qu'à rajeunir de vieux mots, à en introduire d'étrangers, à donner de nouvelles acceptions et quelquefois de nouvelles fonctions à tous les éléments du langage. Denys avoue néanmoins que la diction de Thucydide a des caractères qui lui sont propres, savoir, un ton poétique, des figures variées, une forte harmonie, et un mouvement rapide; qu'il en résulte, quand son talent égale son art, une perfection divine. Mais aussi, lorsqu'il succombe sous le joug qu'il s'impose, il n'y a plus qu'inconvenance et obscurité. Le moment n'est pas venu d'examiner à quel point ces critiques sont fondées ou injustes. Je remarquerai seulement que si, à certains égards, Thucydide est ici loué avec abandon, et presque avec enthousiasme, si ailleurs même Denys rend hommage à la véracité de ses narrations, à l'exactitude de ses recherches, les censures sont partout bien plus fréquentes et toujours excessivement sévères. La plupart tiennent à une forte prévention contre le style figuré.

Une troisième partie du traité adressé par Denys d'Halicarnasse à Quintus Tubéron, est consacrée à l'examen particulier des harangues insérées dans l'histoire de la guerre péloponnésiaque. Le censeur fait grâce aux pensées qu'elles expriment; il en reconnaît la vérité, l'énergie, la profondeur : l'invention de ces pensées lui paraîtrait louable, si elles ne manquaient trop souvent, selon lui, de liaison et de convenance; il trouve qu'elles appartiennent trop à l'auteur, trop peu aux personnages. En tolérant ou en approuvant même le premier discours de Périclès, ceux de Nicias, et celui que les Platéens prononcent pour leur propre défense, il condamne les autres comme inconvenants et emphatiques, particulièrement celui où Périclès se préconise lui-même, lorsqu'il devrait apaiser les Athéniens irrités contre lui. Les réflexions de Denys sur la diction de ces harangues sont à peu près les mêmes qu'à l'égard des autres parties de l'ouvrage : c'est encore d'un prétendu défaut de clarté qu'il se plaint. Tout ce qui n'est pas familier, il le réprouve comme obscur.

Ce sera, Messieurs, à mesure que nous étudierons les huit livres de Thucydide que nous pourrons apprécier les observations critiques de Denys d'Halicarnasse. Toutefois nous y opposerons, dans notre prochaine séance, les jugements de Cicéron, de Quintilien, de Lucien, de quelques autres anciens auteurs, et nous rechercherons ensuite quels suffrages il a obtenus, quels reproches il a essuyés, quels travaux il a provoqués dans le cours des siècles de l'ère vulgaire.

DEUXIÈME LEÇON.

Messieurs, l'histoire de la vie de Thucydide était à
rechercher d'abord dans son propre ouvrage, puis dans
quelques passages d'anciens auteurs classiques, enfin
dans les notices composées plus tard par Marcellin, par
un anonyme et par Suidas. Ces notices nous ont paru
peu dignes de confiance; et, pour n'admettre que des faits
probables, nous nous sommes réduits à dire que Thucydide est né à Athènes en 471; que son père Olorus
était originaire de Thrace; que sa mère appartenait à la
famille de Miltiade; qu'en 456, il entendit aux jeux
Olympiques Hérodote récitant ses livres à la Grèce assemblée; qu'il jouissait d'une fortune considérable;
qu'il exploitait des mines d'or auprès de Thasos; qu'en
424, chargé d'un commandement militaire, il conserva
Éion aux Athéniens, et ne secourut point assez tôt Amphipolis; qu'il subit un exil de vingt ans; qu'un décret provoqué par OEnobius le rappela dans sa patrie;
qu'il a composé ses huit livres entre les années 431 et
403; qu'il a vécu jusque vers l'an 400, peut-être même
cinq ou dix années au delà. Prétendre qu'il n'est pas l'auteur du huitième livre de la guerre du Péloponnèse, c'est
une opinion démentie par trop de circonstances et de
témoignages. Du reste, cette division en livres ne semble pas être de lui. On a lieu de croire qu'elle a varié
dans les anciennes copies de l'ouvrage. Mais on s'est

accordé généralement, dès qu'ils ont paru, et durant les trois siècles suivants, à les regarder comme des chefs-d'œuvre du genre historique. Toutefois Denys d'Halicarnasse, au premier siècle avant notre ère, en a porté un tout autre jugement; il les a soumis à un examen sévère, dont je vous ai présenté les résultats et quelques détails, à la fin de notre dernière séance.

Nous avons maintenant à opposer aux observations critiques de Denys les éloges que Cicéron, Quintilien, Lucien et bien d'autres juges ont décernés à Thucydide. Cicéron lui donne le titre de proclamateur sublime et sincère des faits mémorables : *Rerum gestarum pronuntiator sincerus ac grandis.* Il le déclare admirable comme Hérodote, pour avoir su éviter les inepties et les fausses délicatesses des sophistes de son temps : *Quo magis sunt mirabiles : quorum ætas, quum in (sophistarum) tempora incidisset, longissimè tamen a talibus deliciis, aut potius ineptiis, abfuerunt.* Il le compare à un torrent impétueux, et trouve que, lorsqu'il raconte des combats, il embouche la trompette guerrière : *Incitatior fertur, et de bellicis rebus canit etiam quodammodo bellicum.* Chez lui, dit-il, les pensées se pressent à tel point, qu'il y en a presque autant que de mots; et cependant sa diction a tant de justesse et de rapidité, qu'on ne sait si elle fait briller les pensées ou si elle en reçoit l'éclat : *Ita creber est rerum frequentia, ut verborum prope numerum sententiarum numero consequatur; ita porro verbis aptus et pressus, ut nescias utrùm res oratione aut verba sententiis illustrentur.* Cependant Cicéron mêle des critiques à ces louanges : il remarque dans les harangues de Thucydide beaucoup d'idées obscures, d'expressions presque inintelligibles : *Ipsæ illæ conciones ita multas habent obscuras abditasque sententias, vix ut intelligantur.* En admirant l'énergie de son style, il y désirerait moins de secousses et plus de rondeur : je ne pourrais pas, dit-il, quand je le voudrais, et je ne voudrais pas peut-être, quand je le pourrais, imiter cette extrême brièveté : *Thucydides præfractior, nec satis, ut ita dicam, rotundus...In Thucydide orbem orationis desidero.... Imitari neque possim si velim, nec velim fortasse si possim.*

Les hommages de Quintilien n'ont pas ces restrictions. Entre les historiens grecs, il en est deux qu'il préfère à tous les autres : leurs talents sont différents, leur gloire est presque la même. Hérodote est naïf, doux et fécond ; Thucydide pressé, concis et pour ainsi dire condensé. L'éloquence du premier est insinuante; celle du second, passionnée : l'un excelle dans les entretiens, l'autre dans les harangues solennelles. Hérodote attire par le plaisir, Thucydide entraîne par sa vigueur. *Historiam multi (Græci) scripsere; sed nemo dubitat duos cæteris præferendos, quorum diversa virtus laudem pæne est parem consecuta : densus et brevis et semper instans sibi Thucydides ; dulcis et candidus et fusus Herodotus; ille concitatis, hic remissis affectibus melior ; ille concionibus, hic sermonibus; ille vi, hic voluptate.*

A partir du siècle de Quintilien, l'opinion générale assigne à Thucydide une place éminente parmi les historiens; et les hommages rendus à son génie deviennent trop nombreux pour que j'entreprenne de les recueillir. Denys d'Halicarnasse l'avait rabaissé fort au-dessous d'Hérodote : Plutarque le déclare fort supérieur par l'exactitude et la sincérité comme par la noblesse et l'énergie du style; il met en opposition aux « *longs pré-* « *chements* et grandes traînées de harangues que « Théopompus, Éphorus et Anaximène font dire aux « capitaines, » celles que Thucydide prête à Sthénélaï- das, au roi Archidamus, à Périclès. Aucun histo- rien n'a *surmonté* celui-là en *vivacité d'éloquence* et dans l'art des descriptions. « Est tenu pour le meil- « leur (j'emprunte la version d'Amyot) celuy qui sait « mieux peindre une narration comme un tableau de « diverses affections et de diverses conditions de per- « sonnages comme de plusieurs images. (Or) Thucy- « dides est tousjours après ceste dilucidité d'oraison, tas- « chant à rendre l'auditeur par ses paroles comme spec- « tateur et désirant imprimer aux lecteurs les mesmes « passions d'estonnement, d'esbahissement et d'agonie, « que font les choses mesmes quand on les voit à l'œil. »

Lucien le représente comme un modèle souvent fort mal imité, mais dont l'excellence est proclamée par l'émulation même qu'il a excitée de toutes parts, aussi bien que par l'éclat dont il brille au-dessus de tant de copies. Toutes les observations de Lucien tendent à montrer que Thucydide n'avait donné l'exemple d'au- cun des défauts de ses inhabiles imitateurs : ils sont prodigues de réflexions, il en est avare; il sait quitter à propos les détails, et ne les prolonge jamais au delà du terme où ils cesseraient d'être intéressants et ins- tructifs : même dans la peinture de la peste de l'Atti- que, il a gardé cette mesure. Longin le place, avec Platon et Démosthène, au rang des grands modèles qui doivent être sans cesse présents à la pensée et à l'ima- gination d'un écrivain, et dont il doit en quelque sorte évoquer le génie, chaque fois qu'il aspire à exprimer fortement des idées nobles. Au chapitre des hyperbates, Longin en fait remarquer dans Thucydide ; il le trouve d'une admirable habileté dans l'art de transposer, d'éloigner les uns des autres les mots qui semblaient unis par les liens les plus naturels, les choses qu'on croirait inséparables. Jamais les hyperbates n'ont été répandues avec tant de profusion ; l'historien en veut, pour ainsi dire, enivrer ses lecteurs : impatient d'avoir tout énoncé, tout décrit, il les entraîne avec lui en de longs et hasardeux détours. Souvent il abandonne si brusquement sa pensée, et entremêle son discours de tant d'incidents cherchés autour ou loin du sujet ; il brave à tel point le désordre, qu'il vous fait craindre que tout cet édifice ne s'écroule, et trembler du péril où l'écrivain paraît engagé. Mais tout à coup, et quand vous ne l'espérez presque plus, le voilà qui saisit l'instant de vous dire ce que vous aviez attendu, et il vous laisse bien plus ému par les transpositions hardies, que s'il avait suivi l'ordre vulgaire.

Les classiques grecs ont été peu lus dans le cours du moyen âge ; ils sont à peine connus des chroniqueurs et des scholastiques occidentaux. C'est néanmoins en des siècles si barbares qu'ont été exécutées les copies du texte de Thucydide qui nous sont restées, et sur lesquelles ce texte a été traduit et imprimé. Il y a un intervalle de plus de douze cents ans entre les copies que Xénophon et Démosthène avaient entre les mains, et les plus anciennes de celles qui subsistent aujourd'hui ; et malheureusement nous avons lieu de croire que, dès le siècle même d'Alexandre, les manuscrits de ces huit livres commençaient à s'altérer, soit par la négligence des copistes, soit par la témérité des correcteurs. C'est une observation que faisait, dès ce temps-là même, un grammairien nommé Philémon, cité par Porphyre. On nous a toutefois conservé des Scholies grecques sur ces livres : elles portent le nom de Marcellin, dans un manuscrit où elles sont réunies au texte, et qui existe à Florence. Montfaucon le croit du dixième siècle, et probablement il n'y en a pas de plus ancien. On ne s'accorde point à regarder le biographe Marcellin comme l'unique, ni même comme le principal rédacteur de ces Scholies : elles ont été quelquefois attribuées à un Marcellin de Syrie qui, dit-on, avait appris par cœur tout l'ouvrage de Thucydide, et n'en était pas devenu plus habile dans l'art d'écrire : peut-être n'est-ce qu'un recueil des remarques de plusieurs anciens grammairiens tels qu'Asclépius, Antyllus, Didyme, Évagoras, Héron d'Athènes, Phœbammon. La vérité est qu'on ne sait trop à qui elles appartiennent : et cette ignorance n'est pas un très-grand dommage; car, au jugement de Muret, elles éclaircissent fort peu le texte; et, malgré les efforts de plusieurs savants pour les recommander, elles ne sont à peu près d'aucun usage. Je parlerai bientôt d'un travail de Henri Estienne sur ces Scholies : en ce moment nous avons à prendre une idée du nombre et de l'importance des manuscrits du texte. Outre celui que je viens de désigner comme le plus âgé de tous, on en a indiqué plus de quarante. Florence en possède un second qui passe pour être du onzième siècle, et trois autres d'un âge inférieur. Des quatre qui sont à Venise, deux paraissent antérieurs à l'année 1100. Aucun de ceux que possède la bibliothèque du Vatican ne semble être aussi âgé, non plus que ceux qui se conservent à Milan, à Padoue et à Turin. Nulle part on n'en a réuni un plus grand nombre qu'à Paris : la Bibliothèque du Roi en a treize, que M. Gail a décrits, et dont il a donné les variantes ; aucun ne précède le onzième siècle. Entre ceux qui existent à Madrid, en Angleterre, en Hollande, en Suisse, en Allemagne, et dans le nord de l'Europe, Duker a signalé comme les plus précieux ceux de Bâle, d'Utrecht, de Copenhague et de Hesse-Cassel. Ce dernier est daté de l'an 6760 du monde, 1252 de l'ère vulgaire. Celui de Moscou a été aussi compulsé fort utilement et semble remonter au treizième siècle, sinon plus haut ; il y a lieu de penser que la plupart des autres sont d'époques postérieures. Le résultat général des collations que l'on a pu faire de ces différents manuscrits serait de les diviser en trois classes, dont chacune aurait eu sa source particulière. A la tête de la première classe se placeraient ceux de Florence, de Venise et du Danemark. A la seconde appartiendraient principalement ceux de Hesse-Cassel, de Moscou et les plus anciens de Paris ; à la troisième, ceux de Bâle et d'Utrecht ; mais il se rencontrerait encore beaucoup de variantes entre les manuscrits d'une même classe ; et par là, Messieurs, vous pouvez juger du travail que les éditeurs ont dû se prescrire, des difficultés qu'ils ont eues à vaincre, et des imperfections qui peuvent rester dans les copies imprimées depuis le quinzième siècle.

Dès le premier renouvellement des lettres, Thucydide reprit bientôt son ancienne célébrité. On dit que le roi d'Aragon Alphonse V, qui mourut en 1458, l'avait copié huit fois de sa main, à l'exemple de Démosthènc. Quand cela paraîtrait plus croyable de la part du monarque espagnol que de l'orateur athénien, on devrait s'étonner encore de ne retrouver aujourd'hui aucune de ces huit copies royales, ou de n'en pouvoir pas reconnaître une seule parmi les quarante qui subsistent. Un fait à la fois plus certain et plus important, est que Thucydide a été, vers le milieu du quinzième siècle, traduit en latin par Laurent Valle. Cette version fut imprimée deux fois sans indication d'année, mais à coup sûr avant 1500, in-folio; et la première de ces éditions semble être de Venise vers 1474. Il en a été donné au moins sept autres dans le même format, depuis 1513 jusqu'en 1564, à Paris, à Cologne à Bâle; et plusieurs in-12 à Francfort, de 1582 à 1594. C'était par cette traduction élégante et, quoi qu'on en dise, ordinairement fidèle, que la connaissance de l'ouvrage se propageait en Europe. Cependant le texte grec avait été publié, pour la première fois, à Venise, in-folio, en 1502, par Alde l'ancien, qui imprimait en même temps Hérodote. Bernard Junte, à Florence, en donna une deuxième édition en 1506, une troisième en 1526 : on employa le manuscrit de Bâle, pour préparer celle qui parut dans cette ville, en 1540. Les deux que Henri Estienne mit au jour à Paris, en 1564 et en 1588, sont encore aujourd'hui recommandables par leur correction : elles ont servi de modèles à celle qu'Émile Porto fit paraître à Francfort, en 1594, in-folio comme les précédentes. Quelques autres, qui appartiennent aussi au seizième siècle, sont in-4°, par exemple celle de 1549, à Paris, chez Vascosan, laquelle ne contient que les trois premiers livres de l'ouvrage; et celle du seul premier livre, à Wittemberg, en 1562. Presque toutes ces éditions joignent au texte les Scholies grecques dont je vous ai parlé, et quelques-unes, la version latine de Laurent Valle, qui fut d'abord rectifiée par Henri Estienne, et beaucoup plus modifiée par Émile Porto. Henri Estienne fit d'ailleurs entrer dans l'édition de 1588 son propre travail sur les anciennes Scholies, *Proparasceve in lectionem Scholiarum in Thucydidem.* C'est un commentaire sur un commentaire : Estienne ne dit pas précisément que ces Scholies ne sont d'aucune utilité ; il ne peut pas en convenir, puisqu'il les imprime ; mais il le prouve en les expliquant, et il conclut que si elles ne sont pas tout à fait des inepties, il ne s'en faut guère : « Je ne puis le nier, dit-il, et si je ne l'avouais pas, « mes notes critiques réclameraient contre moi-même. » *Multa in his Scholiis esse, si non inepta, at certè ineptis persimilia... haud equidem nego, ac negare si velim, quæ inter meas in illa Scholia annotationes sunt censuræ, mihi reclamantes habebo.* Pour moi, Messieurs, je n'hésiterais point à dire qu'il est déplorable qu'on ait surchargé de ces puérilités les éditions d'un chef-d'œuvre du genre historique.

Thucydide a été, entre les années 1500 et 1600, traduit dans presque toutes les langues modernes : en français, par Claude Seyssel, dont la version a eu, à partir de 1527, plusieurs éditions en divers formats, in-folio, in-8° et in-16 ; puis par Jausaud d'Uzès, qui fit imprimer la sienne in-4°, à Genève, vers la fin du seizième siècle ; en anglais, par un anonyme, dès 1515, et par Thomas Nicholls en 1550 ; en allemand, par Jérôme Bonner, en 1533, à Augsbourg ; en espagnol, par Gratian de Aldrete, Salamanque, 1564 ; en italien, par Soldo Strozzi, Venise 1545, 1550, 1563, etc. Cette version italienne est la meilleure qu'on ait faite de Thucydide, en

quelque langue vulgaire que ce soit avant 1601. Les autres
ont été composées sur le latin de Laurent Valle plutôt
que sur le texte grec; et Nicholls n'a fait même que
mettre en anglais le français de Seyssel. Or, à propos
de ce dernier, Henri Estienne s'exprimait en ces termes : « J'ai montré comment Laurent Valle avait deviné
« ce que voulait dire Thucydide, et puis comment le tra-
« ducteur français avait deviné ce qu'avait voulu dire Lau-
« rent Valle. » Cette critique, Messieurs, est bien sévère :
Seyssel avait donné de grands soins à sa traduction ; il
l'avait entreprise pour l'usage de Louis XII; et, à mesure qu'il la rédigeait, il consultait Lascaris, avant de
s'en rapporter à l'interprétation de Laurent Valle. Il
s'appliquait d'ailleurs à donner à son style toute la
perfection que permettait alors l'état de la langue française. Ce travail n'était assurément pas indigne de l'accueil honorable qu'il a reçu et de la belle édition in-folio que Vascosan en a donnée en 1559. On raconte que
Charles-Quint lisait Thucydide dans la version de
Seyssel, et qu'il la portait dans ses expéditions pour
imiter Alexandre, qui marchait accompagné des œuvres
d'Homère.

Je ne vous nommerai point, Messieurs, tous les littérateurs qui ont contribué à corriger la version latine
ou à grossir l'amas des notes ou explications du texte;
mais, parmi les écrivains qui au dix-septième siècle se
sont occupés de Thucydide, nous devons distinguer
Thomas-Hobbes. Ce philosophe a débuté en 1628 dans
la carrière des lettres par une traduction anglaise des
huit livres de la guerre du Péloponnèse. Il les jugeait pré-
férables à toutes les autres productions historiques de
la littérature grecque. Il voulait, dit Bayle, faire voir

aux Anglais, par l'exemple des Athéniens, les désordres et les confusions du gouvernement démocratique. Cette version a été fort lue durant plus de cent ans dans la Grande-Bretagne. En France, celle de Seyssel vieillissait. Perrot d'Ablancourt, en 1662, en publia une nouvelle, plusieurs fois réimprimée depuis. Les traductions ne coûtaient rien à d'Ablancourt : il a mis en français Xénophon, Lucien, Arrien, César, Tacite, Frontin, Minutius Félix, l'histoire d'Afrique de Marmol et Thucydide. On nommait alors toutes ces versions *les belles infidèles* ; la beauté s'est flétrie, il ne reste de visible que l'infidélité. Mais il est à remarquer pourtant que cette traduction de la guerre du Péloponnèse est plus courte que le texte, quoiqu'elle n'en ait pas la précision. D'Ablancourt a eu l'art de faire une sorte d'abrégé diffus de l'un des ouvrages les plus concis qu'on puisse lire : il traduit Valle ou même Seyssel, beaucoup plus que l'original ; on voit néanmoins qu'il a sous les yeux les Scholies grecques ; car ce sont quelquefois les notes du scholiaste, au lieu des idées de l'auteur, qui passent dans le français.

Les réflexions des littérateurs du dix-septième siècle sur Thucydide ne supposent pas une étude bien profonde de ses livres. La Mothe le Vayer lui-même ne trouve rien de neuf à nous en dire, et se contente d'une réclamation assez vague contre les jugements portés par Denys d'Halicarnasse. Il répète, après Marcellin, qu'il appelle un ancien, que Thucydide a su le premier animer l'histoire par des harangues ; et il le loue, avec encore plus de raison, d'avoir évité, mieux que personne, de mêler des fables à des narrations sérieuses. Ce dernier motif est le plus fort de ceux qui déterminent Rapin à le déclarer le meilleur des historiens grecs : « Il est, dit-il, exact en sa manière d'écrire, « fidèle dans les choses qu'il dit, sincère, désintéressé. « Il a de la grandeur, de la noblesse, de la majesté dans « son style ; il est toujours austère, mais d'une austérité « qui n'a rien que de grand ; et néanmoins son sujet est « bien plus petit, plus borné à tous égards que celui « d'Hérodote. » Rapin, qui s'exprime ainsi dans son *Traité de la manière d'écrire l'histoire*, a laissé un autre opuscule qui n'a pour matière que la comparaison de Thucydide et de Tite-Live. Ce n'est, à vrai dire, qu'un tissu des observations qui avaient été déjà faites sur ces deux auteurs, et que je vous ai exposées, Messieurs, en ce qui concerne le premier, et le plan de ses huit livres. Les conclusions de ce parallèle appartiennent plus en propre à Rapin. Selon lui, Thucydide et Tite-Live possèdent au même degré le talent de discerner ce qu'il faut dire, et comment il convient de l'exprimer. Ils choisissent avec un jugement exquis les termes les plus propres, les tours les plus naturels, les expressions les plus vives ; ils sont également attentifs à éviter les mots éclatants pour s'attacher aux plus significatifs ; leur élocution est constamment figurée, mais leurs images ne brillent que par une vérité sensible et profonde ; chez eux, le sublime est toujours fondé en raison. Cependant la diction de Tite-Live est plus riche et plus variée ; son style a plus de ces mouvements et de ces traits qui vont au cœur : Thucydide a plus d'expressions fortes et de couleurs terribles ; il resserre un plus grand sens en moins de paroles ; il exerce et occupe davantage la pensée de ses lecteurs. Le Grec expose avec un vif intérêt des faits qui, en eux-mêmes, manquent souvent de grandeur : le

Romain développe avec magnificence des événements plus mémorables, et peint de plus importants caractères. Il reste de la sécheresse, de l'austérité, de la dureté même dans Thucydide; son sujet l'exige ainsi : celui de Tite-Live admet tous les ressorts et tous les trésors de l'éloquence. L'historien latin a aussi une diction plus pure, des constructions plus régulières; mais l'auteur grec sait mieux expliquer les détails des guerres et surtout des expéditions navales; on reconnaît dans ses récits un homme du métier. On lui doit aussi cette justice qu'il s'applique à représenter fidèlement ses personnages; il ne les fait point, il les retrace. L'histoire romaine devient peu à peu celle du monde; elle embrasse les trois parts de la terre. La guerre du Péloponnèse est circonscrite dans quelques contrées et dans un espace de vingt-huit ans, de vingt et un chez Thucydide ; il lui a fallu plus d'art pour trouver en des limites si étroites, et sans les dépasser, la matière d'un grand ouvrage. Ce sont deux peintres habiles à saisir les caractères et les couleurs des passions. Tite-Live est plus gracieux et plus tendre; Thucydide plus sérieux et plus sobre. Tous deux professent une morale pure et le culte des vertus civiques. La logique de Thucydide est plus exacte, et sa philosophie plus haute. Mais quand Tite-Live parvient à démêler quelque secret du cœur humain, il en trouve l'expression la plus vive et la plus touchante. Plus heureux dans le choix du sujet, il l'est aussi dans l'effet général et dans les résultats de son ouvrage; il nous fait suivre tous les progrès d'une gloire immense; il conduit les Romains au dernier terme de la puissance humaine. Au contraire, les tristes querelles que raconte Thucydide n'aboutissent qu'à l'affaiblissement des

deux peuples qui se disputaient l'empire de la Grèce.
Si les premiers hommages sont dus à la vérité simple,
dédaignant l'artifice, et brillant de sa propre candeur,
Thucydide obtiendra la préférence; mais, s'il est permis d'orner les attraits de la vérité, au risque de la cacher quelquefois, la palme sera due à Tite-Live. Dans
tous les cas, on peut assurer au moins que son ouvrage
est fait pour attirer et intéresser plus de lecteurs.

Telle est, Messieurs, la substance des réflexions du
P. Rapin sur ces deux historiens illustres. Ce parallèle,
qui a été composé en 1677, nous représente ce que
pensaient alors de Thucydide les hommes les plus instruits. Mais le plus important travail dont ses livres
aient été l'objet, dans le cours du dix-septième siècle,
est l'édition qu'en a donnée Hudson, à Oxford, en
1696, in-folio. Jusqu'alors le texte n'avait été revu que
sur un petit nombre de manuscrits d'Italie et de France.
Hudson fit usage de ceux d'Angleterre, et y joignit des
variantes puisées dans celui d'Utrecht que Grævius
avait collationné. La version latine placée en chaque
page au-dessous du texte est celle d'Émile Porto, sauf
quelques corrections, suggérées en partie par la traduction anglaise de Hobbes et par la traduction française
de Perrot d'Ablancourt. Cette édition renferme aussi la
notice biographique de Marcellin, les Scholies grecques, les notes de Henri Estienne sur ces Scholies,
d'autres textes du même Estienne et de quelques autres
savants, des cartes de la Grèce et de la Sicile, et des
indications chronologiques fournies par Dodwell. Celui-
ci a depuis étendu ce travail : il a publié, en 1702,
sous le titre d'*Annales Thucydidei et Xenophontei*, un
tableau chronologique de tous les événements et de

tous les détails de la guerre du Péloponnèse, et même aussi de la vie de l'historien; tableau beaucoup plus complet et moins inexact que celui que David Chytrorus avait esquissé en 1586.

L'explication publique de l'ouvrage grec dans une des chaires de l'académie de Pise a donné lieu à cinquante-huit dissertations latines de Benedetto Averani, qui ont été imprimées à Florence en 1716 et 1717, après la mort de ce professeur et divisées en trois parties in-folio. Elles offrent bien moins un commentaire précis et instructif qu'une suite de digressions à l'occasion de certains textes. Averani raisonne sur des usages antiques, sur des origines, sur des faits étrangers à ceux que l'historien grec raconte. Ces divagations, plus agréables peut-être, mais certainement plus faciles qu'un enseignement méthodique, en ont longtemps usurpé la place; elles sont du nombre des pratiques artificielles essayées dans les écoles du moyen âge. Il nous reste peu de monuments des leçons publiques que donnaient les philosophes, les rhéteurs, les grammairiens, avant la fin du premier siècle de l'ère vulgaire; mais il y a lieu de croire qu'elles se concentraient davantage sur des objets déterminés, et qu'elles présentaient les développements naturels d'une science ou d'un système.

L'édition de Hudson se reproduisit à Amsterdam, en 1731, dans celle de Duker, avec les notes de ce nouvel éditeur et celles qu'avait laissées Joseph Wasse; car l'amas de ces gloses va toujours croissant, et le texte finit par n'être plus qu'une assez mince partie des volumes qui lui semblent consacrés. Toutefois cette édition in-folio de 1731 est fort estimée : elle avait été préparée par un examen particulier des manuscrits d'Utrecht, de Hesse-Cassel et de Bâle. Malgré tant de commentaires, ou plutôt parce qu'il y en avait un si grand nombre à étendre, à modifier, à contredire, on en fit encore. Les *Dilucidationes Thucydideæ* d'A-brecsh parurent en 1753, à Utrecht, en deux volumes in-8°. Bauer, qui, en la même année, publiait à Leipzig un in-4° intitulé *De lectione Thucydidis*, mit en lumière, en 1773, une *Philologia Thucydideo-Paullina*. L'objet spécial de cet in-8° imprimé à Halle est de comparer la diction des épîtres de saint Paul à celle de Thucydide. L'auteur implore le secours du ciel pour le succès d'une si haute entreprise, et de celles du même genre qu'il pourra tenter dans la suite : *Prodit tandem, juvante Deo, Philologia Paullino-Thucydidea.... Cœpta fortunet Deus, aliisque conandis vires animumque sufficiat.* Malebranche avait fait remarquer un exemple tout semblable de la préoccupation des commentateurs. Ce philosophe, pour montrer à quel point leur imagination s'égare, et combien surtout ils sont exposés à s'exagérer l'importance de leur travail, avait cité les paroles d'un savant, qui, après avoir expliqué en trois cents pages les huit premières propositions d'Euclide, qu'on peut apprendre et concevoir aisément en moins d'une heure, se félicitait d'avoir, par la grâce de Dieu, accompli un si grand dessein, et laissait à des athlètes plus vigoureux que lui, la gloire de poursuivre cette carrière. *Exsolvi, per Dei gratiam, fidem meam.... Explicavi pro modulo meo.... octo priores propositiones Euclidis. Hìc annis fessus cyclos artemque repono. Succedant in hoc munus alii fortasse magis vegeto corpore, vivido ingenio,* etc. « Voilà, dit Malebranche, les bizarreries dont la fausse

« érudition rend capable. Cet homme savait du grec...
« Il avait peut-être lu les anciens géomètres. Il savait
« historiquement leurs propositions;... il avait pour
« l'antiquité tout le respect qu'on doit avoir pour la
« vérité. Et que produit cette disposition d'esprit? un
« commentaire... dix fois plus difficile à entendre et
« à retenir, je ne dis pas que les propositions qu'il
« commente, mais que tout ce qu'Euclide a écrit de
« géométrie..... Le dessein de la plupart des commen-
« tateurs, ajoute Malebranche, n'est pas d'éclaircir leurs
« auteurs, et de chercher la vérité; c'est de faire mon-
« tre de leur érudition, et de défendre aveuglément les
« défauts mêmes de ceux qu'ils commentent. Ils ne par-
« lent pas tant pour faire entendre leur auteur, que
« pour le faire admirer, et pour se faire admirer, eux-
« mêmes avec lui. » Ce chapitre de Malebranche, quelque judicieux qu'il soit, n'a point, vous le voyez,
Messieurs, guéri les commentateurs de leurs travers;
nous venons d'en rencontrer un exemple jusqu'en 1773;
et ce n'est point le dernier. Les commentaires n'ont
pas été plus épargnés à Thucydide qu'à tout autre classique. L'épais nuage d'une érudition vaine et inculte
s'est élevé entre lui et les lecteurs avides d'instruction.
Il est vrai pourtant que, dans le cours du dernier siècle, ses livres ont été l'objet de quelques travaux plus
utiles.

Parmi ces travaux profitables, je crois, Messieurs,
qu'il faut placer et même distinguer les versions en
langues vulgaires. Car, lorsqu'elles sont fidèles et bien
écrites, on doit les regarder comme les commentaires
les plus précis et les plus positifs; et d'ailleurs elles
tiennent lieu des textes, autant du moins qu'il est possi-

ble, pour les lecteurs qui n'ont point acquis une connaissance assez familière des langues anciennes. Elles achèvent, dans les temps modernes, la publication des ouvrages de l'antiquité. La version de Hobbes ne suffisait plus aux Anglais ; ils en avaient reconnu les défauts : comme tant d'autres, elle avait été faite en grande partie sur le latin de Valle ou de Porto. William Smith en composa une plus exacte et plus élégante, en 1753; elle a eu plusieurs éditions jusqu'en 1805, et peut-être au delà. Les Allemands renoncèrent aussi à celle de Bonner : une société d'hommes de lettres leur en rédigea une nouvelle en 1757; David Heilmann, une troisième en 1760; Reiske, une quatrième, mais des harangues seulement, en 1761, à Leipzig, où l'on imprimait en même temps ses *Animadversiones in Thucydidem*. En France, les traductions qui devaient remplacer celles de Perrot d'Ablancourt se sont fait plus longtemps attendre ; et je dois, ayant de les indiquer, m'arrêter à quelques autres détails. Les Italiens s'en tenaient à la version de Strozzi, qui s'était reproduite à Vérone, en 1735, en deux volumes in-4°; il leur a été difficile, dans presqne tous les genres, de surpasser leur excellente littérature du seizième siècle. Mais ils ont, au dix-huitième, continué d'étudier Thucydide : on l'expliquait dans leurs grandes écoles, on l'admirait dans leurs académies, on l'envisageait sous divers aspects dans leurs journaux et dans leurs recueils littéraires. Par exemple, en 1757, un anonyme le comparait, non plus à Tite-Live, mais à Machiavel, historien de Florence, et croyait trouver dans l'écrivain toscan, comme dans l'Athénien, cette diction concise, ce style énergique, véritable accent du génie. Ils savent l'un et l'autre tout dire d'un seul mot, parce qu'ils voient tout d'un coup d'œil. Voilà par où Machiavel l'emporte sur Guichardin, comme Thucydide sur Hérodote. Dociles aux règles de l'histoire, s'ils laissent, dans les harangues, un libre cours à leur éloquence, jamais ils n'oublient le caractère de leurs personnages, ils le prennent eux-mêmes. Tous deux exercés à sentir et à mesurer l'importance des faits, tous deux féconds en réflexions profondes, ils ont une égale habileté à faire jaillir de l'histoire des lumières vives, qui éclairent la science de l'homme d'État et l'art du guerrier. Ils se ressemblent entre eux par la nature de leurs sujets, car chacun d'eux retrace les guerres civiles de sa patrie; par le genre des tableaux, puisque les mœurs politiques des Athéniens se retrouvent souvent dans celles des Florentins; par les traits et la physionomie des principales figures, puisque les trois Médicis, Jean, Cosme et Laurent, peuvent rappeler Brasidas, Alcibiade et Périclès; quelquefois encore par l'espèce des faits et des aventures mémorables. Ici l'auteur de ce parallèle rapproche de la conjuration d'Harmodius et d'Aristogiton contre Hipparque et Hippias, celle des Pazzi contre Julien et Laurent de Médicis. Je ne pense pas, Messieurs, que tous ces rapprochements, et surtout le dernier, soient d'une justesse rigoureuse : l'attentat des Pazzi a été presque universellement abhorré, au lieu qu'Aristogiton et Harmodius ont obtenu, dans l'antiquité et dans nos temps modernes, des hommages presque unanimes. Il serait plus vrai de dire que l'esprit républicain anime également les deux historiens. Si Thucydide nous montre toutes les villes de la Grèce appliquées à maintenir entre elles un équilibre constant, l'attention de Machiavel demeure aussi toujours fixée sur la balance à établir entre les États de l'Italie. La cause de la liberté est défendue avec la même véhémence, par l'un contre les attentats de Pausanias, par l'autre contre la tyrannie du duc d'Este. Ils ont reconnu, l'un comme l'autre, les effets des dissensions publiques : aux yeux de Machiavel, elles ont introduit la corruption dans le gouvernement de sa patrie ; aux yeux de Thucydide, les ravages des guerres civiles ont amené la décadence de la Grèce. Jusque dans les détails, on aperçoit encore des ressemblances : ce que l'historien grec a dit des prédictions d'un devin nommé Théænète, le Florentin le dit des prophéties de Savonarole. Dans Florence, ainsi que dans Athènes, le peuple s'assemble quelquefois au milieu des temples pour traiter des affaires publiques ; et les récits d'un tremblement de terre en Grèce, d'un incendie du temple de Jupiter, ont pu servir de modèles aux descriptions que fait Machiavel de l'embrasement d'une église, et de la foudre tombant sur une autre. Ces observations ne laissent du moins aucun doute sur le soin extrême avec lequel l'historien moderne avait étudié l'ancien ; et c'est un résultat qu'on peut joindre à beaucoup d'autres expériences pour recommander la lecture attentive des écrivains antiques :

> . . . . Vos exemplaria Græca
> Nocturna versate manu, versate diurna.

Mais il est bon de remarquer, Messieurs, que Machiavel n'est ici considéré que comme auteur de l'*Histoire de Florence* : son traité *du Prince* est expressément écarté de ce parallèle et relégué parmi les tributs payés à la tyrannie par la complaisance et l'adulation servile.

D'autres ont cru voir dans ce traité fameux une révélation ingénieuse et civique des plus secrets artifices du despotisme. L'anonyme italien ne partage point cette opinion, qui a été, depuis, fortement combattue par Ginguené. J'ai cru, Messieurs, devoir m'arrêter un instant à cette dissertation que je ne vous donne pas pour très-savante, mais qui est originale et philosophique. On y puiserait peut-être une instruction plus réelle que dans la plupart des notes prétendues philologiques et critiques dont le texte de Thucydide a été successivement surchargé.

Les quarante et une dernières années du dix-huitième siècle en fournissent cinq éditions nouvelles. Une copie de celle de 1731 a paru en 1759 à Glasgow, chez les Foulis, en huit volumes in-8°, et s'est recommandée par son élégance typographique. Le texte grec tout seul, mais avec des variantes extraites par Alter des manuscrits de Vienne, a été imprimé dans cette ville en 1783. L'édition des Deux-Ponts, en 1788, représente plus fidèlement et plus correctement qu'aucune autre celle de Duker, et y ajoute quelques remarques dues au traducteur allemand, David Heilmann. Celle de Leipzig, en deux volumes in-4°, avait été préparée par Gottleber et Bauer, dont l'un est mort avant l'impression du premier tome, en 1790, et l'autre avant la publication du deuxième, en 1802. On doit aux soins de M. Brédenkamp l'édition purement grecque de Brême, en 1791, de Leipzig, en 1802, à l'usage des écoles.

Un volume des Mémoires de l'académie de Berlin, publié en 1796, contient une dissertation sur Thucydide, lue quelques années auparavant par Meierotto. Il y est dit que Thucydide exilé employa ses loisirs à

étudier profondément ses contemporains, qu'il voulut
connaître tous les Grecs qui se distinguaient de la foule;
que, malgré les difficultés qu'il rencontrait à se procurer des notices exactes, il ne laissa rien échapper, dé-
mêla tous les ressorts, saisit les traits de tous les acteurs
qui troublaient ou rétablissaient le repos de la contrée.
Que fera-t-il des matériaux qu'il a ainsi recueillis? Imi-
tera-t-il Hérodote décrivant les lieux, rapprochant les
époques, remontant aux origines, pénétrant dans l'histoire de chaque peuple? Ce plan venait d'être trop heureusement suivi pour qu'il fût prudent de se le prescrire une seconde fois. Le fils d'Olorus avait observé
le goût de ses compatriotes pour les éloges funèbres,
pour les plaidoyers et pour les harangues politiques.
Il s'empara de ce genre d'ornements, dont l'usage était
encore neuf; il n'en voulut point d'autre, et résolut
d'être, en tout le reste, exact, positif, ou, comme dit
Meierotto, *pragmatique.* Doué, au plus haut degré, du
talent de narrer et de celui de décrire, il en usa sobrement; il aima mieux que son ouvrage, quoique historique, dans son cours, offrît aux orateurs d'Athènes
un recueil d'éloquents exemples. Il fit entrer dans ses
livres trente-neuf harangues, qui occupent à peu près
un quart de l'ouvrage. L'académicien de Berlin a pris
la peine de calculer que, sur les vingt-trois mille neuf
cents lignes de l'édition de Henri Estienne, il y en a
cinq mille cinq cents en morceaux oratoires, sans compter les discours abrégés, les entretiens, les conférences,
ni les réflexions ou digressions de l'historien et les rai-
sonnements qui lui sont propres. En vain Thucydide
assure qu'il n'a rien négligé pour obtenir des copies
originales de toutes ces harangues, et qu'il les transcrit

avec une fidélité scrupuleuse; Meierotto n'en veut rien croire. Denys d'Halicarnasse a professé jadis la même incrédulité; presque tous les lecteurs la partagent aujourd'hui; mais Thucydide avait le droit, selon Meierotto, de se regarder comme l'âme de ces automates qu'il faisait parler, de traîner à la tribune les plus taciturnes Spartiates, et de forcer trois fois leur général Brasidas à discourir verbeusement. C'est précisément, poursuit l'académicien, ce qui a garanti le succès et l'utilité de l'ouvrage. Voilà comment tous les sujets de morale publique ont pu être traités dans l'histoire d'une guerre, ainsi qu'il résulte de l'analyse que la dissertation nous offre des trente-neuf oraisons. Toutes les fois que les récits peuvent en amener ou en supporter une, l'auteur grec saisit cette occasion de jeter de la lumière sur les faits, sur les hommes et sur les choses. Il n'a l'intention ni de peindre les personnages par leurs paroles, puisqu'il attribue plusieurs de ces discours à des hommes peu connus ou absolument inconnus, ni d'indiquer la disposition des esprits, puisque toute cette éloquence reste le plus souvent inefficace. Que veut-il donc? Débiter, sous des noms étrangers, ses propres pensées, présenter des modèles de tous les genres d'élocution, de toutes les variétés de style. Voilà pourquoi les orateurs et les rhéteurs l'ont si avidement étudié, pourquoi Démosthène l'a copié neuf fois, pourquoi Quintilien l'admire. Les expressions figurées, et quelquefois obscures, qui se rencontrent jusque dans les parties purement historiques de ses livres, viennent de ses habitudes d'orateur, et s'y transportent presque à son insu : c'est la langue qu'il s'est faite. Des mots nouveaux, des substantifs au lieu de verbes, des qualités exprimées par des adjectifs neutres, des sens détournés, des cadences antithétiques, sont, dans ses narrations, des vestiges de sa rhétorique, et pour ainsi dire, des idiotismes oratoires : de là encore tant d'hyperbates, d'interversions, de transitions brusques. Heilmann pense que l'art des transitions et des nuances à tout à fait manqué à Thucydide, et cette opinion est adoptée par Meierotto. A la vérité, les événements exposés par l'écrivain grec tiennent à des intérêts généraux, et il en démêle ordinairement les véritables causes; mais l'histoire n'est pas son but principal; la mission qu'il s'est donnée est de former des orateurs et des hommes d'État. S'il néglige certains détails qui ne seraient qu'instructifs, s'il abrége les récits et les descriptions qui ne prendraient point un caractère oratoire, si enfin il se dispense de quelques-uns des devoirs d'un historien, ce sont là des défauts qu'il faut attribuer aux mœurs politiques et aux goûts littéraires de son temps, et qui ne doivent point affaiblir les hommages dus à sa raison et à son génie. Quoique cette dissertation ait été composée à sa louange et non pour le déprécier, j'ignore, Messieurs, s'il est possible d'inspirer une idée plus défavorable de sa personne et de ses livres; car le voilà transformé en un rhéteur artificieux, qui substitue des harangues imaginaires au tableau des faits et aux véritables leçons de l'histoire. Meierotto finit même par lui refuser la qualification de *pragmatique*, qu'il lui avait d'abord décernée.

Presque en même temps que Thucydide était ainsi jugé à Berlin, Laharpe, au Lycée de Paris, parlait de lui en ces termes : « Après Hérodote, dont on estime la « clarté, l'élégance et l'agrément, mais à qui on désirerait

« plus de méthode, plus de développement (ce regret
« est singulier) et plus de critique, parut Thucydide,
« qui a écrit cette fameuse guerre du Péloponnèse qui
« dura vingt-sept ans. Il en a rapporté la plus grande
« partie comme témoin et comme acteur; car il fut
« chargé du commandement; et les Athéniens, qui le
« bannirent pour avoir mal fait la guerre, honorèrent
« ensuite et récompensèrent comme historien celui
« qu'ils avaient banni comme général. On lui reproche
« deux défauts assez opposés l'un à l'autre : il est trop
« concis dans sa narration, et trop long dans ses haran-
« gues. Il a beaucoup de pensées, mais elles sont quel-
« quefois obscures : il a dans le style la gravité d'un
« philosophe; mais il en laisse un peu trop sentir la sé-
« cheresse. Aussi le lit-on avec moins de plaisir que
« Xénophon, etc. » Voilà, Messieurs, quelles sont les observations littéraires de Laharpe sur le fond et les
formes de l'ouvrage de Thucydide; et c'est avec cette
concision qu'est traitée, dans son cours, toute la partie historique de l'ancienne littérature. Il serait possible
de remarquer, dans si peu de lignes, plusieurs inexac-
-titudes. Laharpe semble dire que Thucydide a conduit
l'histoire de la guerre du Péloponnèse jusqu'à la vingt-
septième année : cette guerre a duré réellement vingt-
sept années et demie; les récits de Thucydide finissent
à la vingt et unième; il avait cessé d'y porter les armes
dès la septième; il n'avait point été chargé du *comman-*
dement, mais d'un commandement particulier, c'est-
à-dire de secourir Amphipolis. Les Athéniens l'ont
bien rappelé de son exil, mais il n'est dit nulle part
qu'ils l'aient autrement récompensé. Pline dit, *eloquen-*
tiam mirati cujus virtutem damnaverant; ces paro-

les que Laharpe traduit longuement n'indiquent aucune récompense distincte de l'admiration. Ensuite, bien qu'il y ait une opposition réelle entre l'extrême brièveté des récits et la longueur excessive des harangues, ces deux défauts peuvent tenir à un même plan, et dériver d'une même cause, savoir, d'une prédilection marquée pour les discussions oratoires. Il y aurait bien plutôt de l'incompatibilité entre cette gravité et cette sécheresse de style que, selon Laharpe, Thucydide laisserait en même temps sentir : Cicéron oppose expressément ces deux caractères l'un à l'autre, il croit qu'ils s'excluent réciproquement : *Illi tenui quodam exsanguique sermone,.... hic cum omni gravitate.* Mais c'est par un examen immédiat des livres de Thucydide que nous pourrons apprécier les critiques qui en ont été faites.

Une version française de cet historien a été publiée, en 1795, par Lévesque, qui la jugeait lui-même avec beaucoup trop de sévérité. « Que le lecteur ne s'attende « pas, disait-il, à reconnaître dans cette traduction la « fière stature et la physionomie imposante de Thucy- « dide : elle n'en offre que le squelette qui pourra don- « ner seulement une idée des fortes proportions de ce « grand historien.... Cent fois j'ai voulu détruire mon « travail plus ou moins avancé : je me faisais pitié, en « comparant ma sèche copie aux effrayantes beautés « de mon original.... Depuis que ma traduction est en- « tièrement imprimée, et qu'on travaille à l'impression « des notes, j'ai relu, sans regarder cette traduction, « tous les discours de Thucydide et une grande partie « de son histoire ; c'est surtout dans cette lecture que, « n'étant plus distrait par mon travail, j'ai vu, plus

« que jamais, cet historien dans toute sa grandeur, et
« que ma mémoire m'a bien représenté ma version dans
« toute sa faiblesse. » Cette modestie, dont l'expression
aurait pu être plus élégante et plus noble, est du moins
le signe d'un travail exact et consciencieux : elle annonce qu'on en a senti les difficultés et qu'on a fait,
pour en triompher, tous les efforts dont on était capable. Aussi la fidélité de cette version n'a-t-elle guère
été contestée ; la diction en est au moins préférable à
la diction de d'Ablancourt, que le public du dix-septième siècle trouvait si belle. Mais on peut reprocher à
Lévesque une circonspection par trop rigoureuse, une
excessive timidité : il craint de négliger les moindres
éléments de la phrase grecque, et de laisser prendre
à la phrase française la plus légère licence. De là vient
que son style n'est jamais assez hardi, assez hyperbati-
que, assez figuré, pour représenter celui de Thucydide.
Je crois qu'il est souvent impossible de reproduire à la
fois dans une langue moderne, et la diction et le style
proprement dit d'un grand écrivain de l'antiquité.
C'est son style qu'il faut traduire. Le problème est
de trouver comment il aurait exprimé sa pensée dans
notre langage, dût-on sacrifier quelques menus détails, dont l'expression ne se retrouverait qu'en écrivant
celle de la pensée entière. Quoi qu'il en puisse être,
Lévesque s'est abstenu de joindre à sa version des
notes volumineuses ; il n'a cédé que le moins possible
à l'usage qui en réclame au moins quelques-unes :
c'est une sorte d'impôt établi sur les traducteurs et
sur leurs lecteurs. Mais il s'est permis cinq *excur-
sions*. Tel est le titre qu'il donne à des dissertations,
dont la première est du moins fort courte, si elle est

inutile : elle concerne une pierre gravée, représentant le buste d'une statue faite par Phidias. La seconde et la troisième tendent à prouver l'origine septentrionale des Grecs, opinion à laquelle Lévesque tenait beaucoup, et qu'assurément les textes de Thucydide ne suggéraient pas. La quatrième dissertation touche de plus près aux livres de cet historien : elle a pour objet son dialecte attique, son orthographe et la forme des lettres dont il a fait usage : elle est fort curieuse et d'une clarté parfaite. Dans la cinquième, qui est la plus importante, le traducteur examine et réfute les observations critiques de Denys d'Halicarnasse. Ce sujet, déjà traité par Rollin, l'est ici avec plus de science ; et nous profiterons de quelques-unes de ces réflexions de Lévesque, lorsque nous entrerons dans les détails de l'ouvrage de Thucydide.

Il me reste, Messieurs, à vous indiquer les éditions de cet historien publiées depuis 1800 ; elles sont au nombre de onze au moins. Celle de Venise, en 1802, ne contient que le texte et les Scholies grecques. Six volumes in-8°, imprimés à Édimbourg en 1804, reproduisent l'édition de Duker, revue par M. Elmsley. Un Grec de nation, Néophytos Ducas, a joint à l'ouvrage original une version et des notes en grec vulgaire : le tout remplit dix tomes in-8° imprimés à Vienne en 1806. Chez nous, feu M. Gail a mis au jour, depuis 1807, une série de volumes in-4° où se trouvent le texte, les Scholies, des variantes extraites de treize manuscrits de la Bibliothèque du Roi, une version latine corrigée, une version française, qui a aussi paru à part en quatre tomes in-8°, des remarques historiques et philologiques, des considérations générales sur Thucydide, sur le caractère de ses idées et de son style, un examen des reproches que lui ont adressés Denys d'Halicarnasse, Cicéron, Rapin et Laharpe (1). Les variantes données par M. Gail et un glossaire accompagnent le texte dans l'édition de Leipzig, due, en 1814, aux soins de M. Seebode. Ce même texte occupe deux volumes in-16, revus par M. Schœfer, qui ont paru à Leipzig en 1815, et qui font partie de la collection de M. Tauchnitz. L'édition entreprise, comme je l'ai dit, par Gottleber et Bauer, et terminée en 1802 par M. Beck, a servi de copie à celle de Londres, en 1819. Les presses de Leipzig ont fourni encore, en 1820, deux in-8° contenant le texte scrupuleusement revu par M. Haacke, sans version, sans notes, et seulement avec une nouvelle table. L'édition de Londres, en 1821, quatre volumes in-8°, est grecque-latine, et comprend des remarques choisies. M. Emmanuel Bekker a corrigé le texte, d'après des copies manuscrites. Les deux derniers éditeurs de notre historien sont, depuis 1821, M. Ernest Frédéric Poppo, qui, en 1815, avait fait imprimer à Leipzig des *Observationes criticæ in Thucydidem*, et depuis 1826, M. Gœller.

Tant de réimpressions, de traductions, de commentaires, prouvent assez l'importance qu'on n'a jamais cessé d'attacher à ce grand ouvrage. Thucydide, en effet,

(1) Cette leçon est du commencement de 1830. En 1833, M. Ambroise Firmin Didot publiait, en quatre volumes in-8°, une nouvelle traduction de Thucydide, dont M. Daunou disait en l'annonçant dans le Journal des savants, N° de Janvier 1834, p. 60 : « Une traduction française de Thucydide est véritablement un ouvrage, et « même un des plus difficiles qu'on « puisse entreprendre. Sans anticiper « sur le compte qui sera rendu de ces « quatre volumes dans nos prochains « cahiers, nous pouvons dire au moins « qu'aucun soin n'a été négligé pour « établir un texte pur, et pour obtenir « une version fidèle. L'exécution typographique est digne du nom de « MM. Didot. Nous sommes revenus au « temps où les imprimeurs célèbres « étaient des littérateurs très-distingués. »

a traité un sujet plein d'instruction, et il n'en a point affaibli l'intérêt. Il a vécu au milieu des choses et des hommes dont il nous entretient. Il a interrogé, autant qu'il lui était possible, tous les témoins, tous les acteurs; recueilli les mémoires, confronté les dépositions, écarté les erreurs et les mensonges. Les traces des superstitions grecques sont, chez lui, rares et légères : il n'aime pas les fictions; il n'imagine aucune fable : son dessein est de composer une histoire exacte. Les harangues sont la seule espèce d'embellissement qu'il se permette; et l'on doit convenir qu'à cet égard il s'est ouvert une fort libre carrière, dans laquelle son exemple a trop entraîné ses successeurs. Quelque censure que puisse mériter ce genre d'oraisons fictives, il faut bien l'admettre, ou du moins le supporter, en lisant les historiens antiques, et surtout celui qui pourrait en être déclaré l'inventeur. Nous ne pouvons nous étonner qu'il l'ait accrédité; car il en fait un habile et heureux usage. Ses trente-neuf harangues et d'autres morceaux oratoires moins étendus forment une partie essentielle de son histoire : on ne les en retrancherait pas sans l'appauvrir, sans amortir l'éclat dont elle brille, et même sans éteindre la lumière qui la doit éclairer. C'est là, quoi qu'en dise Meierotto, qu'il peint les personnages, là qu'il prépare ou achève ses récits, là qu'il explique les causes et les effets des événements. Si nous ne lui permettons pas de nous instruire de cette manière, le cours de ses narrations proprement dites ne nous donnera point une connaissance complète des faits : il a conçu ainsi son sujet et le plan de son travail. Comment refuser d'ailleurs à ces discours un rang très-distingué parmi les productions de l'art d'écrire? quelques-uns, à

la vérité, appartiennent au genre que les rhéteurs ont
appelé démonstratif, genre verbeux et stérile, où s'ac-
cumulent les idées vagues, les expressions exagérées,
les ornements artificiels. Le vain appareil de ces compositions oiseuses a contribué à retarder, chez les anciens et chez les modernes, les progrès de la saine
instruction et ceux du bon style. On peut craindre
aussi que Thucydide n'ait fait un peu trop de harangues militaires : il en est qui, chez lui, semblent se détacher un peu plus qu'il ne convient des circonstances qui
les provoquent, retomber dans les lieux communs, en
un mot manquer d'originalité, par conséquent d'énergie. Mais il sait aussi en composer d'éloquentes et véritablement guerrières, qui commencent en quelque sorte
les combats qu'elles annoncent, et qui retentissent déjà
comme des coups portés à l'ennemi. Souvent elles expliquent et peignent les manœuvres et les chocs qui
vont suivre ; elles instruisent, ébranlent et animent les
armées qui les écoutent. Cependant c'est dans les harangues politiques que se fait le plus admirer le talent
de l'historien : sans elles, nous ne saurions pas assez
combien son âme était sensible, sa pensée profonde, son
éloquence flexible et entraînante : il faut chercher dans
Eschine et dans Démosthène, choisir dans Cicéron,
pour trouver des mouvements et des traits comparables
à ceux qui éclatent dans les discours de Diodote pour
les habitants de Mitylène, d'Astymaque et de Lacon pour
les Platéens. Le caractère sérieux et austère de Thucydide ne permet aucunement de supposer qu'il ait entrepris une histoire tout exprès pour y insérer des harangues ; mais on s'aperçoit assez, et trop peut-être, qu'il les
a composées pour orner et compléter l'histoire. Il n'est

guère possible de penser qu'il se borne à les transcrire,
ou à les abréger, à les revêtir de couleurs plus vives;
tout annonce qu'il les invente, au moins la plupart;
que le fond même lui en appartient; et qu'à l'exception de Périclès, il n'y a pas d'autre orateur que lui-
même dans ses livres. J'oserai dire qu'en cela il est encore plus louable comme écrivain que répréhensible
comme historien, et puisqu'il a voulu, de son plein
gré, sans y être obligé par l'objet et la nature de
son ouvrage, nous laisser des exemples d'éloquence
militaire et politique, il convient d'en profiter. En
imprimant à part ses harangues, comme on l'a fait
plusieurs fois depuis 1531, à Paris, à Glasgow, à Leipzig, à Oxford, on a rendu service à ceux qui veulent
étudier profondément l'art oratoire; mais je demeure
persuadé que, dans le corps de son histoire, ces discours
n'étaient en effet destinés qu'à jeter un grand jour sur
les récits. Le talent de raconter qu'il possède aussi à
un degré peu commun, il ne l'exerce guère que sur
des faits militaires; et l'on ne doit pas l'en blâmer, puisqu'il écrit les annales d'une guerre. Quand le cours
naturel des choses l'entraîne sur la scène des débats et
des intrigues politiques, il en sait tracer les tableaux
animés; mais il se contient rigoureusement dans les
bornes de sa matière, et regagne, le plus tôt qu'il peut,
les camps et les flottes. Il ne s'engage point dans les
détails biographiques : il ne dit rien de plusieurs personnages célèbres dans les temps dont il parle, tels
que Socrate, Aspasie, Sophocle, Euripide, Aristophane,
bien qu'il eût été fort possible de rattacher quelques-
uns de ces noms aux faits qu'il raconte. Hérodote probablement n'y eût pas manqué, il eût cherché plus loin

ncore les occasions de pénétrer dans l'intérieur des cités et des familles; il eût même recueilli volontiers les narrations traditionnelles qui auraient pu s'entremêler au cours de cette histoire. Mais Thucydide craint toujours de sortir d'un sujet qu'il a circonscrit avec scrupule; et, si nous exceptons sa divagation sur les Pisistratides, et quelques autres digressions beaucoup moins considérables, nous reconnaîtrons qu'il ne prend pas d'autre licence que celle de haranguer au nom de ses personnages; car il ne faut point considérer comme les hors-d'œuvre les descriptions que son plan exige, et que d'ailleurs il ne multiplie pas, quoiqu'il y excelle. Ces tableaux, surtout celui de la peste de l'Attique, sont réellement des récits d'une espèce particulière, composés de détails coexistants plus que successifs. En plusieurs autres endroits, on pourrait se plaindre de la sévérité extrême avec laquelle il écarte ce qui avoisine sa matière. Le caractère de son style consiste dans cette dignité et cette énergie constantes, auxquelles les anciens rhéteurs ont quelquefois appliqué le nom de sublime : la prose, même dans le genre oratoire, ne saurait s'élever ou du moins se soutenir plus haut. C'est presque, aux fictions et à la versification près, le style poétique : souvent ce sont les mêmes mouvements, la même hardiesse de figures et d'inversions, ces élans brusques et rapides qui font craindre le désordre, et qui peuvent tant ajouter au charme des sentiments, à l'éclat des pensées et des images. Si jamais il devenait possible à l'histoire moderne de reprendre le ton de l'histoire antique, ce serait par une étude attentive du style de Tacite, de Tite-Live et de Thucydide. La diction de cet écrivain grec n'est pas exempte d'obscurité; et il faut bien que cette imperfection soit réelle, puisque les anciens l'ont sentie : seulement on peut présumer que les copistes l'ont fort augmentée. Des lignes embarrassées et peu intelligibles, qui se rencontrent çà et là dans chacun des huit livres, ont servi de prétextes à des commentaires, qui ne les ont point du tout éclaircies, et dont l'effet serait plutôt de répandre des ténèbres et de l'ennui sur l'ouvrage entier. Le parti le plus simple est en considérer ces textes obscurs comme de petites Ide nes à remplir, quand cela est indispensable, par les idées qui se lient le plus naturellement à ce qui précède et à ce qui suit, sans s'arrêter à des discussions grammaticales que l'état de ces textes rend tout à fait infructueuses. Il reste bien assez de beautés, de charme, d'instruction historique, littéraire, morale et politique, dans tout le cours de cet immortel ouvrage.

Nous en étudierons le premier livre dans notre prochaine séance.

TROISIÈME LEÇON.

EXAMEN DU PREMIER LIVRE. — CONSIDÉRATIONS GÉNÉRALES SUR LES ORIGINES ET L'AGE LE PLUS ANTIQUE DE LA NATION GRECQUE. — PRÉCIS DES ÉVÉNEMENTS ARRIVÉS EN GRÈCE DEPUIS L'AN 479 AVANT NOTRE ÈRE JUSQU'EN 431. — PRÉPARATIFS DE LA GUERRE DU PÉLOPONNÈSE.

Messieurs, après avoir recueilli tous les documents relatifs à la vie de Thucydide, j'ai exposé comment son ouvrage a été apprécié, transcrit, publié, traduit et commenté. Au jugement plus que sévère qu'en a porté Denys d'Halicarnasse, j'ai opposé les hommages rendus au talent de l'auteur par Cicéron et Quintilien, par Plutarque et Longin. Dans le cours du moyen âge les copies manuscrites de l'histoire de la guerre du Péloponnèse se sont multipliées à tel point, qu'on en retrouve encore aujourd'hui plus de quarante, dont les plus anciennes pourtant ne remontent qu'au dixième et au onzième siècle. Plusieurs de ces manuscrits contiennent aussi des Scholies grecques qu'on pourrait considérer comme un recueil successivement formé des notes, le plus souvent puériles, de divers grammairiens. Au quinzième siècle, Thucydide fut traduit en latin par Laurent Valle, dont la version a été depuis corrigée ou altérée par Émile Porto et par quelques autres. Alde imprima pour la première fois le texte grec en 1502; et entre les éditions subséquentes jusqu'en 1600, nous avons distingué celle de Henri Estienne, comme entre

les traductions, celles de Strozzi en italien, et de Seyssel en français. Thomas Hobbes en fit une anglaise en
1628 ; c'était le début de ce philosophe dans la carrière
des lettres. On doit aussi à l'Angleterre le travail le
plus important qui ait été entrepris au dix-septième
siècle sur Thucydide, savoir, l'édition publiée à Oxford
par Hudson, en 1696. Toutefois nous avons fait mention
de la version française de Perrot d'Ablancourt, et du
parallèle de Thucydide et de Tite-Live composé par Rapin. Nos regards se sont portés ensuite sur les travaux
dont l'historien de la guerre du Péloponnèse a été l'objet durant la première moitié du dix-huitième siècle.
Dodwell a éclairci la chronologie de cette histoire, à ve-
rant n'y a cherché que des textes ou des prétextes à
des dissertations archéologiques ; Wasse et Duker ont
reproduit, augmenté, enrichi l'édition de Hudson.
Les notes étaient déjà, en 1731, beaucoup trop nombreuses : Abresch, Bauer, Reiske et d'autres philologues
en ont compilé de nouvelles, et les nuages que l'érudition amoncelle entre l'instruction classique et les lecteurs
véritablement studieux, se sont de plus en plus épais-
sis. Depuis 1750, les Anglais ont remplacé la traduction de Hobbes par celle de William Smith, et les Allemands, l'ancienne version de Bonner par celle de David Heilmann ; en Italie, il ne s'en fit point de nouvelle ; mais on continuait d'étudier Thucydide, et l'on
mettait en parallèle avec lui l'historien de Florence,
Machiavel. Dans les dernières années du dix-huitième
siècle, je vous ai fait remarquer l'édition de Deux-Ponts,
une dissertation de Meierotto, académicien de Berlin,
un article du Lycée de La Harpe, et la traduction française de Thucydide par Lévesque. Déjà le dix-neuvième

siècle a fourni onze éditions du texte, dont une seule, savoir celle de M. Gail, a paru en France; et, quoiqu'il soit de mode aujourd'hui d'exalter les éditeurs allemands, et de leur attribuer, à défaut d'un goût exquis, une science profonde, je ne crois pas du tout qu'ils aient contribué, dans ces derniers temps, à faire mieux lire et mieux comprendre l'ouvrage dont nous allons entreprendre l'étude.

Celui d'Hérodote a laissé l'histoire de la Grèce à l'année 479 avant l'ère vulgaire : Thucydide ne la reprend qu'à l'année 431. Il reste un intervalle de quarante-huit ans, dont il nous suffit en ce moment de prendre une idée très-sommaire. La guerre des Grecs contre les Perses ne s'est point terminée en 479; elle n'a fini qu'en 470 par la défaite des Perses près de l'Eurymédon. Ce fut là que l'Athénien Cimon, fils de Miltiade, ruina les espérances du grand roi. A partir de ce terme, la Grèce ne craint plus de subir un joug étranger; mais elle se divise et s'apprête à se déchirer elle-même. L'intérieur de chaque État est agité par des rivalités et par des factions; et les États cependant s'arment l'un contre l'autre. Tandis qu'Athènes menace, humilie, exile les héros qui l'ont défendue, des guerres éclatent de toutes parts, entre Mégare et Corinthe, entre les Doriens et les Phocéens, entre les Athéniens et les Spartiates. Ces démêlés et ceux enfin des Corinthiens avec les Corcyréens aboutissent, en 431, à la guerre du Péloponnèse, objet de l'ouvrage de Thucydide. D'un côté, les Lacédémoniens ayant pour alliés la Phocide, les Locriens, les Mégariens, toutes les villes de la Béotie, excepté Platée, tout le Péloponnèse, hormis l'Argolide et l'Achaïe; de l'autre, les Athéniens secondés surtout par les insulaires, par quelques États de la Thessalie, par l'Acarnanie presque entière, par les villes grecques situées sur les côtes de l'Asie, dans la Thrace, dans l'Hellespont : tels sont les deux partis qui vont s'acharner, pendant vingt-huit ans, à s'entre-détruire.

« Thucydide, Athénien, a écrit la guerre des Péloponnésiens et des Athéniens les uns contre les autres. Il a
« commencé son travail dès l'instant où elle s'est allumée, persuadé qu'elle serait fort importante, et plus
« mémorable que les précédentes. Il en jugeait ainsi,
« parce qu'il voyait les préparatifs répondre à l'état
« florissant des deux peuples, et tous les autres Grecs se
« déclarer dès lors pour l'un des deux partis, ou prendre
« la résolution et les moyens de s'y réunir. C'était le plus
« grand mouvement qui eût encore éclaté en Grèce,
« chez les barbares, ou même, si je l'ose dire, dans le
« genre humain. »

Telle est, Messieurs, la traduction presque littérale des premières lignes de Thucydide. Peut-être s'exagère-t-il beaucoup l'étendue et l'intérêt de son sujet; mais, pour justifier la haute idée qu'il en a conçue, il ajoute à cet exorde des réflexions fort judicieuses sur l'état des connaissances historiques au moment où il écrit, et sur la difficulté de remonter aux origines des cités, particulièrement de celles de la Grèce. Vous savez en effet, Messieurs, combien sont faibles et confus les premiers linéaments de l'histoire chez un peuple qui commence à se former. Péniblement occupé des moyens de s'établir et de se soutenir, il ne fait pas de livres, il ne tient pas même de registres : il n'en a point encore l'art, ni le loisir, ni ordinairement le besoin et l'occasion. Il ne se passe chez lui qu'un fort petit nombre d'événements mémorables; c'est l'aspect sous lequel se présentent, aux yeux de Thucydide, les premiers Grecs, dont les descendants devaient briller d'un si vif éclat sur la terre.

« La distance des lieux, dit-il, ne permet pas d'ac-
« quérir des notions sûres et distinctes; mais, autant
« que je puis en juger, en portant mes regards jusque
« dans la plus haute antiquité, je crois que rien de
« grand ne se fit durant plusieurs siècles ni en paix
« ni en guerres. Le pays n'était point habité d'une ma-
« nière constante : il souffrait de fréquentes émigra-
« tions. Ceux qui s'étaient arrêtés dans un canton l'a-
« bandonnaient sans peine, chassés par de nouveaux
« occupants, qui se succédaient toujours plus nombreux.
« Il n'y avait point de commerce : les hommes ne pou-
« vaient, sans péril, communiquer entre eux ni par
« terre ni par mer; et la culture étant limitée par les
« besoins, on ne connaissait pas les richesses. Point de
« plantations; aucune enceinte ne les aurait défen-
« dues. Les fruits du travail restaient sans garantie ;
« et la seule chose facile était de changer de place. Avec
« ce genre de vie, les Grecs ne devenaient puissants ni
« par la grandeur des villes, ni par aucun moyen de
« défense. » Après avoir appliqué spécialement ces observations à la Thessalie, à la Béotie, à presque tout
le Péloponnèse, excepté l'Arcadie, à tous les pays que
leur fertilité exposait davantage aux troubles intérieurs
et aux invasions des étrangers, l'historien déclare qu'il
ne voit pas qu'avant la guerre de Troie, les Grecs aient
rien fait en commun.

Quand il a si peu de lumières sur cet âge antique,
combien ne devons-nous pas admirer celles que des sa-

vants modernes croient avoir acquises, à l'aide d'un petit nombre de textes ambigus et décousus, moins anciens et moins authentiques ! Mais, dès le second chapitre que je viens d'abréger, on rencontre une de ces difficultés grammaticales qui autorisent à dire que la diction de Thucydide est quelquefois obscure. Après avoir dit que l'Attique était préservée par la stérilité de son territoire, des agressions et des séditions, il ajoute : καὶ παράδειγμα τόδε τοῦ λόγου οὐκ ἐλάχιστόν ἐστι, διὰ τὰς μετοικίας, ἐς τὰ ἄλλα μὴ ὁμοίως αὐξηθῆναι; ce qui se traduirait littéralement par ces mots latins : *Et argumentum hujus dicti non leve est, per migrationes in altera non similiter increvisse.* Il n'y a pas deux traducteurs ni deux commentateurs qui aient donné le même sens à ce passage; et les derniers éclaircissements qu'ont proposés Lévesque, Wittembach, feu M. Gail, M. Coraï et des éditeurs allemands, aboutissent à des résultats non-seulement divers, mais contradictoires. Les uns pensent qu'il s'agit des accroissements particuliers de l'Attique; les autres, de ceux de toute la Grèce. On rapporte la négation μὴ tantôt au verbe αὐξηθῆναι (ne s'être pas accrue), tantôt à l'adverbe ὁμοίως (non semblablement), tantôt même à μετοικίας (par nos émigrations) : μετοικίας signifie, selon les uns, *émigrations* ou *sorties, départ des habitants*; selon les autres, *immigrations, arrivée d'étrangers.* Ἐς τὰ ἄλλα (dans les autres) veut dire *dans les autres parties de la Grèce*; ou bien plus généralement *dans les autres lieux de la terre*, ou bien encore *dans les autres choses*, et en ce dernier sens, l'auteur dirait que l'Attique s'est accrue ou ne s'est pas accrue en tout le reste autant qu'en population. Voyez donc, Messieurs, combien d'interprétations diverses.

L'Attique est devenue populeuse, parce qu'elle n'éprouvait point d'émigrations, comme les autres pays. L'Attique, par une destinée contraire à celle des autres cantons de la Grèce, voyait les étrangers qui immigraient chez elle, accroître le nombre de ses habitants. Dans l'Attique, la population , qu'aucune émigration ne diminuait, s'est augmentée seule, et sans aucun progrès en tout le reste. L'accroissement n'était pas le même dans les autres cantons de la Grèce, à cause des émigrations; ou bien dans la Grèce, à raison des émigrations en d'autres pays. Lévesque traduit : « On « ne voit pas que des émigrations aient contribué de « même à l'accroissement des autres contrées. » Chacune de ces versions a été soutenue par des observations, soit grammaticales, soit historiques, dont le rapprochement et la discussion rempliraient assurément plus de vingt pages, comme le disait feu M. Gail. Quelque opinion que vous adoptiez, Messieurs, vous n'aurez pour vous qu'une seule autorité; et vous contredirez quatre ou cinq hommes fort habiles. Toutefois, il me paraît impossible de ne point rapporter αὐξηθῆναι à τὴν Ἀττικὴν qui se trouve dans la phrase précédente : c'est un scholiaste du moyen âge qui s'est avisé le premier de sous-entendre τὴν Ἑλλάδα (la Grèce) contre l'esprit et tout le contexte du discours. Je crois donc que Thucydide continue de parler de l'Attique , et qu'en preuve de ce qu'il vient d'avancer, savoir, qu'elle a toujours eu les mêmes habitants, il ajoute simplement que n'éprouvant point d'émigrations comme les autres pays , elle a vu sa population s'accroître. Du reste, il faut convenir que de pareilles ambiguïtés, si elles étaient fréquentes, diminueraient beaucoup la valeur d'un ouvrage et en rendraient la lecture aussi infructueuse que fatigante. Il s'en rencontre effectivement plus qu'on ne voudrait dans Thucydide : peut-être convient-il d'en attribuer la plus grande partie à l'ignorance des copistes, ou à l'insertion malheureuse de quelques gloses dans le texte; mais le nombre n'en est point aussi considérable que l'ont supposé certains commentateurs qui se plaisent à créer de prétendues difficultés pour s'amuser à les résoudre. J'ai cru à propos, Messieurs, de vous en exposer d'abord une des plus réelles, afin de vous donner une idée de l'espèce d'obscurité qu'entraîne quelquefois l'extrême concision de cet historien.

Le nom d'Hellade, poursuit-il, n'existait pas avant Hellen, fils de Deucalion. Mais cet Hellen et ses fils étant devenus puissants dans la Phthiotide, et ayant été appelés au secours de quelques autres peuples, le nom d'Hellènes, par suite de ces relations, servit à désigner les habitants de plusieurs cités. Il n'était pourtant pas encore commun à tous les Grecs du temps d'Homère; et ce poëte n'emploie pas non plus le nom de barbares pour désigner les nations étrangères. Minos, maître de la plus grande partie de la mer appelée Hellénique, eut le premier une marine. Il chassa les Cariens des Cyclades; et, pour s'en assurer la possession, il fit gouverner par ses enfants ces îles nouvellement conquises. En ce point Thucydide et Hérodote ne sont pas d'accord. Suivant Hérodote, Minos ne dépouilla point les Cariens de la possession des îles; ils eurent la liberté de les cultiver comme par le passé, exempts de tributs et obligés seulement de fournir un certain nombre de navires aux flottes que Minos jugerait à propos d'équiper. Hérodote, qui était Carien de naissance, assure qu'il s'est livré, sur ce point, à des recherches particulières. Il pourrait donc sembler plus croyable, ainsi que l'a remarqué Sevin dans une dissertation sur l'histoire de Carie ; mais cette différence entre les deux plus anciens historiens grecs sur un tel fait doit nous montrer combien cette antique partie de l'histoire est difficile et incertaine. Quoi qu'il en soit, ceux des Grecs qui habitaient les bords de la mer sont dépeints ici comme des brigands toujours armés, et dont les mœurs étaient alors celles que les peuples barbares ont conservées. Tels se montraient les Locriens-Ozoles, les Étoliens, les Acarnanes, et presque tous leurs voisins dans le continent. Les Athéniens furent les premiers à déposer les armes, à prendre des habitudes plus douces, ou plus molles. Leurs vieillards riches portaient des tuniques de lin, attachaient des cigales d'or dans les nœuds de leur chevelure. Les Lacédémoniens préféraient les vêtements simples, et la classe opulente ne se distinguait point extérieurement de la multitude. Dans leurs exercices publics, ils se dépouillaient de leurs habits et se frottaient d'huile. Les insulaires vivaient de piraterie. Mais quand Minos eut créé une marine, la navigation devint plus libre ; il envoya des colonies dans ces îles. Dès lors les habitations commencèrent à s'entourer de murailles ; on distingua des pauvres et des riches, des faibles et des forts. Telle était la situation des Grecs quand ils s'armèrent contre les Troyens.

C'est à ce bien petit nombre de notions que Thucydide réduit l'histoire grecque antérieure au siége de Troie : il craindrait, s'il en disait plus, de s'engager dans les traditions fabuleuses. De plus longs détails sur ces antiquités, il les faut demander à des auteurs moins timides; il n'en manque pas. Pour lui, il s'attache encore à montrer que l'expédition célébrée par Homère n'a pas eu, à beaucoup près, un si vif éclat. Pélops s'était établi dans le Péloponnèse, auquel il donna son nom. Son fils Atrée acquit de plus l'État de Mycène, et fut père d'Agamemnon, qui, héritier de cette puissance, possesseur de richesses considérables pour un tel temps, rassembla une flotte. A s'en rapporter aux récits d'Homère, qui, en sa qualité de poëte, avait le droit de tout embellir et de tout exagérer, cette entreprise était fort au-dessous de celles que la Grèce a tentées depuis. Agamemnon, faute de moyens de subsistances, ne leva qu'une bien médiocre armée; il espéra que la guerre la nourrirait en pays ennemi; mais la disette des vivres obligea ses soldats à cultiver la Chersonèse, et à exercer le pur brigandage : voilà pourquoi Ilion résista dix ans. Si l'on était arrivé avec des munitions suffisantes, on aurait continué de combattre sans se laisser distraire par la piraterie et par l'agriculture. Mais au contraire, même après la ruine de Troie, les Grecs, toujours pressés par la pénurie, se dispersaient encore, et ne s'accroissaient point. Il y eut des soulèvements dans la plupart de leurs cités, et les vaincus allaient fonder de nouveaux États. Soixante ans après la catastrophe de Priam, les Béotiens, chassés d'Arné par les Thessaliens, s'établirent dans la contrée appelée auparavant Cadméide; et, vingt ans plus tard, les Doriens, avec les Héraclides, occupèrent le Péloponnèse. Peu à peu les temps devinrent plus paisibles; mais la tranquillité ne se maintenait que par des émigrations : les Athéniens envoyaient des colonies dans l'Ionie et dans les îles; les Péloponnésiens, en Sicile, en Italie, et en quelques lieux de la Grèce. Cependant il s'établissait des gouvernements, des royautés héréditaires tempérées par des lois. On se livrait à la navigation : trois siècles tout au plus avant la guerre du Péloponnèse, Aminoclès de Corinthe amena aux Samiens quatre trirèmes qu'il avait construites pour eux ; et le plus ancien combat naval dont nous ayons connaissance, dit Thucydide, est celui qui se livra entre les Corinthiens et les Corcyréens, environ quarante ans après Aminoclès. Corinthe, par sa situation sur l'isthme, était une place de commerce qui devint rapidement riche et puissante. La marine des Ioniens se forma plus tard sous le règne de Cyrus et de Cambyse. Après la guerre médique et la mort de Darius, les Siciliens et les Corcyréens eurent un grand nombre de trirèmes : ce furent là, dans la Grèce, les seules flottes considérables avant la guerre de Xerxès. Les Athéniens et les Éginètes n'en avaient que de faibles, lorsqu'enfin Thémistocle, qui s'attendait à l'invasion des barbares, persuada de construire plus de vaisseaux.

De tous les Grecs, les Lacédémoniens avaient eu les premiers de bonnes lois ; ils vivaient depuis plus de quatre cents ans sous le même régime. Ailleurs il fallait sans cesse accepter, supporter et renverser des tyrans. La bataille de Marathon annonça enfin les forces de la Grèce, et la mit au nombre des puissances. Depuis, elle a repoussé les armées barbares de Xerxès, mais elle n'a point tardé à se diviser entre les Athéniens et les Spartiates. L'union fut de courte durée entre ces cités, et leur discorde a déchiré la Grèce entière. En terminant cet exposé, l'historien ne dissimule point les incertitudes qui subsistent sur les faits anciens et sur ceux mêmes qui sont peu éloignés de l'époque où il écrit. Ainsi, dit-il, on croit généralement à Athènes qu'Hipparque était en possession du pouvoir souverain ou tyrannique lorsqu'il fut tué par Aristogiton et Harmodius : on ignore qu'Hippias, fils aîné de Pisistrate, tenait alors les rênes du gouvernement.

Rapin a fort blâmé Thucydide d'avoir repris de si haut l'histoire de la Grèce. C'est, à mon avis, une critique fort injuste : ce tableau, que d'autres savants ont trouvé, au contraire, trop resserré, se recommande par le choix des notions positives qu'il renferme, et surtout, comme j'ai déjà eu occasion de vous l'annoncer, par l'absence des exagérations et des fictions. Si nous n'attachons aucun prix à la fausse science, nous tiendrons compte à l'auteur grec de son attention scrupuleuse à ne nous rien dire au delà de ce qu'il sait. Mais nous n'avons recueilli encore que la moitié de son exposition : la seconde, beaucoup plus ample, a pour objets les causes prochaines, les préparatifs et l'ouverture de la guerre du Péloponnèse. Il la commence par des réflexions sur la nature de son propre travail et sur les règles qu'il s'est prescrites. « S'il me fallait, dit-« il, rapporter textuellement tous les discours pronon-« cés avant et pendant chaque campagne, j'y serais fort « embarrassé, même à l'égard de ceux que j'ai entendus, « et je ne dois pas espérer que les personnes de qui je « tiens les autres aient eu une mémoire plus fidèle. Je « dirai ce que les orateurs ont dû dire dans les con-« jonctures où ils se trouvaient placés, et je me rappro-« cherai, le plus qu'il me sera possible, des pensées qu'ils « ont en effet exprimées. Quant aux événements, je ne « les écris pas sur la foi du premier venu, ni d'après

« de simples apparences; j'ai pris des informations exac-
« tes, même sur les faits dont j'avais été spectateur.
« Ces recherches ont été laborieuses; car tous les té-
« moins ne font pas les mêmes dépositions : il s'y mêle
« des variantes qui proviennent de la diversité soit des
« affections, soit des souvenirs. J'ai écarté les détails
« fabuleux, au risque d'être lu avec moins de plaisir.
« Je serai trop heureux, si je puis offrir à mes contem-
« porains et à la postérité des récits véridiques et ins-
« tructifs. »

Thucydide entre en matière, en disant que les Athéniens et les Péloponnésiens rompirent la trêve de trente
ans qu'ils avaient conclue après la soumission de l'Eubée, l'an 445 avant notre ère, et qui n'atteignit ainsi
que la moitié de son cours. On ne déclarait pas la vraie
cause de la rupture; c'était la grandeur à laquelle
parvenaient les Athéniens et la terreur qu'elle inspirait
aux Spartiates. On alléguait d'autres motifs. A l'entrée
du golfe ionique, est située, sur la droite, la ville d'É-
pidamne, colonie corcyréenne, fondée par Phalius, originaire de Corinthe et descendant d'Hercule. Outre des
colons tirés de Corcyre ou Corfou, Phalius avait em-
mené des Doriens et des Corinthiens. Épidamne se
peupla, s'agrandit, fut agitée par des dissensions intes-
tines et attaquée par ses voisins. Dans ces circonstances
périlleuses, elle eut recours aux Corcyréens, dont elle
tirait son origine, mais qui refusèrent de la secourir.
Les Corinthiens, qui se croyaient aussi ses fondateurs,
accueillirent mieux ses prières; ils la prirent sous leur
protection. On vit donc arriver et s'établir à Épidamne une troupe composée de Corinthiens, de Leucadiens et d'Ambraciotes. Les Corcyréens s'en offensè-

rent : ils étaient puissants sur mer ; ils équipèrent une flotte pour ramener à Épidamne les séditieux ou dissidents qui en avaient été bannis. Ils enjoignaient de les recevoir, et de chasser la garnison et les nouveaux habitants que Corinthe venait d'envoyer. Sur le refus des Épidamniens, la guerre se déclare ; Épidamne est assiégée par quarante vaisseaux corcyréens. A cette nouvelle, les Corinthiens arment trois mille hommes. Cependant des négociations s'entament ; une ambassade corcyréenne vient à Corinthe, soutient qu'Épidamne appartient à Corcyre, et propose de prendre pour juge ou l'oracle de Delphes ou une cité quelconque du Péloponnèse. Les Corinthiens répondent qu'ils ne retireront la garnison qu'ils ont établie à Épidamne et ne délibéreront sur aucune proposition que lorsque les Corcyréens auront levé le siége de cette place. On ne parvint point à s'accorder : Corinthe, qui avait une armée navale toute prête, et qui se voyait secondée par les alliés, mit en mer soixante-quinze voiles : Corcyre en expédia quatre-vingts, outre les quarante qui étaient déjà devant Épidamne. Une bataille navale se livra où les Corinthiens succombèrent. Épidamne se rendit, et les Corcyréens, maîtres de la mer, voguèrent vers Leucade, colonie corinthienne, brûlèrent le port de Cyllène qui apartenait aux Éléens et ravagèrent les autres pays alliés de Corinthe. Ces événements sont des années 440 et 439. La guerre n'était pas terminée : les Corinthiens équipaient une nouvelle flotte, et s'assuraient d'un grand nombre d'alliés. Les Corcyréens, qui n'en avaient point, envoyèrent des députés à Athènes, où bientôt se rendirent aussi des ambassadeurs de Corinthe. Les uns et les autres plaidèrent la cause de leurs cités; et ce sont là les deux premières harangues qui se rencontrent dans l'ouvrage de Thucydide. Elles sont, l'une et l'autre, fort étendues; celle des Corcyréens peut se résumer de cette manière : « Il est, dans la Grèce, trois « puissances maritimes dignes de considération : la vôtre, « ô Athéniens, la nôtre et celle de Corinthe. Si vous « souffrez que les deux dernières n'en fassent qu'une, ainsi « qu'il arriverait si les Corinthiens se rendaient maîtres « de notre île, cette puissance qui nous sera dès lors re- « doutable, le deviendra bien davantage, en s'unissant à « Lacédémone et à tous les Péloponnésiens, que vous avez « déjà pour rivaux ou pour ennemis. » Le langage des députés corinthiens a plus de véhémence et de fierté : ils demandent au nom de la justice, au nom des lois de la Grèce, la répression des brigandages exercés par les Corcyréens; ils soutiennent que les États n'ont jamais d'autre intérêt que l'équité, et qu'Athènes perdrait à la fois sa force et sa gloire, si elle s'alliait à des brigands. Le peuple athénien délibéra deux fois : entraîné d'abord par des sentiments d'honneur, toujours plus sûrs que les calculs politiques, il résolut de seconder Corinthe; la seconde fois, il conclut avec les Corcyréens une alliance purement défensive : il promit de les aider, non s'ils attaquaient, mais s'ils étaient attaqués. En conséquence, dix galères athéniennes furent envoyées à Corcyre, avec ordre de ne combattre les Corinthiens que dans le cas où ils seraient agresseurs. Cette résolution timide et honteuse fut la source des malheurs d'Athènes : on la pourrait citer comme un exemple du danger des délibérations populaires. Toutefois il conviendrait d'observer que le premier mouvement du peuple avait été honorable et juste : les chefs de l'État furent obligés de le rassembler une seconde fois pour le séduire par de fausses considérations d'intérêt public, et de lui faire approuver ce qu'ils avaient résolu sans lui, contre ses habitudes et ses maximes antiques.

La flotte corinthienne, composée de cent cinquante voiles, se rendit à Leucade : un combat s'engagea entre elle et cent vingt galères corcyréennes, y compris les dix qu'Athènes avait fournies. L'aile droite des Corinthiens essuya un échec; mais leur aile gauche demeura victorieuse; et si, après la bataille, les Athéniens n'eussent envoyé aux Corcyréens un nouveau renfort de vingt galères, cette journée eût décidé la ruine de Corcyre. Cela se passait en 436, et l'on ne regardait pas encore comme ouverte et déclarée la rupture entre Athènes et Corinthe, quoique les Athéniens se fussent permis contre les Corinthiens des mouvements réellement agressifs. La guerre entre les deux républiques n'éclata qu'en 435, et voici de quelle manière : les Athéniens, prévoyant que les Corinthiens songeraient bientôt à se venger, ordonnèrent aux habitants de Potidée, colonie corinthienne, tributaire d'Athènes, d'abattre leurs murailles du côté de Pallène, de livrer des otages, de renvoyer leurs magistrats corinthiens. Athènes craignait que les Potidéens, sollicités par Corinthe et par le roi de Macédoine Perdiccas, ne fussent amenés à se révolter, et n'entraînassent dans leur défection tout le reste de la Thrace. Perdiccas, en effet, jadis l'allié des Athéniens, s'était ligué contre eux avec Corinthe, et il excitait à la rébellion les Chalcidéens, les Thraces, particulièrement Potidée; il importait donc aux Athéniens de s'assurer de cette place. Mais les Potidéens, enhardis et soutenus par les Corinthiens

qui leur envoyèrent deux mille hommes, se déclarèrent contre Athènes. Il fallut, pour les réduire, équiper quarante galères, que commanda Callias. Ce général athénien périt en 433 dans un combat d'où son
armée sortit victorieuse. Potidée restait investie par
terre et par mer, quand les Corinthiens et les Lacédémoniens convoquèrent à Sparte les députés des villes
du Péloponnèse, mécontentes d'Athènes. Après avoir
laissé parler les Mégariens et d'autres alliés, les ambassadeurs de Corinthe se présentèrent les derniers, et pro-
noncèrent un long discours que l'historien traduit ou
invente, et dans lequel on remarque un parallèle entre
les deux principaux peuples de la Grèce. « Avides de
« nouveautés, les Athéniens sont prompts à conce-
« voir, plus prompts à exécuter; vous, Spartiates, habiles
« à conserver vos possessions, vous n'imaginez rien au
« delà, et vous ne savez point aider la fortune. Ils ont
« plus d'audace que de force; et dans les dangers qu'ils
« affrontent sans avoir formé le dessein de s'y expo-
« ser, ils s'enivrent d'espérances : vous, au contraire,
« vous faites moins que vous ne pouvez faire; les me-
« sures les plus efficaces ne vous rassurent pas, et tous
« les périls vous semblent formidables. Ils sont entre-
« prenants : vous temporisez; ils aiment à se répandre
« au dehors : on a peine à vous tirer de vos foyers.
« Sortir de leurs murs est pour eux un moyen d'ac-
« quérir : vous craignez en quittant les vôtres de com-
« promettre ce que vous possédez. Obtiennent-ils
« quelque avantage? ils s'avancent; vaincus, ils ne
« s'abattent point. Leur vie est comme une chose étran-
« gère, faite pour être hasardée selon les besoins de
« l'État : on dirait qu'ils n'ont de propre que leur pen-

« sée, toujours féconde en nouveaux desseins pour le
« bien de leur république. Si ces desseins ne réussissent
« pas, ils se croient déchus de ce qui leur appartenait;
« s'ils saisissent l'objet qu'ils ont ambitionné, ce n'est
« rien en comparaison de ce qu'ils veulent obtenir en-
« core : une entreprise manquée en provoque une nou-
« velle qui s'accomplit. Concevoir, espérer, exécuter
« est pour eux un seul et même mouvement. Que leur
« importent les dangers et les fatigues? Ils ne sentent
« la vie que lorsqu'elle est agitée. Ils jouissent peu de
« ce qu'ils ont, beaucoup de ce qu'ils recherchent.
« Ils ne connaissent de fêtes que les jours les plus la-
« borieux, et de malaise que l'inaction. Ils sont nés pour
« ne pas supporter le repos et pour le ravir aux autres.
« Et vous temporisez avec un tel peuple! Vous ne se-
« courez pas Potidée! Vous n'envahissez pas l'Attique!
« Voulez-vous nous réduire à chercher quelque autre
« alliance? » Ainsi parlaient les Corinthiens; et, en
pressant Lacédémone d'attaquer Athènes, ils se donnaient pour les interprètes des vœux de tout le Pélo-
ponèse.

Il se trouvait alors à Sparte des Athéniens qui y
étaient venus pour d'autres affaires : ils demandèrent
et furent admis à répondre aux Corinthiens. « Vous
« n'êtes, dirent-ils aux Spartiates, vous n'êtes les ju-
« ges ni d'Athènes ni de Corinthe. Ainsi, en prenant
« la parole, nous n'avons pas d'autre but que de vous
« empêcher, s'il se peut, de prendre une résolution
« dangereuse pour vous-mêmes. Athènes n'a pas besoin
« d'apologie : à Marathon, à Salamine, elle a sauvé le
« Péloponnèse, incapable, sans elle, de se défendre
« contre les barbares. Cet empire que l'on nous envie,

« nous l'avons obtenu par des bienfaits, non par des
« violences : il nous a fallu, pour délivrer la Grèce,
« élever notre domination au point où vous le voyez.
« Nous prenons à témoin les dieux vengeurs du par-
« jure, que nous repousserons les agressions. » C'est
là, Messieurs, presque toute la substance d'une harangue verbeuse, plus pleine, il le faut avouer, d'ostenta-
tion que de pensées. Archidamus, roi de Sparte, après
avoir fait retirer ces Athéniens, ainsi que les députés
de Corinthe et ceux des autres villes alliées, conseilla
la modération et la prudence. « N'abandonnons pas,
« dit-il, les maximes que nos pères nous ont transmises,
« et que jusqu'ici nous sommes heureux d'avoir sui-
« vies. N'allons point, par une impatience insensée,
« décider en un jour du sort de tant d'hommes et de
« tant de villes. Envoyons des députés aux Athéniens,
« demandons raison de l'affaire de Potidée, et des au-
« tres injures dont les alliés se plaignent. En atten-
« dant, préparons-nous à la guerre. » Ce discours pouvait sembler fort sage; mais l'éphore Sthénélaïdas en
prononça un plus laconique et plus animé : « A qui con-
« vient-il, disait ce magistrat, de délibérer avec lenteur?
« à ceux qui méditent une offense, non pas à ceux qui
« l'ont reçue; et Sparte ne doit jamais différer de venger
« sa gloire. » L'éphore mit la question aux voix; on répondit par des acclamations dans les deux sens opposés :
ces suffrages se donnaient ainsi à Lacédémone, et non
par des cailloux jetés dans une urne, comme à Athènes.
Sthénélaïdas déclara douteuse l'épreuve des acclama
tions, et voulant obtenir sans délai une décision en faveur de la guerre, il dit : « Que ceux qui sont d'avis
« que l'outrage commis envers nous par les Athéniens

«a rompu le traité, passent de ce côté ; et que ceux qui
«sont d'un avis contraire passent du côté opposé. » Ὅτῳ
μὲν ὑμῶν... δοκοῦσι λελύσθαι αἱ σπουδαὶ καὶ οἱ Ἀθηναῖοι ἀ-
δικεῖν ἀναστήτω ἐς ἐκεῖνο τὸ χωρίον.... Ὅτῳ δὲ μὴ δοκοῦσιν,
ἐς τὰ ἐπὶ θάτερα. Les opinants quittèrent leurs places , se
partagèrent, et le plus grand nombre prononça la rupture de la trêve. On rappela les députés étrangers pour
leur annoncer cette résolution, et l'on abolit ainsi,
en 432, le traité proclamé en 445, après l'affaire d'Eubée.

Thucydide reproduit ici une observation qu'il a déjà
faite, savoir, que les Lacédémoniens déclaraient la guerre
bien moins par bienveillance pour leurs alliés que par
les craintes que leur inspirait la puissance des Athéniens, maîtres de la plus grande partie de la Grèce ; et,
à ce propos, il s'engage dans l'explication des causes
et des progrès de cette prédominance : c'est, en quelque sorte, une troisième section de son premier livre.
Il remonte à la victoire de Mycale, en 479. Les Athéniens, dont la ville avait été ruinée, la rebâtirent ; les
Spartiates s'en alarmèrent. Thémistocle, député d'Athènes à Lacédémone, imagina divers prétextes pour différer de rendre compte des desseins de ses compatriotes ; et, quand il sut que leurs murailles étaient achevées ,
il déclara qu'ils avaient usé du droit naturel de toute
cité. Lui-même, de retour dans sa patrie, il fortifia le
port du Pirée, en 477. Cependant le Lacédémonien
Pausanias commandait la flotte grecque composée de
vingt galères du Péloponnèse, de trente d'Athènes , outre celles des alliés. Arrivé en Chypre, Pausanias s'empara de plusieurs villes, et vint ensuite assiéger Byzance,
qu'il prit sur les Perses ; mais son caractère impérieux
souleva les Grecs et particulièrement les Ioniens. Sparte

fut obligée de le rappeler; ce qui donna lieu aux Athéniens de prendre le commandement de la flotte. Sous leur conduite, les Grecs obtinrent d'éclatants succès. Cimon remporta en un même jour deux victoires, l'une de terre et l'autre navale, près du fleuve Eurymédon. Les Athéniens aidèrent les Spartiates à prendre la ville d'Ithôme, secoururent, en 462, Inare, roi de Libye, contre les Perses, et entrèrent dans les murs de Memphis. Tournant ensuite leurs armes contre des peuples grecs, ils vainquirent sur mer les Corinthiens et les Épidauriens près de Cécryphalie; ils assiégèrent Égine. Un revers qu'ils essuyèrent, en 456, à Tanagra en Béotie, dans un combat contre les Spartiates, ne les déconcerta point : ils gagnèrent, deux mois plus tard, la bataille d'OEnophite, démantelèrent Tanagra, asservirent les Éginètes. Leur armée navale fit le tour du Péloponnèse, brûla des ports, prit la ville de Chalcis, réduisit les Sicyoniens. Mais ils ne purent se maintenir à Memphis, et l'Égypte rentra sous le joug du roi de Perse. Leur guerre avec le Péloponnèse se termina en 450, par une première trêve de cinq ans, espace de temps qu'ils employèrent à des expéditions en Chypre, en Égypte, et contre les Phéniciens et les Ciliciens : presque partout leurs armes furent victorieuses. Leur général Cimon mourut, après leur avoir rendu d'éminents services.

La guerre sacrée s'ouvrit : il s'agissait du temple de Delphes, dont la possession et l'intendance étaient vivement disputées entre les cités grecques. Les Spartiates s'emparèrent de ce lieu saint et le rendirent aux habitants du pays : les Athéniens le reprirent et y établirent les Phocéens. Quelque temps après, les bannis de la Béotie s'étant rendus maîtres de quelques places, les Athéniens firent marcher contre eux une troupe de mille hoplites ou soldats pesamment armés, auxquels se joignirent des alliés commandés par Tolmidas. Cette petite armée eut d'abord quelques succès; mais elle essuya bientôt une défaite. Athènes ne dégagea ses prisonniers qu'en consentant à évacuer la Béotie. L'Eubée ne tarda point à se révolter contre les Athéniens; et tandis que Périclès y passait avec un corps de troupes, les Mégariens se soulevaient aussi et entraient dans l'Attique avec des Corinthiens et des Sicyoniens. Périclès, contraint de ramener de l'Eubée l'armée qu'il y avait établie, n'abandonna pas le dessein de la reconduire au sein de cette île, et réussit en effet dans cette entreprise. Ce fut à la suite de son expédition que se conclut la seconde trêve, qui devait durer trente ans. Mais vous voyez, Messieurs, qu'il régnait entre les villes de la Grèce trop de rivalités et de dissensions pour qu'on pût compter sur une si longue suspension d'armes. A peine avait-on atteint la sixième année, qu'une guerre s'alluma entre les Samiens et les Milésiens. Les Athéniens armèrent quarante galères, et allèrent établir la démocratie à Samos. L'aristocratie samienne se révolta; il fallut vaincre leur flotte de soixante-dix vaisseaux, et réduire leur ville après un siége de neuf mois. En même temps que Samos rentrait ainsi sous le joug des Athéniens, ceux-ci redevenaient aussi les maîtres des Byzantins. Ces récits ramènent Thucydide à l'époque des affaires de Corcyre et de Potidée, dont il a déjà parlé, et qui remplissent les huit années de 440 à 432. Revenant donc à la résolution prise par les Spartiates de rompre la trêve, il raconte comment les députés des

villes confédérées, qui se trouvaient à Lacédémone,
furent invités à reparaître dans l'assemblée publique, et
à ratifier ce décret : l'historien place ici un nouveau
discours des ambassadeurs corinthiens : c'est un magnifique tableau des forces, des secours, des moyens
de tout genre que Sparte, Corinthe et leurs alliés vont
trouver dans leur expérience, dans leurs milices, dans
leurs richesses, dans leur zèle et dans leur concorde,
pour abattre la domination athénienne. « Notre ennemi,
« disent les Corinthiens, se confie à la supériorité de
« sa flotte : nous avons un plus sûr gage de la victoire,
« dans nos finances inépuisables, dans les trésors dépo-
« sés à Delphes et à Olympie; dans les emprunts qu'il
« ne tient qu'à nous d'ouvrir, et qui nous suffiront
« pour lui débaucher, par l'espoir d'une solde plus
« haute, ses matelots mercenaires. Il achète sa force
« à prix d'argent : la nôtre est dans nous-mêmes. Il
« ne faut, pour le perdre, qu'une seule défaite navale;
« et s'il tarde à succomber, il nous laissera le temps
« de nous exercer à la marine; et dès que nous l'au-
« rons égalé en science, rien ne balancera l'avantage
« que nous assure notre bravoure. Ajoutons à la force
« que nous devons à la nature, les moyens que nous
« pouvons acquérir; et notre triomphe est immanqua-
« ble. Que faut-il pour cela? de l'argent : nous en four-
« nirons. Athènes sait bien extorquer à ses alliés les
« tributs destinés à les asservir : craindrons-nous des
« dépenses qui tendront à nous venger et à nous sau-
« ver? et refuserons-nous de sacrifier une part de nos
« richesses, pour qu'on ne vienne pas nous les ravir
« toutes, et consommer notre désastre?.. Marchons avec
« confiance aux combats : un dieu nous y appelle par

« ses oracles; il nous promet ses secours; et la Grèce
« entière, par crainte ou par intérêt, va seconder nos
« efforts. Non, vous n'avez pas rompu les premiers la
« trêve; vous punirez les infracteurs des conventions
« sacrées; le dieu qui vous ordonne de prendre les ar-
« mes, déclare assez que d'autres que vous ont violé la
« foi du traité…. Hâtez-vous de secourir les habitants
« de Potidée : ils sont Doriens; et des Ioniens les as-
« siégent! C'est le renversement de l'antique constitu-
« tion de la Grèce. Rétablissez la liberté des cités. Vous
« est-il permis de différer, quand les unes sont déjà
« opprimées, et les autres exposées aux mêmes outra-
« ges?… Voyez s'élever sur tous les Grecs et contre
« leur indépendance, cette ville orgueilleuse, qui médite
« l'asservissement de tout ce qu'elle n'a pas soumis
« encore à sa domination tyrannique. Quand nous au-
« rons su la réduire, nous vivrons, exempts de périls,
« au sein de la Grèce libre. »

Cette harangue, Messieurs, est beaucoup plus longue. Je n'en ai extrait qu'un petit nombre de détails.
Cependant une année s'écoula presque entière avant
l'ouverture de la guerre du Péloponnèse, et se passa
en négociations et en préparatifs. D'abord on proposa
aux Athéniens d'expier la souillure qn'ils avaient contractée par une offense à leur déesse Minerve. Lorsqu'il
s'agit de mettre le peuple en mouvement, on commence
volontiers par employer le ressort des superstitions.
On se souvint donc que jadis un Athénien nommé
Cylon avait remporté le prix aux jeux Olympiques, et
que Théogène, tyran de Mégare, lui avait donné sa fille
en mariage. L'oracle de Delphes, consulté par Cylon,
lui avait répondu que le jour de la plus grande fête de

Jupiter, il ne tiendrait qu'à lui de s'emparer de la citadelle d'Athènes. Il crut qu'il s'agissait de la fête qui,
sous le nom de Diasia, se célébrait, hors de la ville,
en l'honneur de Jupiter Mélichius (doux et clément);
et, ce jour-là, il prit en effet la citadelle. On l'y assié-
gea; il manquait de vivres , il fut contraint de s'évader
avec son frère. Ses complices se réfugièrent au pied
des autels, où les gardes osèrent les égorger en présence
des déesses vénérables, c'est-à-dire des Euménides. Ces
gardes et leurs descendants furent réputés profanateurs
et bannis comme tels. Mais depuis on les rappela ; et,
en 432, leur postérité se retrouvait dans la ville : c'é-
tait là la souillure dont les Spartiates demandaient
l'expiation, bien moins assurément par zèle religieux ,
dit Thucydide, que parce qu'ils savaient que Périclès,
l'homme alors le plus puissant dans Athènes, appartenait à cette race sacrilége, autrefois proscrite ; c'eût
été un premier triomphe que d'obtenir son bannissement. En réponse à cette proposition , les Athéniens
demandèrent que les Lacédémoniens expiassent d'abord
le sacrilége commis par eux au Ténare, où jadis ils
avaient arraché du temple de Neptune et immolé plusieurs hilotes suppliants ; puis celui dont ils s'étaient rendus coupables envers la déesse (Pallas) au temple d'airain, quand ils avaient enfermé et fait mourir dans ce
temple leur général Pausanias. A ce propos, Thucydide
retrace l'histoire des dernières années de Pausanias :
il développe ce qu'il en a dit sommairement quelques
chapitres plus haut : il expose comment ce capitaine
fut rappelé une première fois de l'Hellespont, mis en
jugement, absous, mais pourtant destitué ; comment il
reprit de lui-même le commandement des troupes, sans

l'aveu des Lacédémoniens, continua les intrigues qu'il avait déjà liées avec le roi de Perse Xerxès, lui demanda sa fille en mariage, et promit à ce prince de lui soumettre Lacédémone et toute la Grèce. Xerxès accepta ces offres, et chargea Artabaze de traiter avec Pausanias. Celui-ci ne tarda point à être une seconde fois rappelé par ses compatriotes : ils étaient informés de ses manœuvres qu'il prenait à peine le soin de cacher. Emprisonné par ordre des éphores, il eut l'adresse d'obtenir qu'on le mît en liberté : il sut profiter à ce point du crédit que lui laissaient le souvenir de sa victoire de Platée, et son titre de tuteur du jeune roi Plistarque. Cependant sa présomption et son faste attiraient de plus en plus sur lui les soupçons et la haine de ses concitoyens. Une lettre qu'il adressait au roi de Perse fut remise aux éphores par le messager qui la devait porter. Voyant enfin sa trahison découverte, il se réfugia dans une chapelle de Pallas dont on mura les portes, et où il resta privé d'aliments. On l'en retira expirant, et on l'enterra dans un lieu voisin. L'oracle de Delphes désapprouva cette conduite des Spartiates; il déclara qu'il y avait sacrilège. Ces faits, dont toutes les dates ne sont pas rigoureusement déterminées par Thucydide ni par aucun autre écrivain, sont du moins à comprendre entre les années 478 et 468. A cette narration incidente, notre historien en joint une autre qui concerne Thémistocle. Les Spartiates firent connaître aux Athéniens que de l'examen de la trahison de Pausanias, il résultait que Thémistocle avait eu aussi des intelligences avec l'ennemi. Thémistocle, alors éloigné d'Athènes par ostracisme, s'était retiré à Argos, d'où il faisait des voyages dans le reste du Péloponnèse. On résolut de l'arrêter; il en fut instruit, et se réfugia d'abord chez les Corcyréens, qui, ne jugeant pas à propos de le garder chez eux, le transportèrent sur le continent qui fait face à leur île. Poursuivi partout, il chercha un asile chez Admète, roi des Molosses, dont il n'était point aimé, et aux désirs duquel il s'était souvent montré contraire. En l'absence de ce roi, Thémistocle se rendit le suppliant de la reine, qui lui conseilla de s'asseoir près du foyer, et de tenir dans ses bras un enfant né d'elle et d'Admète. Il obtint ainsi l'hospitalité; les traits de ce genre sont toujours bons à recueillir; ils caractérisent les mœurs antiques. Cependant, des députés de Sparte et d'Athènes vinrent redemander Thémistocle : Admète ne le livra point, il favorisa son évasion. Embarqué sur un vaisseau marchand, Thémistocle fut poussé par la tempête auprès des Athéniens qui assiégeaient l'île de Naxos. Il détermina le pilote à faire voile pour Éphèse; et de là, gagnant l'intérieur des terres, il adressa une lettre au fils de Xerxès, Artaxerxe, qui venait, dit Thucydide, de monter sur le trône de Perse. Ce texte présente une difficulté chronologique assez grave. Car on a tout lieu de croire que Xerxès n'est mort qu'en 465, et cette lettre devrait être de 474 ou 473, neuf ou huit ans auparavant. On se tire de cet embarras en supposant que Xerxès, neuf ans avant sa mort, avait associé au trône son fils Artaxerxe. Thémistocle apprit la langue et les usages des Perses : après une année révolue, il fut présenté au roi, qui le combla de bienfaits et d'honneurs. Quand il mourut, en 471, soit de maladie, soit selon quelques-uns du poison qu'il avait pris volontairement, il gouvernait la Magnésie. On dit que cette

province lui avait été donnée pour lui fournir le pain,
et qu'elle lui valait un revenu annuel de cinquante talents (deux cent soixante-quinze mille francs de notre
monnaie); qu'il avait en outre Lampsaque pour son
vin, et Myonte pour la bonne chère. Thucydide lui-
même nous donne ces étranges détails; et, malgré l'autorité d'un si judicieux historien, je n'y puis voir que
des traditions populaires, suspectes au moins d'exagé-
ration.

Après avoir terminé ces récits incidents, l'auteur
rentre dans son sujet, c'est-à-dire qu'il revient aux
préparatifs de la guerre du Péloponnèse. Sparte et Athènes se prescrivaient l'une à l'autre des expiations de
prétendus sacriléges. Les Lacédémoniens demandaient
de plus la levée du siége de Potidée, l'affranchissement d'Égine, l'abrogation du décret qui interdisait
aux Mégariens l'accès des ports et des marchés de l'Attique. Le peuple d'Athènes fut convoqué pour délibérer sur ces propositions; et Périclès prononça dans
cette assemblée une harangue qui termine ce livre.
Elle est généralement regardée comme l'une des plus
belles que nous ait laissées ou conservées Thucydide.
L'orateur fit surtout sentir qu'accéder aux demandes
des Lacédémoniens serait en provoquer de nouvelles
qui n'auraient aucun terme; que la guerre différée n'en
serait pas moins inévitable; et qu'on aurait moins de
moyens de la soutenir avec gloire. « C'est, disait-il, su-
« bir un esclavage que de se soumettre à des ordres in-
« timés par des égaux, sans qu'aucun jugement ait pré-
« cédé. » Il ajoutait que les Péloponnésiens ne possédaient
ni richesses privées, ni trésor public; qu'ils n'avaient
aucune expérience des longues guerres ni des expédi-

tions maritimes; que la misère les obligeait à terminer promptement les hostilités; qu'ils n'avaient, pour les prolonger, que la ressource des contributions forcées, ressource odieuse et bientôt impuissante, surtout chez les peuples pauvres; qu'il serait d'ailleurs difficile à tant de cités de s'entendre, de suivre des mouvements imprimés par un conseil unique, et par conséquent d'agir avec cette célérité qui peut seule assurer le succès. Le plus grand, le plus vaste des empires est celui de la mer. « Si nous étions insulaires, dit Périclès, nous serions « invincibles. Songeons à nous rapprocher le plus pos- « sible de cet état. Que nous importent le ravage des « campagnes, la destruction des édifices? Il s'agit des « hommes qui possèdent ces choses, et qui ne doivent « jamais être possédés. Si j'espérais en être cru, je vous « conseillerais de commencer par dévaster vos champs « de vos propres mains, afin de montrer à vos ennemis « que pour sauver de tels biens, vous ne consentirez « point à perdre le plus grand de tous, la liberté, et à « obéir à Sparte. Renvoyons les députés avec cette ré- « ponse : nous ouvrirons aux Mégariens nos marchés et « nos ports, pourvu que les Lacédémoniens n'éloignent « personne de chez eux, ni nous ni nos alliés. Nous pla- « cerons les villes qui nous sont soumises sous l'empire de « leurs propres lois, pourvu que Sparte affranchisse aussi « les cités qui sont sous sa domination. Nous ne commen- « cerons pas la guerre, mais nous repousserons les agres- « seurs. » Cette proposition de Périclès obtint tous les suffrages. On renvoya les députés lacédémoniens avec ces réponses, et il ne revint pas d'autre ambassade.

Tel est, Messieurs, le premier livre de Thucydide : il contient des vues générales sur les anciens temps de la

Grèce jusqu'à l'an 479 avant notre ère, et un abrégé moins rapide de son histoire depuis cette époque jusqu'en 431 ; mais il y a dans cette partie des interversions, qui nuisent beaucoup à la clarté et à l'intérêt de l'exposition. Car, après avoir suivi de 440 à 432 le cours des événements qui se rattachent aux cités d'Épidamne et de Potidée, l'historien, pour tracer le tableau de la puissance athénienne, remonte à l'an 479, et redescend à 440. Il attire ensuite nos regards sur la disposition des affaires en 432 ; mais, à propos des expiations demandées aux Athéniens et aux Spartiates, il se reporte au temps de Cylon, c'est-à-dire à l'année 600 ; puis il passe aux trahisons et aux destinées de Pausanias et de Thémistocle, entre 478 et 468. Il revient enfin aux délibérations de 432, et fait parler Périclès. Il eût mieux valu, ce me semble, suivre un seul et même fil chronologique ; et j'avais même songé d'abord à déranger cette distribution des matières, pour vous les présenter selon l'ordre des temps ; mais je ne vous aurais plus fait connaître d'une manière aussi positive ce premier livre de Thucydide. Vous y avez remarqué huit harangues qui remplissent près d'un tiers des pages qui le composent. C'est trop sans doute ; et la théorie sévère que j'ai exposée, il y a peu d'années, dans cette chaire, en traitant de la manière d'écrire l'histoire, ne permettrait pas tant d'artifices, tant de fictions. Mais enfin telle est la méthode de Thucydide ; et il convient de profiter du moins des grandes pensées et de la science politique dont il a su enrichir ces discours. Nous examinerons son deuxième livre dans notre prochaine séance.

QUATRIÈME LEÇON.

Messieurs, le premier livre de Thucydide a commencé
par des considérations générales sur les origines et
l'âge le plus antique de la nation grecque. Ce judicieux
historien ne nous a point dissimulé l'obscurité de cette
matière, l'incertitude des traditions, l'imperfection et
l'incohérence des souvenirs. Un précis des événements
arrivés en Grèce depuis l'an 479 avant notre ère jusqu'en 431 a servi d'introduction à l'histoire de la guerre
du Péloponnèse; mais nous avons remarqué beaucoup
d'interversions dans ces préliminaires; et il nous a sem-
blé qu'en suivant mieux le fil chronologique des faits,
Thucydide aurait jeté plus de lumière et laissé moins de
lacunes dans l'exposition des causes et des préparatifs
de cette guerre. Toutefois nous nous sommes appliqué
à recueillir l'instruction fort précieuse encore que ce livre premier renferme. Entre les personnages qu'on y
voit figurer, l'un des plus célèbres est Périclès, dont le
nom rappelle un siècle brillant de l'éclat des arts. Je
vous ai prévenus, Messieurs, que Thucydide écarterait
ordinairement tous les détails biographiques. Il ne raconte en effet aucun des faits de la vie de Périclès antérieurs à l'époque où il le fait entrer en scène, c'est-
à-dire avant l'année 432. Je crois, Messieurs, que, pour
nous préparer à l'étude du second livre de la guerre du
Péloponnèse, livre où Périclès doit s'offrir fort souvent

à nos regards, il ne sera pas inutile de recueillir ce que d'autres historiens peuvent nous apprendre de sa famille, de son éducation, de ses mœurs, et des premiers actes de sa vie politique.

Ni Plutarque, son biographe, ni les autres écrivains classiques ne déterminent l'époque de sa naissance. C'est probablement entre les années 500 et 490 qu'il a vu le jour. Tous s'accordent à lui attribuer une illustre origine. Son père, Xanthippe, avait commandé les Athéniens à la bataille de Mycale : sa mère, Agariste, était fille de Clisthénès, qui avait chassé les Pisistratides. Hérodote et Plutarque racontent un songe d'Agariste, qui, peu de nuits avant de mettre son fils au monde, avait cru accoucher d'un lion. Le jeune Périclès recueillit avec ardeur les leçons des grammairiens, des rhéteurs, des philosophes : on le distingua parmi les disciples de Zénon d'Élée, puis parmi ceux d'Anaxagore : mais un goût particulier l'entraînait à l'étude de la politique ; c'était le sujet ordinaire de ces entretiens avec tous ses maîtres, même avec Damon qui lui enseignait la musique. Son application, ses travaux, ses relations avec tant de sages, lui donnèrent de très-bonne heure un maintien réservé, une gravité silencieuse, qui semblait à plusieurs le voile ou le signe d'un présomptueux orgueil, et dans laquelle il entrait en effet, selon Plutarque, autant d'ambition que de prudence. Des vieillards croyaient retrouver en lui les traits et le son de voix de Pisistrate. Assez d'exemples lui avaient appris, dès son jeune âge, avec quelle facilité la popularité pouvait s'acquérir et se perdre chez un peuple inconstant et léger, au sein duquel aucun citoyen n'avait pu encore devenir impunément illustre. Périclès, pour être mieux aperçu, plus admiré, résolut de se montrer rarement; et, afin de s'assurer l'empire que lui promettaient sa naissance, ses talents et sa fortune, il ne se pressait pas de s'en emparer. Cependant, lorsque Athènes eut perdu Aristide et Thémistocle, quand Cimon s'étant mis à la tête de l'aristocratie, le parti populaire demeurait sans chef, Périclès profita d'un moment si favorable, et se jeta dans la carrière des affaires publiques. Il y parut avec tant d'éclat, qu'il ne tarda point à éclipser tous ses rivaux : au milieu d'un peuple enthousiaste, son éloquence aurait pu lui suffire pour obtenir des succès rapides, quelque parti qu'il eût embrassé; mais il était trop jaloux d'affermir et d'étendre sa puissance, pour ne pas employer un ressort un peu plus durable : il voulait plaire non-seulement par l'élégance et l'harmonie de son langage, mais par le caractère de la cause qu'il aurait à soutenir. Il se fit l'orateur du peuple, dont en effet il défendit les intérêts et flatta surtout la vanité. Il n'avait point à se plaindre des grands : il se déclara contre eux, parce qu'ils avaient déjà un chef, et que le chemin des honneurs s'ouvrait pour lui avec moins de concurrence et plus de sûreté, dans les rangs populaires. Telles étaient les mœurs politiques de ce pays et de ce siècle. La raison et la vertu les désapprouvent; mais elles ne s'accordaient que trop avec les institutions; et l'on est forcé de convenir que ces émulations, ces rivalités, qui perdaient presque tous les hommes publics, contribuaient quelquefois, sinon au bonheur, du moins à la gloire de l'État. Tibère n'est pas le premier qui ait su qu'il fallait au peuple du pain et des spectacles : aucun ambitieux ne l'a ignoré; et Périclès, dès qu'il eut la direction des affaires, ne manqua point de s'attirer les applaudissements et l'admiration de la multitude par des fêtes somptueuses, par des banquets splendides, par des jeux et des largesses que payait le trésor public. Il distribuait une partie des terres conquises, il accordait des droits de présence à ceux qui assistaient aux assemblées et aux spectacles. Du sein des plaisirs, il restreignait l'autorité de l'aréopage, fondait la sienne propre, et l'essayait par degrés. Après avoir fait bannir Cimon, en l'accusant de favoriser les intérêts de Lacédémone, il le rappela pour conclure avec Lacédémone elle-même un traité de paix que des revers avaient rendu désirable au peuple athénien. Cimon, qui avait subi l'ostracisme avec une résignation héroïque, et ne s'était affligé que des calamités de son injuste patrie, s'estima trop heureux d'être appelé à les réparer; il mourut l'an 449; et son beau-frère Thucydide, que vous ne confondrez pas, Messieurs, avec l'historien de ce nom, héritant de son crédit, devint après lui le chef du parti aristocratique. En cette qualité il ne pouvait manquer d'avoir aussi pour adversaire Périclès, dont il censurait amèrement le faste et les entreprises. Les trésors de la république, grossis de ceux qu'apportaient les alliés pour obtenir des secours contre les barbares, furent employés à bâtir l'Odéon, le Parthénon et d'autres monuments, dont les débris reçoivent encore aujourd'hui des hommages. Ces travaux étaient commencés avant l'année 444, époque où le bannissement de Thucydide, beau-frère de Cimon, laissa l'administration publique entre les mains du seul Périclès. Les chefs-d'œuvre dont on fait honneur à ce dernier, appartiennent bien plus à Phidias : il est trop injuste de déshériter les artistes de leur renommée pour en parer leurs protecteurs. Mais Phidias et Périclès ont été quelquefois associés dans l'accusation, sans doute mal fondée à l'égard de tous deux, d'avoir détourné une partie des quarante-quatre talents qui devaient être employés à la statue de Minerve. Ce qui est certain, c'est que tant de statues, tant d'édifices ne s'élevaient qu'aux dépens du peuple. Cicéron blâme cette prodigalité ; on sait qu'elle força les Athéniens d'augmenter les tributs des alliés de près d'un tiers. Quand les ennemis de Périclès lui reprochaient d'abuser ainsi des revenus publics : « Bien « doncques, répondait-il, ce sera, si vous voulez à mes « despens et non pas aux vostres, pourveu qu'il n'y « ait aussi que mon nom seul escript en la dédication de « ces ouvrages. » Il n'en fallait pas davantage pour stimuler la vanité des Athéniens, et faire cesser leurs murmures. D'ailleurs Périclès ne dépensait pas tout en ouvrages d'art : il employait, dit-on, dix talents par an à corrompre des Spartiates. Il s'était distingué par ses talents militaires, dès 456, à la bataille de Tanagra, où pourtant les Lacédémoniens avaient triomphé. D'autres détails de sa vie militaire vous ont été, Messieurs, déjà indiqués dans le premier livre de Thucydide. En 455, Périclès ravageait le Péloponnèse, tandis que Tolmidès était occupé en Béotie. Deux ans après, il fit la guerre aux Sicyoniens, les vainquit et se mit à la tête des flottes athéniennes, qui traversèrent en tout sens les mers de la Grèce, dévastèrent les côtes de l'Acarnanie, retinrent par leur seul aspect les alliés dans l'obéissance, et frappèrent de terreur les peuples barbares. L'Eubée s'étant révoltée en 446, il passa dans cette île, avec cinquante voiles et cinq mille combattants, s'en éloigna, y revint, et en soumit enfin toutes les villes. Rassuré par ce succès, et délivré d'ailleurs de ses rivaux dans Athènes, il se montra un peu moins complaisant pour le peuple, et n'en travailla que plus efficacement au repos et au bonheur de sa patrie. Il la débarrassa d'une foule d'hommes oisifs, qui entretenaient les vices et fomentaient les désordres. Ces vagabonds, et les citoyens pauvres qu'il leur donna pour chefs, allèrent fonder des colonies dans la Chersonèse, dans la Thrace, et repeuplèrent, en Italie, l'antique Sybaris, qui prit le nom de Thurium. Fiers de leur prospérité, les Athéniens aspiraient à s'agrandir par des conquêtes; et déjà les soins qu'apportait Périclès à maintenir la paix, à épargner le sang des soldats, à conserver les anciennes limites de la république, excitaient des murmures populaires. On voulait qu'il entreprît de soumettre l'Égypte, la Sicile, Carthage et l'Étrurie : il mérite de grands éloges pour avoir repoussé ces projets insensés, qui lui auraient été plus glorieux et moins périlleux qu'à tout autre. Il prévoyait que les Spartiates, jaloux du bonheur d'Athènes, tenteraient de le troubler; qu'ils songeraient bientôt à rompre la trêve de trente ans conclue avec eux après la soumission de l'Eubée. En 441, il entreprit une guerre contre les Samiens, dont les Milésiens avaient à se plaindre : on disait que c'était à la prière d'Aspasie, née à Milet, que Périclès prenait alors les armes. Cette circonstance n'est indiquée ni par Thucydide ni par Diodore de Sicile. Du reste, il est vrai que les grâces et les talents d'Aspasie séduisirent à tel point Périclès, qu'il répudia son épouse, dont il avait eu deux fils, Xanthippe et Paralus, et qui était aussi la mère de Callias, fruit d'un premier mariage de cette femme avec Hipponicus. Périclès devint l'amant, l'époux d'Aspasie, pour laquelle il conserva toujours la plus tendre affection. Les poëtes, qui l'avaient appelé *Jupiter Olympien*, surnommèrent *Junon* sa nouvelle compagne, qu'ils qualifiaient quelquefois beaucoup moins honorablement. L'impunité de ces satires prouve que l'autorité de Périclès n'était point tyrannique, ou, ce qui revient au même, qu'elle était alors solidement établie. Il encourageait Aristophane et d'autres poëtes comiques, quoiqu'il fût souvent en butte à leurs sarcasmes : un jour, ayant été accablé d'injures par un simple particulier, il ordonna à un de ses serviteurs de prendre un flambeau et de reconduire cet homme chez lui. La guerre de Samos, quel qu'en fût le motif, lui réussit, malgré les revers qu'il y essuya d'abord : on dit qu'en assiégeant la capitale de cette île, il employa des machines de guerre inventées par l'ingénieur Artémon. Le siége dura pourtant neuf mois. Quand les Samiens se furent rendus à Périclès, il rasa leurs murs, prit leurs vaisseaux, exigea d'eux d'énormes tributs et des otages. Il prononça l'éloge funèbre des guerriers athéniens morts durant cette guerre, mais il ne subsiste aucun débris de ce discours. Sa puissance n'a commencé à décroître qu'aux approches de la guerre du Péloponnèse. En 432, il conseilla aux Athéniens d'envoyer des secours aux Corcyréens attaqués par les Corinthiens, qui comptaient sur l'appui de Lacédémone. Diodore de Sicile raconte que Périclès engagea ses concitoyens dans cette guerre funeste, pour se tirer d'embarras lui-même. Il avait à rendre des comptes dont il redoutait l'examen : « Cherchez plutôt un moyen de ne « pas les rendre, » lui dit le jeune Alcibiade, son neveu et son pupille, qu'il élevait dans sa maison : il proposa donc de prendre les armes. Mais ce récit suppose, dans la gestion de Périclès, des infidélités ou de graves négligences, dont Thucydide et Plutarque ne l'accusent pas.

Tels sont, Messieurs, les traits dont se compose le tableau de la vie de Périclès jusqu'à la fin de l'an 432. Il a vécu jusqu'en 429, mais l'exposé de ses dernières actions serait prématuré en ce moment : il se rattachera plus convenablement à l'histoire des premières campagnes de la guerre du Péloponnèse. Nous allons donc reprendre l'ouvrage de Thucydide et ouvrir son second livre.

Au commencement de ce livre, l'historien annonce qu'il racontera les événements de cette guerre selon l'ordre des temps où ils sont arrivés, par étés et par hivers. Vous savez déjà, Messieurs, que chez lui le nom d'été s'applique aux six mois compris depuis notre 21 mars jusqu'au 21 septembre ; ces deux termes ne sont pourtant pas invariables dans ses récits. Quelques étés de Thucydide s'ouvrent un peu avant l'équinoxe vernal ; mais en général les deux saisons du printemps et de l'été sont désignées par lui sous le seul nom de la seconde. De même il renferme l'automne dans la dénomination d'hiver, et suppose que cette autre moitié de l'année part de l'équinoxe de la Balance, pour aboutir à celui du Bélier. Cette division, qui lui est particulière, a été blâmée par Denys d'Halicarnasse et par d'autres écrivains, qui préféraient la méthode commune, savoir, celle qui procédait par années civiles ou archontiques, commençait au mois athénien hécatombéon, peu après le solstice d'été. Thucydide n'ignorait ni cette méthode, ni l'usage des suites d'années correspondant aux sacerdoces des prêtresses argiennes, ou bien aux magistratures des archontes d'Athènes, des éphores de Sparte, des béotarques de Thèbes : il emploie quelquefois ces indications, et ne néglige aucun soin pour éclairer, autant qu'il est nécessaire, la chronologie de ses récits; mais il voulait éviter l'embarras qui résulte des empiétements et du croisement de ces diverses années qui s'ajustent assez mal entre elles; et il trouvait d'ailleurs plus commode d'ouvrir chaque année au temps où s'ouvrait la campagne, où commençaient les hostilités. Le premier été qu'il indique dans son second livre part du mois d'avril de l'an 431 avant notre ère. Chrysès était alors prêtresse d'Argos, depuis quarante-huit ans; Ænésius était éphore à Lacédémone, et il restait deux mois <u>devant</u> lesquels Pythodore devait achever l'exercice de la fonction d'archonte dans Athènes.

Trois mille Thébains commandés par les béotarques Pythangélus et Diempore entrent dans Platée, ville de Béotie, alliée d'Athènes; les portes leur en sont ouvertes par une partie des habitants, formant une faction ennemie des Athéniens. Introduits dans la place, ils font crier par un héraut que ceux qui veulent entrer dans la ligue béotienne n'ont qu'à se joindre à eux : cette proclamation entraîne quelques Platéens, mais la plupart, au contraire, prennent les armes, attaquent ces étrangers, tuent les uns et font les autres prisonniers. Ces captifs furent eux-mêmes égorgés avant l'arrivée d'une armée thébaine qui accourait à leur secours. A cette nouvelle, les Athéniens arrêtèrent tous les Béotiens qui se trouvaient dans les territoires dépendants d'Athènes, et envoyèrent une garnison à Platée. Dès ce moment, toutes les cités et les îles de la Grèce se

partagèrent entre Athènes et Lacédémone, ainsi que je vous l'ai déjà exposé, Messieurs, dans notre dernière séance. Les Spartiates annoncèrent à leurs alliés qu'il était temps de se préparer à envahir l'Attique. Quand tout fut prêt, les deux tiers des troupes se rendirent dans l'isthme de Corinthe. Archidamus, roi de Lacédémone, qui commandait en chef cette expédition, rassembla tous les généraux et tous les guerriers qui allaient combattre sous ses ordres, et, si nous en croyons Thucydide, il leur parla en ces termes : « Péloponné-
« siens et alliés, nos pères aussi ont souvent fait la guerre
« soit dans le Péloponnèse, soit ailleurs; et les plus âgés
« d'entre nous ont acquis l'expérience des combats;
« mais jamais nous ne sommes sortis avec un appareil si
« formidable. C'est contre une puissante république que
« nous marchons, forts et puissants nous-mêmes. Ne
« soyons pas moins grands que nos pères, et ne restons
« pas au-dessous de notre propre gloire. Toute la Grèce
« en suspens fixe sur nous ses regards ; et, détestant
« les Athéniens, elle attend, elle espère le succès de nos
« efforts. Sans doute, nos forces sont imposantes, et il
« est présumable que l'ennemi n'osera pas se mesurer
« avec nous; mais il n'en faut pas moins nous garder
« de toute négligence. Généraux et soldats, chacun de
« nous doit avoir sans cesse les yeux ouverts sur les
« périls communs. Car le sort des combats est incer-
« tain ; un petit nombre et un grand courage y produi-
« sent de soudains mouvements; et souvent le plus
« faible, en prévoyant les dangers, a triomphé de la
« force qui dédaignait de les pressentir. Il faut, en pays
« étranger, combattre comme si l'on ne craignait rien,
« mais s'être préparé au combat comme si l'on avait

« tout à contraindre. On s'élance avec intrépidité, lors-
« qu'on s'est prémuni par la circonspection contre les
« résistances et les efforts impétueux des ennemis. Non,
« nous n'avons point à marcher contre une cité faible,
« incapable de se défendre, mais contre une république
« à qui ne manque aucune ressource. Vous ne voyez
« pas encore ses citoyens en campagne, parce que nous
« n'avons pas atteint leur territoire; ils fondront sur
« vous, n'en doutez pas, dès qu'ils vous verront ra-
« vager leurs domaines. L'aspect d'une agression subite,
« d'un désastre inaccoutumé, irrite tous les mortels :
« les moins braves, les moins sages dans le cours ordi-
« naire de la vie, sont ceux qui, en ces extrémités, se dé-
« fendent avec le plus de violence. Jugez de ce que vous
« devez attendre de ces fiers Athéniens qui se croient
« destinés à commander aux autres, et qui, habitués à
« dévaster les pays voisins, ne le sont pas à voir enva-
« hir le leur. Quand vous portez la guerre chez un tel
« peuple, quand vous avez à soutenir l'honneur de vos
« aïeux et le vôtre, tenez-vous prêts aux revers comme
« aux succès; marchez où vous conduiront vos chefs;
« gardez vos rangs; attendez les ordres sans impatience
« pour les exécuter avec ardeur. A la guerre, le plus
« haut terme de la grandeur comme de la sûreté, est
« que d'innombrables bataillons offrent l'image d'un
« seul corps qui n'a qu'un même mouvement. »

Archidamus, avant de pénétrer dans l'Attique, envoya un héraut aux Athéniens pour leur proposer d'entrer en composition. Ce messager fut renvoyé sans avoir
été entendu. Périclès, pour déterminer les Athéniens
à prendre cette résolution, usa de tout le crédit qui
lui restait, et qu'il commençait à perdre, ainsi que

nous l'apprenons de divers historiens. On pouvait lui reprocher d'avoir trop faiblement défendu Corcyre, et de n'avoir pas su prévenir la défection de Potidée. Toutefois ses ennemis n'osaient pas l'attaquer encore : ils se mirent à persécuter ses amis. Ils imputèrent à Phidias le larcin dont j'ai parlé. Aspasie fut dénoncée par Hermippus, comme une corruptrice des mœurs publiques, par Diopithès comme une impie qui ne croyait pas aux effets surnaturels des phénomènes célestes ou atmosphériques. Périclès, qui se présenta pour la défendre, ne trouva point, dit-on, de paroles; mais les larmes, plus éloquentes, qu'il répandit la sauvèrent. Anaxagore, taxé aussi d'irréligion, n'aurait pas été épargné : son illustre disciple le fit sortir de la ville, l'accompagna quelque temps, et protégea sa fuite. Périclès, enfin, allait être poursuivi personnellement, quand l'invasion des Spartiates et d'imminents périls obligèrent les Athéniens de recourir à ses conseils et d'implorer son secours. Déjà, comme nous l'avons vu, les Lacédémoniens avaient travaillé à le noircir : ils demandèrent le bannissement d'une race autrefois proscrite comme sacrilége, et de laquelle il descendait par sa mère. Leur acharnement devait le rendre plus cher à ses concitoyens : il conserva donc le pouvoir, fit maintenir le décret qui fermait aux Mégariens les ports et les marchés de l'Attique, ravagea plusieurs fois les côtes du Péloponnèse, et persuada aux Athéniens de renfermer dans leur ville toutes leurs richesses, toutes leurs récoltes, et de dévaster eux-mêmes leur propre territoire, sur lequel les Lacédémoniens allaient fondre. Il ordonna, reprend Thucydide, aux habitants des campagnes de venir tous dans la ville; et craignant que les domaines dont il était lui-même propriétaire ne fussent épargnés par Archidamus qui tenait à lui par des liens d'hospitalité, il abandonna au peuple tout ce qu'il possédait de terres et de maisons de campagne. Le roi de Sparte attaqua OEnoé, place située sur les confins de l'Attique et de la Béotie; et, ne pouvant la forcer, il s'avança dans le pays. C'était le temps des moissons : il ravagea les environs d'Éleusis et les campagnes de Thria, mit en fuite un corps de cavalerie athénienne, traversa la Cécropie; et laissant à droite le mont Ægaléon, vint camper auprès d'Acharnes. C'est le nom de l'un des principaux bourgs ou dèmes de l'Attique, pays qui était alors partagé en six phylés ou tribus, sous-divisées en plusieurs dèmes ou sections de population. Périclès ne se pressait point de repousser Archidamus : il refusait de lui livrer bataille. Les Athéniens cependant, voyant l'ennemi à soixante stades de leurs murs, perdaient patience : il se formait des groupes, et l'agitation croissait jusqu'au tumulte. Quelques-uns approuvaient les lenteurs du général; la plupart voulaient sortir et combattre; les devins flattaient et animaient en tout sens les passions des uns et des autres : Périclès était soupçonné, menacé déjà par la multitude; il s'obstina dans ses délais. Il se contentait de faire sortir de la cavalerie pour incommoder les coureurs péloponnésiens, qui s'écartaient de leurs corps d'armée. Il y eut ainsi de légers combats où périrent quelques cavaliers athéniens. Mais, de leur côté, les Péloponnésiens, désespérant de pouvoir en venir aux mains, et de s'ouvrir, par une victoire décisive, l'entrée d'Athènes, décampèrent et reprirent le chemin de leur pays, en continuant de ravager les campagnes qu'ils traversaient. Après leur départ, les Athéniens expédièrent trente vaisseaux pour faire le tour de la Locride et garder l'Eubée. Cette flotte s'empara de plusieurs villes du Pépolonnèse, de Méthone en Laconie, de Phia en Élide; mais on ne put conserver ces deux places. Les Éginètes, à qui les Athéniens imputaient particulière-ment cette guerre, furent traités avec une rigueur extrême, et tous chassés de leurs habitations avec leurs enfants et leurs femmes. Thucydide remarque dans cet été une éclipse de soleil. A la nouvelle lune, dit-il, seul temps où ce phénomène puisse arriver, le soleil prit la forme d'une lune; quelques étoiles brillèrent, et en-suite le disque entier du soleil reparut; c'est l'éclipse que la table de Pingré marque au 3 août 431, ou 430 si l'on appelle an zéro l'année qui précède immé-diatement l'ère vulgaire. En ce même été, la flotte athénienne, portée à cent vaisseaux, prit Solium, Asta-que et l'île de Céphalénie.

En passant aux événements qui suivirent, Thucydide se sert de cette expression singulière, περὶ δὲ τὸ φθι-νόπωρον τοῦ θέρους τούτου, que Lévesque traduit litté-ralement, *vers l'automne du même été.* J'ai dit que la division en étés et en hivers n'est pas, dans notre his-torien, d'une précision rigoureuse. Toutefois il s'agit ici de faits arrivés, selon toute apparence, au mois de septembre, avant l'équinoxe. Les Athéniens, tant ci-toyens que simples habitants, se jetèrent sur la Méga-ride : Périclès les commandait; les cent vaisseaux se joignirent à eux. La république eut ainsi une armée formidable, dix mille hommes pesamment armés, outre les trois mille qui assiégeaient Potidée, et des corps nombreux de troupes légères. Ils dévastèrent la Méga-

ide; fortifièrent Atalante, île auparavant déserte et
oisine des Locriens d'Oponte : leur dessein était d'em-
êcher que des brigands ne sortissent de la Locride
our infester l'Eubée. Athènes était parvenue au plus
aut terme de sa vigueur et de sa puissance.

L'hiver arrive, c'est-à-dire l'automne ou le mois d'oc-
obre 431 : les Corinthiens reprennent Astaque ; mais
ls s'efforcent en vain de s'emparer de plusieurs autres
laces maritimes ; ils retournèrent chez eux après avoir
ssuyé des pertes considérables. Dans Athènes, on cé-
ébrait, selon l'usage antique, les funérailles des guer-
iers morts pour la patrie. Trois jours avant ces obsè-
ues, on élève un pavillon, où sont déposés les morts ; et
hacun apporte ses offrandes à celui qui lui appartient.
On amène sur des chars des cercueils de cyprès, un
our chaque tribu, et on y renferme les ossements des
guerriers qu'elle pleure. Un lit vide est dressé pour ceux
ont on n'a pas retrouvé les corps. Tous les citoyens
orment le cortége, et les étrangers sont admis à s'y
nêler. Les parentes en pleurs environnent les cercueils,
qui doivent être ensuite déposés dans le Céramique.
C'est le lieu destiné à l'inhumation de tous ceux qui ont
péri en combattant pour la cité. Les guerriers de Marathon furent seuls exceptés de cette loi commune ; on
voulut que le champ d'honneur, où ils avaient perdu
la vie, leur donnât la sépulture. Après que les cercueils
ont été couverts de terre, un orateur, que la république a
choisi parmi les hommes distingués par leurs talents et
par leurs dignités, prononce l'éloge funèbre des héros.
Cette fois, ce fut Périclès qui remplit cette fonction ;
et le discours qu'il prononça, ou que Thucydide lui attribue, est resté fort célèbre. Qu'en effet Périclès ait élo-

quemment loué les guerriers, Aristote l'assure, mais en citant un trait qui ne se rencontre point dans la harangue qui est ici rapportée : savoir, qu'enlever à l'État un essaim de jeunes citoyens, c'est ôter le printemps à l'année. On conclut de là ou qu'il existait plusieurs copies de cette pièce, et qu'elles différaient assez essentiellement les unes des autres, ou que notre historien faisait parler comme il lui plaisait les orateurs qu'il mettait en scène. S'il le faut avouer, cette oraison ne remplit pas toute l'attente que le sujet et le nom de Périclès excitent. L'exorde est fort étudié, et l'on n'y distingue, ce me semble, qu'une seule pensée qui ait quelque originalité; c'est que nous ne supportons les louanges données à autrui, qu'autant que nous nous croyons capables de les mériter; du moment qu'elles s'élèvent au-dessus de notre sphère, l'envie nous dispose à l'incrédulité. Aussi l'orateur éloigne-t-il, le plus qu'il peut, l'éloge de ces illustres morts que regrette la patrie. Longtemps il n'entretient les Athéniens qui l'écoutent que de leur propre puissance; et, sous prétexte de rendre hommage à leurs ancêtres, il vante les institutions et les mœurs d'Athènes; il les oppose à celles des autres cités; et, sans indiquer particulièrement Lacédémone, il cherche les occasions de déprécier ses lois, de critiquer sa politique. Une grande partie de ce discours n'est qu'un panégyrique des Athéniens et une satire des Spartiates. « Notre république, dit-il, est l'école de la Grèce «entière : élégants sans luxe, et philosophes sans apathie, «nous profitons de nos richesses et n'en sommes pas or- «gueilleux. Il est honteux parmi nous, non d'avouer «qu'on est pauvre, mais de ne pas travailler à l'être «moins. Ailleurs l'audace naît de l'ignorance, et la ti-

« midité de la réflexion : chez nous, on ose parce qu'on
« raisonne, on agit parce qu'on a pensé. Notre courage
« est de voler aux combats, tout en mesurant les dangers,
« et en sentant le prix des douceurs de la paix. Le ciel a
« départi à chaque Athénien ces talents flexibles qui peu-
« vent tout entreprendre avec confiance, tout accomplir
« avec grâce. Athènes se présente supérieure à sa renom-
« mée, sûre de vaincre, et digne de commander aux
« vaincus, brillante de sa gloire antique, de sa splendeur
« présente, et des présages de sa prospérité future. Elle a
« forcé les terres et les mers à lui ouvrir des passages ; et
« partout les traces de ses bienfaits, autant que de ses
« ravages, ont signalé sa puissance. » L'orateur croit avoir
presque achevé l'éloge des guerriers, quand il a terminé celui de la patrie pour laquelle ils sont morts.
« Ce trépas glorieux, poursuit-il, a couvert toutes leurs fai-
« blesses, effacé toutes les traces de leur vie : ils ont fait
« en commun plus de bien qu'ils n'ont pu faire de mal
« chacun en particulier : κοινῶς μᾶλλον ὠφέλησαν, ἢ ἐκ
« τῶν ἰδίων ἔβλαψαν. » C'est à peu près, Messieurs, dans
cette étrange observation que consiste l'hommage qui
leur est directement rendu. Le surplus de la harangue
contient des exhortations à leurs pères, à leurs mères,
à leurs parents, à leurs veuves ; que ceux qui leur sur-
vivent soient jaloux de leur gloire immortelle, qui,
gravée au fond des cœurs, bien mieux que sur la pierre,
se répand dans toutes les contrées, pour se proclamer
dans tous les âges. L'univers est la tombe des hommes
éminents : ἀνδρῶν γὰρ ἐπιφανῶν πᾶσα γῆ τάφος. A l'égard
les veuves, Périclès les rappelle aux devoirs de leur
sexe : il les invite à n'acquérir de célébrité ni par des
vices, ni par leurs vertus. Il annonce, en finissant, que

les enfants des guerriers morts seront élevés aux frais
de la république jusqu'à ce qu'ils soient en âge de servir. Si je me borne, Messieurs, à vous offrir une simple
analyse et quelques extraits d'un discours si renommé,
c'est précisément parce qu'il a été cité, inséré et traduit en beaucoup de livres. Une des versions les plus
récentes se rencontre dans les œuvres de Marc-Antoine
de Noé, mort en 1801, et ce n'est pas la plus faible,
ni la moins fidèle. Les paroles que Périclès adresse
aux pères de ceux qu'il vient de louer y sont rendues en
ces termes : « Heureux ceux à qui le sort réserve la
« même fin qu'à vos enfants, et le même sujet de tris-
« tesse qu'à vous ! Heureux ceux dont la fortune assure
« le bonheur par une glorieuse mort ! Je sais qu'il ne
« me sera pas facile de vous faire oublier un avantage
« dont la prospérité d'autrui vous rappellera la jouis-
« sance et la perte. On se passe aisément d'un bien
« dont on n'a pas usé ; on regrette toujours celui dont
« on s'est fait une habitude. Cependant, vous qui êtes
« encore à temps d'élever une seconde famille, vous
« devez, dans cette espérance, supporter plus patiem-
« ment votre malheur. Un jour, ces nouveaux enfants
« vous feront oublier ceux que vous pleurez aujour-
« d'hui ; ils repeupleront et défendront la ville ; ils la
« dédommageront de ses pertes ; ils lui répondront de
« votre ardeur à la servir, car il n'est pas possible de
« sentir le même zèle pour la patrie, quand on n'a pas
« d'enfants à lui sacrifier. Mais vous qui n'espérez plus
« d'être pères, regardez comme un bonheur tout le
« temps qui a précédé votre infortune. Le reste ne sera
« pas long, et la gloire de votre fils, qui rejaillit sur vous,
« doit vous le rendre supportable. L'amour de la louange

« est le dernier sentiment qui s'éteigne en nous, et il
« n'est pas vrai, comme quelques-uns le prétendent,
« que, dans un corps usé, l'âme, morte à la gloire, ne
« vive plus que pour un vil intérêt. »

Sans doute, Messieurs, il y a là plus d'une idée, qui,
dépouillée de son expression originale, semble descendre au rang des lieux communs; et vous en avez pu
remarquer aussi quelques-unes dont il serait permis de
contester la justesse. Mais il serait injuste d'en juger
par des lambeaux, par de faibles copies, par des traductions dans une langue qui n'a, dit à ce propos Thomas, « ni la richesse et l'harmonie de la langue grecque,
« ni la mélodie des accents, ni l'heureuse composition
« des mots, ni cette foule de liaisons qui enchaînent
« les idées, ni cette liberté des inversions qui met tant
« de variété dans la marche et qui permet à la langue
« de suivre avec souplesse et de dessiner pour ainsi
« dire tous les mouvements de l'âme et des passions.
« Ce discours fit tant d'effet que les mères et les fem-
« mes des guerriers coururent embrasser Périclès, quand
« il descendit de la tribune, et le reconduisirent en
« triomphe en chargeant sa tête de fleurs. Tel était,
« ajoute Thomas, le pouvoir de l'éloquence sur ces
« âmes sensibles, et la vigueur de caractère qui, chez
« les femmes mêmes, faisait préférer la gloire à la vie. »

Puisque j'ai cité ces réflexions de Thomas, je remarquerai une erreur de fait qu'il a commise dans les lignes
qui les précèdent. « Ce fut, dit-il, après la guerre de
« Samos, où Périclès avait commandé lui-même et rem-
« porté plusieurs victoires, qu'il prononça cet éloge funè-
« bre. » Vous venez de voir, Messieurs, que ce fut à la
fin de la première année de la guerre du Péloponnèse.

La seconde commence avec l'été, c'est-à-dire avec le printemps de l'an 430 avant l'ère chrétienne. Les deux tiers des troupes confédérées contre l'Attique se jettent sur elle, conduites, comme dans la campagne précédente, par Archidame, et recommencent à dévaster ce territoire. Mais les ravages de la peste y étaient bien plus cruels. La description de ce fléau, dans le second livre de Thucydide, surpasse en intérêt, et par conséquent en beauté, tout ce qui la précède, tout ce qui la suit, tout ce qui s'y entremêle. Elle est fort étendue, et aussi riche d'observations exactes que de traits pittoresques. Lucrèce et Virgile y ont puisé des images, et les médecins des instructions. Il n'est pas certain, quoi qu'en dise Rapin, que Lucien l'ait trouvée trop longue. « Prenez, dit Lucien, prenez pour modèle « Thucydide qui use sobrement de son grand art de dé- « crire et qui est toujours pressé de finir lorsqu'il donne « les détails d'une machine de guerre ou de la forme d'un « siége ou du port de Syracuse. Si, quand il décrit la peste, « il vous paraît long, considérez les choses : σὺ τὰ πράγ- « ματα ἐννόησον. Vous reconnaîtrez alors sa célérité : ἔοη « γὰρ οὕτω τὸ τάχος. Il voudrait avancer : des détails nom- « breux le retiennent : καὶ ὡς φεύγοντος ὅμως ἐπιλαμβάνε- « ται αὐτοῦ τὰ γεγενημένα, πολλὰ ὄντα. » Quelque obscurité qui puisse rester dans ce texte de Lucien, la suite de ses réflexions est inconciliable avec l'opinion que Rapin croit emprunter de lui. D'ailleurs, Messieurs, chacun de vous peut juger immédiatement s'il y a en effet de la prolixité dans cette description de Thucydide, et s'il est vrai qu'il se laisse, comme le prétend Rapin, entraîner dans un détail trop particulier de cette maladie. Je vais vous en rapporter les premiers traits. « Les alliés n'é-

« taient entrés que depuis peu de jours dans l'Attique,
« lorsque la contagion se déclara parmi les Athéniens.
« Déjà, dit-on, elle avait désolé Lemnos et d'autres
« contrées; mais on ne se souvenait pas qu'elle eût exercé
« nulle part de tels ravages et amené une si grande
« mortalité. Les médecins, au commencement, n'y
« purent apporter de remède; ils ne la connaissaient
« pas; et la mort les atteignait plus que les autres, à
« cause de leur commerce plus fréquent avec les mala-
« des. L'art étant impuissant, on fit, non moins vaine-
« ment, des prières dans les temples, des questions aux
« oracles, des essais de pratiques surnaturelles : il y
« fallut renoncer; la force du mal avait tout vaincu. Il
« attaqua d'abord les habitants du Pirée, qui prétendi-
« rent que les Péloponnésiens avaient empoisonné les
« puits. Il gagna bientôt la ville haute, et s'y montra plus
« destructeur. Je laisse à chacun, médecin ou non, le
« soin d'en expliquer l'origine, et d'en rechercher les
« remèdes : j'en ferai seulement l'histoire, afin qu'on
« puisse, s'il reparaît, en reconnaître les symptômes,
« en prévenir les effets. Je dirai ce que j'en sais pour en
« avoir été atteint moi-même, et pour l'avoir observé en
« d'autres personnes. On se sentait frappé sans cause
« apparente, à l'improviste, au sein d'une pleine et vi-
« goureuse santé. A des chaleurs de tête, à l'inflam-
« mation des yeux, à une extrême difficulté de respirer
« succédaient l'éternument, l'enrouement, une toux
« violente; le mal gagnait la poitrine. Dès qu'il avait
« attaqué le cœur, il y excitait des soulèvements dou-
« loureux. La plupart des malades faisaient entendre
« des gémissements sourds, que suivaient des convul-
« sions violentes, quelquefois obstinées. La peau n'était

« ni chaude, ni pâle, mais rougeâtre et livide, et se
« couvrait de pustules et d'ulcères. Au dedans, la cha-
« leur était si brûlante, qu'ils ne supportaient ni les vê-
« tements les plus légers, ni les plus fines couvertures.
« On en vit, qui, n'étant pas gardés, se précipitaient
« dans les puits, tourmentés d'une soif dévorante. L'in-
« somnie était continue. Cependant le corps ne maigris-
« sait point, et l'on ne concevait pas comment il résis-
« tait à tant de tourments. La plupart conservaient de
« la vigueur jusqu'au septième ou neuvième jour, où
« le feu intérieur achevait de les consumer. Ceux qui
« franchissaient ce terme, tombaient tout à coup dans
« l'affaissement, et mouraient de faiblesse. La maladie
« se portait au bas-ventre et aux extrémités. Quelques-
« uns ne réchappaient qu'en perdant les pieds et les
« mains, ou bien la vue, ou la mémoire. Voilà, pour
« ne point m'arrêter à un grand nombre d'accidents
« qui ne se ressemblaient point d'un individu à l'autre,
« voilà quels étaient en général les symptômes de la
« maladie. Les uns périssaient négligés, les autres
« malgré des soins assidus. Ce qui faisait du bien à
« l'un nuisait à l'autre. Aucun tempérament, faible ou
« vigoureux, ne garantissait de la contagion; elle attei-
« gnait toutes les complexions, on ne s'en préservait
« par aucun régime. Mais l'une des plus graves circons-
« tances était le découragement des malheureux qui se
« sentaient attaqués. A l'instant, ils se livraient au dé-
« sespoir et tombaient dans un entier abandon d'eux-
« mêmes. » Thucydide peint ensuite les mourants entassés sur les morts, des malheureux que la soif poussait à
se rouler demi-morts dans les rues, au bord des fontaines; les lieux sacrés, encombrés des cadavres qui s'y

étaient réfugiés. Il explique aussi les désordres moraux que la peste introduisit dans tous les rangs de la société : les funérailles négligées, les liens domestiques rompus, le soin des affaires privées et publiques abandonné, les plus saintes obligations transgressées, l'ordre des successions interverti, les héritages envahis, la cupidité sans frein, la débauche même cherchant des jouissances plus promptes et se hâtant de devancer la mort.

Lucrèce a traduit une partie de cette description à la fin de son poëme :

> Principio, caput incensum fervore gerebant....
> Inde, ubi per fauceis pectus complêrat, et ipsum
> Morbida vis in cor mœstum confluxerat ægris;
> Omnia tum verò vitaï claustra lababant....
> Flagravit stomacho flamma, ut fornacibus intus.
> Nil adeo posset cuiquam leve tenueque membris
> Vertere in utilitatem : ad ventum et frigora semper,
> In fluvios partim gelidos ardentia morbo
> Membra dabant, nudum jacientes corpus in undas.
> Multi præcipites lymphis putealibus altè
> Inciderunt, ipso venientes ore patente.

« Le mal s'annonçait par un feu qui dévorait la tête...
« Quand il était descendu de la gorge dans la poitrine,
« quand il se répandait autour du cœur, tous les soutiens
« de la vie s'ébranlaient à la fois... La flamme bouillonnait
« dans l'estomac, comme dans une fournaise. Alors les
« étoffes les plus légères devenaient pour les malades des
« fardeaux accablants. Les uns, s'exposant au vent et au
« froid, se précipitaient au milieu des fleuves glacés et
« plongeaient leurs membres nus dans les ondes; les
« autres se traînaient la bouche béante, se jetaient dans
« des puits profonds. »

Ces images, Messieurs, et presque toutes celles qui remplissent les cent cinquante vers de ce morceau de Lucrèce, sont immédiatement empruntées de Thucydide, dont le style est ici, à la versification près, celui de la poésie la plus pittoresque. Virgile et Ovide ont imité aussi ce tableau; et plusieurs écrivains en prose, tels qu'Élien, Procope, Xiphilin, l'ont pris pour modèle, en peignant des fléaux du même genre. On s'aperçoit que Marmontel l'avait sous les yeux, lorsqu'il composait, dans ses *Mémoires sur la régence*, le meilleur récit qui existe de la peste de Marseille. Mais le premier mérite de ces descriptions est une parfaite exactitude; et vous reconnaîtrez, Messieurs, que Thucydide est un peintre aussi fidèle qu'habile, si vous comparez le récit qu'il a tracé de cette calamité à ce qu'en a dit Hippocrate au troisième livre de ses *Épidémiques*. En 430 avant J. C., la peste ravageait aussi plusieurs provinces de la Perse. Le roi Artaxerxe résolut d'appeler à son secours Hippocrate qui était alors dans l'île de Cos, et il lui promit les plus magnifiques récompenses. Le grand homme répondit au grand roi qu'il n'avait ni besoins ni désirs, et qu'il se devait aux Grecs plutôt qu'à leurs ennemis. Il vint offrir ses services aux Athéniens, qui les acceptèrent avec d'autant plus de reconnaissance que la plupart de leurs médecins étaient morts victimes de leur zèle. Il épuisa les ressources de son art, en exposant sa vie; et, s'il n'obtint pas tout le succès que méritaient ses talents et ses sacrifices, il donna du moins un exemple de dévouement qui a été souvent imité par les hommes de sa profession.

Voilà, reprend Thucydide, de quels maux les Athéniens étaient accablés : la mort dans leurs murs, le fer des ennemis dans leurs campagnes. On se ressouvint d'un an-

cien chant prophétique qui annonçait l'invasion simul-
tanée des Doriens et du mal appelé λοιμός. Ce mot signifie
peste; mais λιμὸς veut dire *famine*; et l'on se sert aujourd'hui, Messieurs, de cette ressemblance et de cette
équivoque pour prouver que dès lors on prononçait la
diphthongue οι, comme la voyelle ι, ou *iota*, ainsi que
le font les Grecs modernes. Lévesque, dans sa traduction même, fait dire par Thucydide que le mot grec qui
signifie la peste et celui qui signifie la famine diffèrent
très-peu dans la prononciation. Thucydide dit seulement qu'on disputait sur la question de savoir si l'ancien vers portait le mot λοιμὸν ou λιμόν, et que la peste
étant venue au lieu de la famine, on soutint pour
l'honneur de la prédiction, que λοιμὸν était le véritable
texte.

Périclès, encore général, persistait à soutenir qu'il ne
fallait pas faire de sorties sur l'armée péloponnésienne.
Il sut enchaîner l'impatience de ses compatriotes; et
les Spartiates, bientôt privés de vivres, regagnèrent la
Laconie. Ce fut son dernier succès : les Athéniens, qui
avaient profité de sa prudence, l'accusèrent de lâcheté.
Un revers qu'il essuya près d'Épidaure mit le comble
aux mécontentements publics. Il revenait à la tête
d'une flotte de cent cinquante vaisseaux, avec lesquels
il avait inutilement tenté de s'emparer d'Épidaure. A
peine rentré dans Athènes, il y vit tomber son crédit :
on envoyait malgré lui vers les Lacédémoniens des députés qui proposaient des transactions, et n'obtenaient
aucune réponse; on lui imputait tous les malheurs de
la république. Accusé enfin par Cléon, il prononça,
selon Thucydide, une harangue destinée à dissiper les
préventions et à ranimer le courage des citoyens. « La

« peste est survenue, disait-il ; elle n'était pas au nom-
« bre des maux que nous devions prévoir, et elle les a tous
« surpassés. C'est elle, je le sais, qui m'attire votre haine :
« apparemment vous êtes résolus à m'attribuer aussi
« les biens imprévus qui vous arriveront. Jadis, on savait
« supporter avec résignation les fléaux envoyés par les
« dieux, avec intrépidité les attaques des ennemis : c'é-
« tait une vertu familière dans cette république ; les jours
« d'adversité étaient ceux où l'on méritait le plus de gloire.
« Aujourd'hui les hérauts que sans cesse vous dépêchez
« aux Spartiates, proclament votre accablement sans re-
« médier à vos souffrances. » Encouragés par ce discours,
les Athéniens n'envoyèrent plus de députés, et résolurent
de continuer la guerre ; mais ils destituèrent Périclès, et
le condamnèrent à une amende de quinze talents au
moins, de cinquante selon quelques historiens. Des
infortunes domestiques se joignaient à tant de disgrâ-
ces ; c'est ce que nous apprend Plutarque. La peste
avait enlevé à Périclès la plupart de ses amis et de ses
parents, sa sœur, son fils Paralus, digne de toute sa
tendresse, et son autre fils Xanthippe, dont il avait
eu à se plaindre ; car ce Xanthippe venait de le diffa-
mer dans la ville, soit par des calomnies, soit par la
révélation criminelle de plusieurs désordres privés. Périclès, qui sentait vivement tous ces malheurs, les sup-
portait pourtant avec une courageuse fermeté. Le peuple athénien se donna d'autres chefs, les essaya, s'en
dégoûta : son inconstance, ses dangers, ses besoins le
ramenèrent à celui qu'il avait si longtemps admiré, chéri
et outragé. Cet illustre citoyen reprit encore le timon
des affaires, et profita de son nouveau crédit pour faire
inscrire parmi les membres de la cité, le fils qu'il avait

eu d'Aspasie. On murmura de cette inscription, qui était contraire à une loi qu'il avait autrefois fait rendre pour refuser les droits politiques à ceux qui n'étaient pas nés de père et de mère athéniens. N'obtenant plus de succès à la guerre, forcé de lever le siége de Méthone, et d'abandonner des places du Péloponnèse, dont il s'était emparé, il aurait probablement essuyé encore les caprices du peuple, si la peste, qui lui avait ravi presque toute sa famille, ne l'eût atteint et emporté lui-même, en 429. Les historiens disent que sa maladie avait altéré sa raison, au point qu'il s'était laissé mettre au cou une sorte d'amulette; mais voici un autre récit de ces mêmes historiens, qui semble prouver que sa tête n'était pas si déplorablement affaiblie. Rassemblés autour de son lit de mort, ses amis, qui le croyaient déjà privé de tout sentiment, retraçaient le tableau de ses vertus, rappelaient ses actions les plus honorables. Il les entendit; et, recueillant ses forces : « Non, leur « dit-il, ne vantez point des exploits qui me sont com- « muns avec tant d'autres capitaines, et dans lesquels la « fortune peut réclamer sa part. Vous oubliez ce qu'il y « a de plus beau, de plus grand dans ma vie publique : « c'est de n'avoir, exerçant tant de pouvoir, donné à au- « cun citoyen l'occasion de se vêtir d'habits de deuil. » C'est à tort sans doute qu'on lui impute la mort d'É- phialtès, intrigant dont il s'était servi contre Cimon. Il faut croire que l'historien Duris de Samos le ca- lomniait, lorsqu'il l'accusait d'avoir traité les Samiens avec une férocité sanguinaire : il est plus difficile d'ex- cuser sa conduite envers ses rivaux, Cimon et Thu- cydide, beau-frère de Cimon, contre lesquels il obtint d'injustes décrets d'exil; mais enfin, il paraît qu'on lui doit au moins ce rare éloge, qu'au milieu des querelles civiles, chef d'une faction, et menacé par une autre, environné d'envieux et d'ennemis, il n'a jamais versé de sang. L'équité veut qu'on reconnaisse encore que, s'il prodigua quelquefois les trésors d'Athènes, ce ne fut point pour accroître la fortune que lui avaient léguée ses pères; car son patrimoine, quoique administré avec beaucoup de sagesse, n'était pas plus riche au moment de sa mort, qu'avant sa longue administration. Cette modération et cette humanité, son respect pour les dieux et son mépris pour les superstitions, il les devait à ses études et aux leçons d'Anaxagore, que Barthélemy nomme le plus religieux des philosophes. Guéri des terreurs de l'ignorance, Périclès s'efforçait de les extirper de l'esprit de ses compatriotes. Une éclipse de soleil, apparemment celle du 3 août 431, épouvantait l'équipage du vaisseau qu'il commandait. Voyant surtout le pilote éperdu, désespéré, il étendit sur lui son manteau, lui en couvrit les yeux, et lui demanda si cette obscurité-là avait quelque chose de funeste. «Non,» répondit le pilote : «Eh bien, reprit-il, l'autre n'en diffère «que parce qu'elle est produite par un corps plus grand «que mon manteau.» Il y avait pourtant du danger à se montrer si désabusé de ces préjugés vulgaires ; on s'exposait, en les méprisant, à être soupçonné d'athéisme. Un ancien historien, nommé Antylle, assurait que Périclès avait passé pour athée, dès l'instant où il avait montré du goût pour la philosophie d'Anaxagore. Disons plutôt avec Platon et Cicéron qu'il était redevable à ce philosophe de tout ce qu'il avait de sagesse et même d'éloquence ; car la plus grande puissance de la parole n'est que celle de la raison. Toute l'antiquité a célébré ses talents oratoires; et les hommages que Cicéron lui a rendus, dispensent de citer d'autres témoignages. Mais nous n'en pouvons plus juger aujourd'hui que par les trois discours qui se lisent sous son nom, dans l'ouvrage de Thucydide, et dont j'ai essayé, Messieurs, de vous donner une idée. Quintilien parle d'un recueil d'Oraisons de Périclès, où il ne trouve rien qui soit digne des éloges que lui décerne Cicéron. Aussi pensait-on que l'orateur athénien n'avait point laissé de discours écrits, et que ceux qui portaient son nom avaient été composés par d'autres; Quintilien adopte cette conjecture. Quelques-uns, au contraire, ont soutenu, d'après un texte de Suidas, que Périclès ne prononçait que des discours écrits; qu'il les lisait devant le peuple d'Athènes. Bayle rejette cette opinion, embrassée néanmoins depuis par M. Gillies, mais inconciliable avec deux faits que les anciens auteurs racontent. D'une part, ils disent que Périclès, en montant les degrés de la tribune, se disait à lui-même : « Souviens-toi « que tu vas parler à des hommes libres, à des Grecs, « à des Athéniens. » De l'autre, ils nous apprennent que Thucydide, beau-frère de Cimon et antagoniste de Périclès, disait de lui : «Quand je l'ai terrassé, et que je le « tiens sous moi, il s'écrie qu'il n'est point vaincu, et le « persuade à tout le monde. » Nous avons donc tout lieu de croire que ses harangues n'étaient point faites d'avance, pas plus que ses répliques, ni préparées autrement que par la méditation et par une connaissance profonde des affaires. Ce qui est indubitable, c'est

éloquence l'autorité imposante, et, comme

et Plutarque, presque monarchi-

ui pendant quarante ans, au sein

d'un état populaire. Cette durée de quarante ans, attribuée, dans tous les livres anciens et modernes, au règne de Périclès, est peut-être un peu exagérée; il n'a pris une grande part aux affaires qu'après la mort d'Aristide, vers 467; il n'est devenu tout-puissant qu'après la mort de Cimon, en 449, ou même qu'après le bannissement de Thucydide, beau-frère de Cimon. Depuis lors « puissant par sa dignité personnelle et « par sa sagesse, dit Thucydide l'historien, reconnu « pour incapable de se laisser corrompre par des pré- « sents, Périclès contenait la multitude par l'ascendant « qu'il prenait sur elle. Il ne recevait du peuple aucune « impulsion; il savait le diriger. N'ayant acquis son « autorité que par des moyens honorables, il n'avait « plus besoin de ménager les caprices populaires; il « osait les contredire et les réprimer. Voyait-il les Athé- « niens livrés aux mouvements d'une folle audace? il « parlait et comprimait les plus fougueux, en les frap- « pant de terreur. S'il fallait, au contraire, les relever « de l'abattement où ils se laissaient tomber, sa voix « ranimait leur courage. La démocratie subsistait de « nom sous un véritable prince. » Il n'a jamais été archonte; il n'a pris aucun titre qui indiquât une autorité suprême : il a régné par son génie; et son nom est resté attaché à tout l'ensemble des noms illustres qui ont honoré son siècle : Sophocle, Euripide, Aristophane, Anaxagore, Démocrite, Hippocrate, Zeuxis, Phidias, etc. Tels sont, Messieurs, les résultats de ce qu'ont écrit sur sa vie, parmi les anciens, Thucydide, Diodore de Sicile et Plutarque; parmi les modernes, Bayle, Rollin, Barthélemy, M. Gillies, etc. Je ne pa point d'un opuscule intitulé *Périclès*, et publié, en

)ar M. Ch. Dalberg : il n'y est question que de l'in-luence des beaux-arts sur la félicité publique. Je vais ıchever l'analyse du second livre de Thucydide.

Les Péloponnésiens se portèrent avec cent vaisseaux :ontre Zacinthe, dévastèrent une partie de cette île, et 'abandonnèrent, désespérant de vaincre la résistance ıbstinée des habitants. Vers la fin de la campagne, Aristée de Corinthe, Timagoras de Tégée et trois am->assadeurs de Sparte, envoyés pour rechercher l'alliance lu roi de Perse, furent livrés aux Athéniens, qui, par ın excès de barbarie, inconcevable chez un tel peuple, es mirent à mort. L'hiver a commencé, et Athènes a :xpédié vingt vaisseaux, qui font le tour du Pélopon-ıèse. Phormion les commande; il garde la mer et ferme 'entrée de Corinthe. Mélésandre conduit six galères /ers la Carie et la Lycie; mais il périt dans un combat, :t son expédition finit sans succès. Le siége de Potidée lurait encore : réduite à l'extrémité, cette ville se ren-lit enfin aux Athéniens, qui en chassèrent les habitants le tout sexe et de tout âge, ne leur laissant emporter jue de médiocres sommes d'argent. Ce siége avait coûté leux mille talents à la république d'Athènes; elle en-voya une colonie qui repeupla Potidée. On parvint iinsi à la fin de l'hiver, et par conséquent aux mois le mars et d'avril 429, troisième année de la guerre du Péloponnèse.

La campagne suivante s'ouvrit par la siége de Pla-:ée, que les Péloponnésiens entreprirent. En vain des léputés platéens vinrent invoquer la foi des anciens :raités, et les serments prononcés, au nom de Sparte,)ar Pausanias : Archidamus leur répondit fort laconi-

X. 9

quement cette fois qu'on les attaquait pour les affranchir, et que tel était au surplus le bon plaisir des
Lacédémoniens, καὶ τάδε ἡμῖν ἀρκέσει. Toutefois, dans un
second discours, il les invita plus civilement à lui
remettre leur ville et leurs maisons, qu'il s'engageait à
leur rendre à la paix, dans l'état où ils les auraient
laissées. Après avoir communiqué ces propositions
aux Athéniens, les Platéens répondirent qu'ils s'expo-
seraient à tous les fléaux, plutôt que de se livrer à Sparte.
Archidamus alors proféra contre eux une sorte d'impré-
cation, et hâta les dispositions du siége. Thucydide a
décrit avec un soin particulier les machines et les manœuvres des assiégeants et des assiégés; c'est l'un des
morceaux qui peuvent jeter le plus de lumière sur la
poliorcétique des anciens; mais ce sont là des détails
techniques, que je dois me contenter de vous indiquer.
Les Platéens avaient fait passer à Athènes leurs femmes,
leurs enfants, leurs vieillards : ils n'étaient restés qu'au
nombre de quatre cents, outre quatre-vingts Athéniens
et cent dix femmes pour faire le pain; la place n'ayant pu
être prise de force, le siége fut changé en blocus. Pendant ce temps, deux mille Athéniens, commandés
par un Xénophon qui n'est pas l'historien célèbre sous
ce nom, portaient la guerre dans le pays des Chalcidiens,
et y essuyaient des revers. Des troupes lacédémoniennes
attaquaient l'Acarnanie, et n'y obtenaient pas plus de succès. Le général le plus heureux durant cette campagne
était l'Athénien Phormion : il mit en fuite une flotte
péloponnésienne, après en avoir pris douze vaisseaux,
et coulé à fond plusieurs autres. Il eut aussi l'avantage
dans une seconde bataille navale, à Naupacte, où

pourtant la flotte ennemie était supérieure. Les Spartiates tentèrent de surprendre le Pirée, port d'Athènes, et leur projet échoua. Le récit détaillé de ces combats est entremêlé de harangues : Cnémus, Brasidas et les autres généraux péloponnésiens adressent des exhortations à leurs soldats, comme Phormion aux siens. « Non, disent les premiers, ce n'est point par lâcheté « que nous avons été vaincus; inférieurs à nos ennemis « en expérience, nous les surpassons en nombre et en « courage. L'instruction qui nous manquait, nous venons « de l'acquérir par nos fautes. Tout nous présage la vic- « toire. » — « Athéniens, s'écriait Phormion, le nombre « de vos ennemis est un hommage à votre bravoure. Ils « savent qu'ils ne doivent se présenter devant vous qu'a- « vec des forces supérieures aux vôtres. Exercés à com- « battre sur terre, ils n'ont point achevé encore, mal- « gré les leçons que vous leur avez données, l'apprentis- « sage de la guerre maritime. Vous leur en devez une « dernière. Je n'engagerai pas l'action dans le golfe : « là les vaisseaux nombreux et malhabilement gouver- « nés auraient l'avantage sur une petite flotte, et le « combat naval ressemblerait à un combat de terre, où « le nombre est une puissance. Exécutez mes ordres en « silence, avec ordre et célérité, et vous leur montre- « rez, encore une fois, ce que l'art et l'audace peuvent « contre la multitude. » En ce temps, Sitalcès, roi de Thrace, fit la guerre aux Chalcidiens et à Perdiccas, roi de Macédoine, tandis que Phormion voguait vers Astaque, envahissait l'Acarnanie avec deux cents soldats de sa flotte et quatre cents Messéniens, chassait des pla- les hommes qui lui étaient suspects, établissait un gouverneur à Corontes, retournait à Naupacte, et de là rentrait dans Athènes avec les vaisseaux qu'il avait enlevés, et les autres débris de son expédition glorieuse. Ainsi se termine le deuxième livre de Thucydide. Nous étudierons le troisième dans notre prochaine séance.

CINQUIÈME LEÇON.

Messieurs, aux récits qui concernent Périclès, dans le second livre de Thucydide, nous avons joint, pour compléter l'histoire de ce personnage illustre, plusieurs détails fournis par Plutarque et d'autres écrivains. La peste, qui affligeait l'Attique, emporta Périclès en 429. La guerre du Péloponnèse avait commencé au printemps de l'année 431 ; et Thucydide nous en a raconté les événements jusqu'à l'ouverture de la campagne de 428. Vous avez distingué, dans ce livre, l'hommage solennel rendu par Périclès aux guerriers athéniens qui avaient péri dans les premiers combats, la description des ravages de la peste, l'apologie noble et franche que Périclès opposa aux accusations intentées contre lui, enfin, les exploits de Phormion, son successeur dans le commandement des armées. En général, l'avantage est resté jusqu'ici aux Athéniens, malgré le fléau qui désolait leur territoire, et malgré l'habileté du roi de Sparte, Archidamus. Cependant ils n'ont encore obtenu aucun succès décisif ; et les forces peuvent sembler encore égales, au moment où les deux partis vont, pour la quatrième fois, reprendre les armes. Nous allons sui s le troisième livre de Thucydide, re mémorable, durant les années

en maturité, les Péloponnésiens

firent une nouvelle incursion dans l'Attique : Archidamus y prit des campements et y commit les dégâts or-
dinaires. La cavalerie athénienne saisissait toutes les
occasions d'attaquer l'ennemi, tenait en respect les
troupes légères et les empêchait d'approcher de la ville.
L'armée de Sparte et de ses alliés se retira, dès que les
vivres lui manquèrent. Le premier événement remarquable de cette campagne est la défection des Lesbiens,
qui tous, à l'exception des habitants de Méthymne, se
révoltèrent contre les Athéniens. Mitylène, la principale
ville de l'île de Lesbos, sollicita l'alliance et la protection des Spartiates. Ce fut aux jeux Olympiques, où Doriée
remporta le prix, que les ambassadeurs mityléniens
trouvèrent les Spartiates, et leur adressèrent la harangue que Thucydide rapporte. Ils commencent par combattre la prévention que conçoivent contre les traîtres,
ceux mêmes auxquels les traîtres se dévouent ; les députés de Mitylène prétendent, ainsi qu'on ne manque jamais de le faire en pareil cas, que leur défection est
justifiée par des circonstances particulières. Ils sont dé-
sabusés de l'idée qu'ils s'étaient formée des intentions
de la république athénienne. Ils reconnaissent qu'elle
veut asservir la Grèce, et qu'au contraire Lacédémone
travaille à l'affranchir. Ils s'aperçoivent qu'ils vont être
bientôt envahis eux-mêmes, et ils se hâtent de pourvoir
à leur défense, en rompant une alliance dans laquelle
ils ne seraient plus retenus que par une crainte pusil-
lanime, contre leurs véritables intérêts. Ils ajoutent
que l'occasion est favorable ; que les Athéniens sont
ruinés par la maladie et par la guerre, et que les fc
ces lesbiennes, jointes à celles du Péloponnèse, dé'
ront la ruine d'Athènes. « O Spartiates, s'écrient-

« pectez Jupiter Olympien, dans le temple duquel vous
« nous voyez suppliants. » Quoiqu'on ait coutume d'admirer, dans cette harangue, l'art et le talent de Thucydide, je crois qu'elle laisse à découvert toute la lâcheté
et tout l'opprobre de la conduite des Mityléniens. Ils
s'embarrassent même tellement dans leur apologie, que
deux commentateurs, Baueret Gottleber, y trouvent un
raisonnement qui serait aussi puéril qu'absurde. Il s'agit
d'une phrase à laquelle les traducteurs français, Lévesque et Gail, donnent deux sens tout à fait opposés.
Le premier traduit : « Nous croyons être doublement
« autorisés dans notre défection, par notre désir de
« contribuer à la délivrance des Grecs, au lieu d'aider
« les Athéniens à les asservir, et par celui de prévenir les
« Athéniens, au lieu de nous voir un jour détruits nous-
« mêmes par eux. » M. Gail, de son côté, propose cette
explication : « Oui, nous avons fait une double dé-
« fection ; nous avons d'abord abandonné les Grecs ;
« mais nous nous en glorifions, puisque c'était non-
« seulement pour ne leur faire aucun mal de concert
« avec les Athéniens, mais encore pour les délivrer
« malgré eux, pour les délivrer de concert avec vous.
« Nous avons ensuite abandonné les Athéniens pour
« prévenir les projets de ce peuple, pour n'être pas un
« jour, nous aussi, anéantis par eux. » Le scholiaste
grec, le traducteur latin Laurent Valle, Émile Porto,
Henri Estienne, et tous les commentateurs se sont ef-
forcés de trouver un sens à cette phrase ; et leurs pénibles gloses ont abouti à des résultats différents, dont aucun n'est ni clair ni soutenable. Les Mityléniens sont
de vils et lâches fripons, qui réellement n'abandonnent
les Athéniens que parce qu'ils les croient les plus faibles :

ils ne peuvent s'excuser que par des sophismes ; mais il est difficile, je dirais même impossible, de démêler quel est celui que Thucydide leur prête ici. En finissant, ils disent aux Spartiates : « Soyez tels que vous jugent les Grecs, et que τὸ ἡμέτερον δέος βούλεται, *nos-ter metus desiderat*, tels que notre crainte désire vous trouver, » traduit Lévesque. Ces versions assurément littérales, mais elles n'offrent aucun sens tolérable, et l'on est forcé de confesser que le texte est encore inintelligible ici ou fort alambiqué. Quoi qu'il en soit, vous pensez bien, Messieurs, que les Lacédémoniens trouvèrent excellentes les raisons des Mityléniens, et s'empressèrent de les prendre pour alliés, sans compter sur leur fidélité. Les Athéniens, comprenant que cette défection annonçait l'opinion qu'on avait conçue de leur faiblesse, équipèrent cent vaisseaux qui côtoyèrent l'isthme de Corinthe, et ils opérèrent des descentes dans le Péloponnèse. Au commencement de l'automne, ils assiégèrent Mitylène. Platée était toujours bloquée par les Péloponnésiens : la disette y devenait extrême ; une partie de la garnison fit une sortie audacieuse et parvint à s'évader. Ces fugitifs prirent, en se tenant serrés, le chemin de Thèbes, ayant à droite la chapelle d'Androcrate. Ils étaient bien sûrs qu'on ne les soupçonnerait pas de s'être engagés dans une route qui menait à leurs ennemis. En effet, on les poursuivit avec des flambeaux, sur celle qui conduisait à Athènes par le Cithéron. Mais ils ne tinrent le chemin de Thèbes que pendant six à sept stades ; ils coupèrent ensuite d'un côté de cette ligne, gagnèrent les Érythres et Hysies, prirent par les hauteurs et arrivèrent à Athènes, au nombre de deux cent douze. Ils avaient été plus nombreux, mais quelques-uns étaient rentrés dans la ville avant de franchir le retranchement, et un de leurs archers avait été pris sur un fossé.

L'hiver où le mois de février 427 touchait à sa fin, lorsque le Lacédémonien Salæthus, envoyé sur une trirème à Mitylène, gagna Pyrrha, et de là continua sa route par terre, passa un ravin, et se jeta dans la ville, sans être aperçu des Athéniens qui la tenaient assiégée. Salæthus annonça aux magistrats mityléniens qu'on allait envahir l'Attique, et qu'au premier jour, ils recevraient des secours apportés par quarante vaisseaux : il était député vers eux pour leur en donner avis. Cette nouvelle ranima leur courage ; ils résistèrent mieux à la tentation de se réconcilier avec Athènes ; mais, à cet égard, leur disposition pouvait être encore facilement ébranlée.

Au printemps suivant, c'est-à-dire au commencement de la cinquième année de la guerre, nouvelle incursion dans l'Attique, sous la conduite de Cléoménès, oncle du jeune roi de Sparte, Pausanias, fils de Plistoanax. Cette invasion fut plus cruelle que les précédentes ; mais les Mityléniens, qui ne voyaient point arriver les quarante vaisseaux qu'on leur avait promis, se décidèrent à traiter avec les Athéniens tout aussi lâchement qu'ils s'étaient alliés aux Spartiates : ils se rendirent à la seule condition que les députés iraient à Athènes demander grâce pour eux, et qu'on attendrait le retour de cette ambassade avant de leur faire aucun mal. Tandis qu'ils se plongeaient dans cette autre ignominie, les quarante vaisseaux péloponnésiens venaient à leur aide, et auraient tenté de reprendre Mitylène, si l'on en avait cru Teutiaple d'Élée, l'un des chefs de cette flotte, qui fit un discours pour soutenir cet avis. Alcidas, qui com-

mandait la flotte, aima mieux se retirer; et sa retraite
fut une fuite honteuse; car les Athéniens le poursuivirent vivement. Dans Athènes, on délibérait sur la vengeance à tirer des traîtres Mityléniens. Cléon, à qui son
caractère violent donnait de l'ascendant sur le peuple,
proposa de les mettre tous à mort, du moins tous les
hommes parvenus à l'âge viril, et de réduire en servitude les enfants et les femmes. L'argument de Cléon
est celui de tous les vainqueurs inhumains, qui, désespérant de discerner les coupables, ne sont sûrs de les
atteindre que par une extermination universelle. C'est
l'argument de Rutile dans la tragédie de Manlius :

> Il vaudrait encor mieux, dans un doute semblable,
> Immoler l'innocent qu'épargner le coupable.

Cléon s'étonne qu'on perde le temps à discuter une telle
question, et qu'on s'expose à laisser refroidir, par ces
délais, la chaleur de la vengeance. Il jette par avance le
plus de soupçons qu'il peut sur les intentions de ceux
qui conseilleront la modération. Il signale comme des
vices funestes à la puissance d'un peuple la pitié, la
clémence, et l'éloquence philanthropique; ces humbles
vertus ne conviennent point au pouvoir. « Traitez, dit-
« il, les Mityléniens, comme ils vous auraient traités
« vous-mêmes, s'ils avaient été les maîtres de vos des-
« tinées, comme ils vous ont déjà traités, autant qu'il
« a été en eux. »

Ce discours est tout à fait digne d'un démagogue ef-
fréné, en qui le sentiment de la compassion est éteint, et
dont le plus vif plaisir est de répandre le sang des hommes.
Après lui parla Diodote, qui plaida la cause de l'humanité.
« Il est, dit-il, deux obstacles à toute délibération raison-
« nable : la précipitation et la colère. La première est sot-

« tise; et l'autre, délire. Effrayer, par d'insidieuses calom-
« nies ceux qui rechercheront ce qui est juste et utile, c'est
« menacer la raison même, se déclarer armé contre elle.
« Qui ravit à ses adversaires la faculté de parler, avoue
« qu'il désespère de les convaincre d'erreur. Pour moi,
« je n'accuse personne, et je brave les accusations. Athé-
« niens, je ne cherche pas quel conseil vous plaira
« davantage; je vois que celui de Cléon flatte vos res-
« sentiments; mais je m'applique à reconnaître ce qu'or-
« donne l'équité, ce que prescrit votre intérêt. Il y a
« longtemps qu'il ne se commettrait plus de crimes, si
« la crainte de la peine capitale pouvait les empêcher;
« car on l'a prodiguée, non-seulement pour les grands
« attentats, mais aussi pour des fautes légères. Jadis,
« les punitions étaient tempérées; et, parce qu'il se ren-
« contrait quelques malfaiteurs qui les méprisaient, on
« les a successivement aggravées, jusqu'à ce que la mort
« les ait remplacées presque toutes. Qu'est-il arrivé?
« les crimes se sont multipliés et agrandis comme les
« supplices. Il est bien moins difficile à l'homme égaré
« par des passions violentes de braver la mort que la
« honte; et la honte s'affaiblit ou s'efface par l'idée
« du péril extrême que le crime ose affronter. Mal faire
« n'est plus qu'une grande audace, qu'une entreprise
« aventureuse; et je ne sais quelle fausse gloire, pareille
« à celle des conquêtes, vient se mêler aux affreux con-
« seils de la misère ou de l'ambition. Non, citoyens,
« Cléon ne vous propose contre la trahison qu'une ré-
« pression reconnue pour inefficace. Il faut qu'il ima-
« gine quelque moyen, s'il se peut, plus horrible, et
« qu'il aspire à une plus effroyable inhumanité. Jus-
« qu'ici il ne vous invite qu'à mettre un obstacle, non

« pas au crime, mais au repentir et à la tentation de
« rentrer dans le devoir. Car ce peuple mitylénien, qu'il
« vous presse d'exterminer, expiera bien moins son
« obéissance aux chefs qui l'ont égaré, que son em-
« pressement à vous rouvrir de lui-même ses portes, que
« son imprudente impatience à se replacer sous vos lois.
« Vous vengerez les Lacédémoniens qu'il vient de quit-
« ter pour vous. S'il était criminel, il faudrait encore le
« dissimuler, et ne pas proclamer que des peuples entiers
« vous abhorrent. Mais en effet vous avez partout pour
« amies, pour alliées fidèles, ces classes populaires qu'on
« vous conseille de proscrire. Elles n'ont pu être déta-
« chées un instant de vous que par les manœuvres de
« leurs chefs; désormais elles vont l'être par vos propres
« violences, par le caractère odieux que vous imprimerez
« vous-mêmes à votre empire. Voilà mes raisons. Je ne
« vous demande que de les juger de sang-froid, que de
« ne point vous hâter de renoncer à la plus solide des
« puissances, à celle qui se fonde sur la sagesse. » Cet avis
de Diodote, quoique si sage, prévalut pourtant, mais
d'un fort petit nombre de suffrages; et d'ailleurs,
comme celui de Cléon avait d'abord obtenu la faveur
publique, une trirème était partie depuis vingt-quatre
heures et portait à Mitylène le décret d'extermination
générale. Un second vaisseau fut expédié, et fit une telle
diligence qu'il arriva quelques minutes après le premier. Un moment plus tard, c'en était fait de tous les
Mityléniens. On n'en mit à mort qu'un peu plus de mille,
massacre horrible encore, que Diodote aurait dû s'ef-
forcer de prévenir. Il n'a parlé que du peuple, et il ne
s'est point du tout expliqué sur les grands ou les chefs,
dénominations vagues, dans lesquelles il est toujours fa-

cile d'envelopper un nombre indéfini de victimes. Il a invoqué la justice en faveur de la multitude : il n'a pas osé prononcer le nom sacré de la clémence, que Cléon avait maudite, mais sans laquelle il n'y a jamais eu, dans les révolutions politiques, d'équité ni surtout de sagesse complète. Mitylène vit donc immoler mille de ses principaux citoyens, abattre ses murs, saisir ses vaisseaux. On divisa tous les domaines de l'île de Lesbos, à l'exception du territoire de Méthymne, en trois mille lots, dont trois cents furent consacrés aux dieux, et deux mille sept cents attribués, par la voie du sort, à un égal nombre d'Athéniens. On prit aussi dans le continent toutes les villes que les Mityléniens y possédaient. Après la réduction de Lesbos, les Athéniens, commandés par Nicias, fils de Nicérate, attaquèrent Minoa, île voisine de Mégare. Les Mégariens y avaient bâti une tour, et en avaient fait une place forte. Nicias se proposait d'y établir pour sa flotte un lieu de défense, moins éloigné que Boudore et Salamine. Il empêcherait ainsi les Péloponnésiens d'avoir là un point secret de départ, pour courir la mer, et pour expédier, comme ils l'avaient fait, des trirèmes et des corsaires, il leur couperait tous les moyens d'importation à Mégare. Il commença par battre, avec des machines, deux tours avancées du port de Nysée; il les emporta; il rendit libre le passage entre l'île et ce port; il fortifia la côte continentale, par laquelle on pouvait, au moyen d'un pont jeté sur des marais, porter du secours à cette île de Minoa, très-rapprochée de la terre ferme. Ces dispositions ne l'occupèrent que fort peu de jours. Ayant ensuite fortifié l'île, il y laissa une garnison, et en repartit avec son armée.

En ce même temps, Platée se rendait aux Péloponnésiens. Cinq juges, venus de Lacédémone, se firent amener les Platéens, et pour toute instruction de ce procès,
ils demandèrent à chacun de ces infortunés : « Quels
« services avez-vous, depuis le commencement de la
« guerre, rendus à Sparte et à ses alliés? » Les Platéens
réclamèrent la faculté d'étendre un peu davantage leur
justification; et, lorsqu'ils en eurent obtenu la permission, ils chargèrent de plaider leur cause deux de leurs
compatriotes, qui avaient des liaisons d'hospitalité avec
les Lacédémoniens. Le discours de ces deux orateurs,
qui s'appelaient Astymaque et Lacon, est ici rapporté
ou composé par l'historien. En voici, Messieurs, la
substance : « Nous plaidons, dirent-ils, une cause jugée,
« ou du moins nous avons lieu de le craindre, quand
« vous la réduisez à une question à laquelle les Platéens
« ne peuvent répondre que par un aveu qui vous paraî-
« tra celui d'un crime, ou par un mensonge qu'il vous
« sera trop aisé de dévoiler. Dans la guerre des Perses,
« nous avons, nous seuls entre les Béotiens, défendu
« avec vous la liberté de la Grèce. Nous combattions
« avec vous sur mer à Artémisium ; avec vous encore,
« sur notre territoire, dont le nom est devenu celui du
« plus éclatant triomphe de vos armes. Dans la guerre
« actuelle, vous vous êtes déclarés nos ennemis, nous
« avons été les vôtres : comment venez-vous nous de-
« mander quels services nous vous avons rendus? Op-
« primés par les Thébains, nous eûmes recours à vous,
« et nous reçûmes de vous-mêmes le conseil de nous
« adresser aux Athéniens nos voisins : vous étiez, di-
« siez-vous, trop éloignés pour nous secourir. Il est vrai
« que depuis vous nous avez ordonné de nous détacher

« de ces Athéniens nos bienfaiteurs ; mais la reconnais-
« sance et l'honneur nous ont retenus dans leur alliance.
« Aujourd'hui nous défendons auprès de vous notre
« propre gloire, autant que notre vie ; car l'arrêt que
« vous prononcerez contre nous va démentir cette vertu
« exemplaire, dont s'en orgueillit Lacédémone. Allez-
« vous, pour complaire à ces Thébains, qui furent jadis
« les alliés des barbares, effacer de la Grèce une ville
« où vos pères se sont illustrés avec les nôtres, et dont
« ils ont inscrit le nom dans le temple de Delphes ? En
« un instant, vous pouvez nous détruire : en vingt siè-
« cles, vous ne laverez pas l'opprobre dont vous cou-
« vrira notre mort. Tournez vos regards sur les tombes
« de vos pères ; ils sont ensevelis dans nos campagnes ;
« et chaque année, nous venons leur offrir des homma-
« ges publics, nous leur apportons les prémices des
« champs que nos mains ont cultivés, comme les présents
« d'une terre amie et fraternelle. Voilà les institutions
« saintes que vous venez abolir. Vous venez remettre
« vos aïeux au pouvoir de ces Thébains, sous les coups
« desquels ils sont tombés dans les champs de Platée.
« Et pourquoi craindriez-vous de nous accabler, quand
« vous ne craignez pas d'outrager les mânes de vos pè-
« res ? Nous attestons devant vous les serments qu'ils ont
« prêtés de ne jamais oublier nos services. Nous im-
« plorons ces héros de Sparte qui ne sont plus ; et no-
« tre gloire est d'être, en nos derniers dangers, leurs
« suppliants : qu'ils nous préservent d'un jugement thé-
« bain. Pour vous, qui délivrez, dites-vous, la Grèce,
« examinez si vous lui rendrez un service, en lui ôtant
« les Platéens. » Quand Lacon et Astymaque eurent
ainsi parlé, les Thébains s'avancèrent, et après s'être

plaints de ce qu'on avait permis aux orateurs de Platée de sortir de la question posée par les juges, ils déclarèrent qu'ils ne pouvaient plus s'y renfermer eux-mêmes. Ils imputèrent aux tyrans, aux oligarques, qui s'étaient emparés du pouvoir suprême dans la Béotie, le malheur qu'elle avait eu d'obéir aux Perses. « Quant « aux Platéens, ajoutaient-ils, leur crime, et non leur « malheur, est d'avoir transgressé nos antiques lois, en « s'alliant aux Athéniens. S'ils ont combattu les barba- « res, c'est parce qu'Athènes le leur commandait, de « même que, dans la guerre actuelle, ils se sont armés « contre la Grèce, parce qu'Athènes la veut asservir. « Platéens, à vous entendre, vous n'avez eu recours aux « Athéniens, que pour résister à Thèbes, il les fallait « donc quitter, lorsqu'ils marchaient contre d'autres peu- « ples, et surtout contre Lacédémone. C'était alors qu'il « fallait vous souvenir de ces héros spartiates, inhumés « dans vos campagnes, et les respecter dans leurs des- « cendants. Les mânes que vous invoquez, après les « avoir offensés, vont être vengés par vos juges. » En effet, les cinq juges reproduisirent leur question fatale : ils firent comparaître, l'un après l'autre, tous les Platéens ; et aucun ne pouvant alléguer des services rendus par lui depuis quatre ans à Sparte, ils furent tous mis à mort sans exception. Leur nombre n'était plus que de deux cents, outre vingt-cinq Athéniens qui avaient soutenu le siége avec eux, et qui n'échappèrent point à ce massacre juridique. Les cent dix femmes subirent l'esclavage. Nous avons vu que le reste des habitants s'était réfugié dans Athènes, et qu'une partie même de la garnison laissée dans la place assiégée avait fait une sortie et s'était évadée. Ainsi périrent, presque en même temps, mille Mityléniens, et, à Platée, ces deux cent vingt-cinq guerriers, exterminés au mépris des plus saintes lois de l'humanité et de la justice. Les Mytiléniens, ou plutôt les principaux d'entre eux, et sans doute bien moins de mille, avaient trahi les intérêts de la république d'Athènes, au moment où ils croyaient qu'elle allait succomber : cette lâcheté, qui les couvrait d'ignominie, est malheureusement fort commune-dans toutes les histoires; et, avant de la déclarer digne de mort, il faut au moins considérer que ces rigueurs extrêmes ne l'ont jamais rendue, ne la rendront jamais plus rare. Quant aux Platéens, ils avaient accompli avec une constance héroïque tous les devoirs d'alliés, de citoyens, de guerriers : Sparte victorieuse de leurs longs efforts leur devait des hommages; en les immolant avec une si lâche barbarie, elle a terni son faible triomphe, et ajouté plus d'éclat à leur dévouement magnanime.

Pour repeupler Platée, les Thébains joignirent des Mégariens expatriés à ce qui restait de Platéens maintenus comme attachés à la faction lacédémonienne. Mais on finit par raser la ville entière, et l'on employa les matériaux à construire, près du temple de Junon, un hospice qui eut deux cents pieds d'étendue sur chaque face. Avec le fer et l'airain, on fit des lits consacrés à la même déesse. On confisqua les terres, on les afferma pour dix ans, et des Thébains les cultivèrent. Sparte avait écrasé Platée, par complaisance pour les Thébains dont elle espérait d'éminents services dans cette lutte du Péloponnèse contre Athènes. Cependant les quarante vaisseaux qui revenaient de Lesbos, poursuivis par les Athéniens, et battus de la tempête près de l'île de Crète, ne regagnaient qu'en désordre les côtes de leur pays. Ils eurent le bonheur de rencontrer à Cyllène treize trirèmes de Leucade et d'Ampracie ou Ambracie, avec Brasidas fils de Tellès. Les Spartiates n'ayant pas réussi à secourir Lesbos, avaient jugé à propos d'équiper une autre flotte, qui, pendant que les Athéniens n'avaient que douze navires à Naupacte, devait se porter sur Corcyre, alors en proie aux séditions. Brasidas concertait avec Alcidas, commandant des quarante premiers vaisseaux, les moyens de profiter de ces conjonctures.

Nous avons remarqué la faute que commirent les Athéniens, lorsque, épousant, contre les Corinthiens, la cause injuste des Corcyréens, ils s'engagèrent dans cette guerre du Péloponnèse. Il ne tint qu'à eux de reconnaître leur imprudence, non-seulement par les revers qu'ils essuyaient dans plusieurs combats, mais surtout lorsqu'ils virent se former à Corcyre un parti puissant contre leur république. Des troubles éclatèrent dans cette île; le sang y coula; et, quoique les amis d'Athènes y fussent les plus forts, cinq cents habitants de la faction contraire se retirèrent en terre ferme, d'où ils venaient ravager les côtes de Corcyre; ils finirent même par s'y établir, s'emparèrent du mont Istône, s'y fortifièrent, et devinrent maîtres de la campagne. Ils avaient été animés et soutenus dans leurs premiers efforts par les Corinthiens, par les Spartiates, par d'autres peuples du Péloponnèse. Des factieux condamnés pour des vols sacriléges avaient mis à mort soixante sénateurs, y compris Pithias, éthéloproxène des Athéniens, c'est-à-dire qui s'était chargé de leur rendre, au nom de l'État, les devoirs de l'hospitalité. Des combats, dont Thucydide expose les détails, s'étaient livrés durant plusieurs jours entre les deux partis qui divisaient Corcyre. Celui qui tenait pour Athènes avait été secouru par douze vaisseaux et cinq cents soldats, qu'envoyait cette cité, et que Nicostrate commandait. De l'autre part, Alcidas et Brasidas étaient venus, à la tête de cinquante-trois galères, seconder les séditieux, et avaient mis en fuite, dans un combat naval, les Corcyréens et leurs protecteurs. Ils auraient obtenu des succès plus décisifs sans l'approche d'une nouvelle flotte athénienne, sortie de Leucade, et composée de soixante vaisseaux, sous les ordres d'Eurymédon. Pendant les sept jours que ce général s'arrêta dans le port de Corcyre, le peuple immola tous les partisans de Sparte ou ceux qu'on réputait pour tels. Un carnage horrible enveloppa plusieurs victimes d'inimitiés particulières. Des débiteurs se défirent de leurs créanciers; un père tua son propre fils; on arracha les suppliants aux asiles sacrés; on en immola au pied des autels; quelques-uns moururent enfermés et murés dans le temple de Bacchus.

A cette occasion, Thucydide présente à ses lecteurs des observations générales sur les discordes qui déchiraient la Grèce entière. Partout, il y avait deux factions; l'une populaire, qui appelait à son aide les Athéniens, l'autre aristocratique et protégée par les Spartiates. Toutes deux plus violentes durant la guerre qui interrompait les travaux, et qui, en diminuant les ressources de la vie, en abolissait les douces habitudes. Les mots de la langue, dit l'historien, changeaient de sens et d'application. La fureur se nomma courage; la circonspection, timidité; la modestie, faiblesse; la prudence, inaptitude; et l'emportement, énergie. La modération fut généralement déclarée suspecte : on ne trouvait plus de franchise que dans la colère, d'esprit que dans les intrigues, de génie que dans les perfidies. On n'avait honte que de la maladresse : la méchanceté devint un titre de gloire; et ceux qui savaient nuire avec audace étaient des hommes à grands caractères. D'où venaient tous ces fléaux? de l'ambition et de la cupidité. On parlait ici de l'égalité des droits, là de la force nécessaire au gouvernement. Ces mots de ralliement, ces prétextes couvraient, de part et d'autre, l'envie de dominer et de s'enrichir; chaque parti faisait de ses maximes une sorte de religion; et des deux côtés les excès se justifiaient par la sainteté de la cause. On était tour à tour oppresseur et opprimé : seulement les citoyens modérés et fidèles étaient toujours victimes, parce qu'ils s'attachaient réellement à la cause publique, qui ne triomphait jamais. La simplicité des mœurs, la noblesse des sentiments, la sincérité, la bonne foi semblaient ridicules; on les prenait pour des signes d'inhabileté. Nulle part ces désordres ne s'étaient encore manifestés autant qu'à Corcyre : des misérables, longtemps gouvernés par des maîtres hautains, rendaient ce qu'on leur avait fait souffrir. Leur orgueil se mesurait sur leur ancienne abjection; leur cruauté, sur les maux dont on les avait accablés : ils étaient inexorables, parce qu'ils n'avaient jamais obtenu de pitié. La société fut bouleversée tout entière; les vices nés en son sein ramenaient les hommes à la barbarie qui l'avait précédée. Voilà, Messieurs, des observations vraies et profondes, tout à fait dignes d'un grand historien.

Eurymédon s'éloigna de Corcyre; et ce fut alors que

inq cents fugitifs, échappés aux massacres, se réfu-
ièrent, comme nous l'avons dit, sur le mont Istône :
s mirent le feu à leurs vaisseaux, pour ne se réserver
'autre espoir que de s'emparer du territoire voisin. A
ı fin du même été, les Athéniens expédièrent pour la
icile vingt vaisseaux commandés par Lachès et Cha-
œade. Les Syracusains et les Léontins se faisaient la
uerre. Excepté Camarina, toutes les villes doriennes
e la Sicile, qui, dès le commencement des hostilités,
étaient alliées à Lacédémone, sans combattre pourtant
vec elle, tenaient pour Syracuse. Les Léontins avaient
ans leur parti Camarina et les cités siciliennes, qui
ıraient leur origine de la Chalcide. Dans l'Italie con-
inentale, les Locriens étaient dévoués aux Syracusains,
t Rhégium à l'autre parti. En qualité d'Ioniens, les
lliés des Léontins envoyèrent des députés à Athènes,
our obtenir des secours contre les Syracusains qui les
esserraient par terre et par mer. Les Athéniens s'em-
ressèrent de leur fournir vingt vaisseaux, dans l'in-
ention d'empêcher les Péloponnésiens de tirer du blé
le la Sicile, et afin d'éprouver en même temps s'ils
ıe pourraient pas quelque jour s'emparer de cette île
ntière, idée malheureuse dont nous les verrons bien-
ôt plus occupés. Mais leur flotte n'aborda encore qu'à
Rhégium. La peste affligeait une seconde fois l'Attique,
ıù, à vrai dire, elle n'avait jamais entièrement cessé :
lle n'avait accordé que des trêves. Ses ravages, renou-
'elés pendant l'automne de l'an 427, durèrent toute
ıne année; et, au milieu des autres fléaux, c'était celui
ןui les accablait davantage, qui affaiblissait le plus leur
ıuissance. Ils perdirent quatre mille trois cents hoplites
ıu soldats pesamment armés, et trois cents cavaliers;

les autres victimes seraient innombrables. Des tremblements de terre ébranlèrent leur pays, et l'Eubée, et
la Béotie, particulièrement Orchomènes.

Ils passaient néanmoins en Sicile, et de là, s'adjoi-
gnant les troupes de Rhégium, ils attaquèrent les îles
Éoliennes. Ces îles, où la disette d'eau ne permettait pas
de faire la guerre en été, appartenaient aux Lipariens
venus de Cnide; celle qu'ils habitaient, avait peu d'é-
tendue, et se nommait Lipara : ils allaient de là cultiver les autres, Didymé, Strongylé et Hiéra où la
croyance populaire plaçait les forges de Vulcain, à cause
des flammes qu'ils en voyaient jaillir dans l'ombre des
nuits, et de la fumée qui en sortait pendant le jour.
Ces îles, situées en face de Messane ou Messine, se comptaient parmi les pays alliés aux Syracusains. Les Athéniens, ayant dévasté les terres sans pouvoir soumettre
la population, retournèrent à Rhégium. Ainsi finissait
l'hiver qui terminait la cinquième année de la guerre.

Au retour de l'été, c'est-à-dire du printemps de l'an
426, les Péloponnésiens s'avancèrent jusqu'à l'isthme
de Corinthe, dans le dessein de fondre sur l'Attique.
Agis, roi de Sparte, les commandait. Mais de nouveaux
tremblements de terre, de plus en plus fréquents, les
obligèrent à retourner sur leurs pas. Orobe, dans l'île
d'Eubée, éprouvait de pareilles secousses; on y vit les
eaux de la mer, agitées et gonflées, pénétrer dans la
ville, et submerger un terrain qu'elles n'avaient jamais
occupé, en laissant à sec une partie du leur. Il n'é-
chappa que les hommes qui eurent le temps de courir sur les hauteurs. Même catastrophe dans l'île d'A-
talante, possédée par les Locriens d'Oponte. La mer y
entraîna une partie du fort qu'y avaient les Athéniens,

et brisa un vaisseau tiré sur le rivage. Les eaux gagnèrent aussi la ville de Péparèthe, sans l'inonder toutefois : seulement le tremblement de terre renversa une
partie du rempart, le Prytanée et un petit nombre d'autres édifices. Thucydide ne pense pas que des inondations considérables puissent arriver sans commotions
terrestres : il suppose que des secousses violentes repoussent subitement et chassent avec impétuosité les eaux
de la mer.

La Sicile devint le théâtre de la guerre. Les Athéniens s'y alliaient, comme ailleurs, au parti populaire.
Leur général Charœade ayant été tué dans un combat contre les Syracusains, Lachès, qui avait le commandement de la flotte, se porta sur Mylès, place
qui dépendait de Messane. Deux corps de Messaniens,
qui y étaient en garnison, dressèrent des embûches aux
troupes athéniennes débarquées sur la côte; mais elles mirent en fuite les soldats embusqués, en tuèrent
un grand nombre, attaquèrent les remparts de Mylès,
forcèrent la garnison à capituler, à livrer la citadelle,
et à prendre les armes contre Messane. Cette ville, à la
vue de tant d'ennemis, anciens et nouveaux, se rendit,
donna des otages et toutes les sûretés qu'on voulut
exiger d'elle. En même temps, Athènes envoyait autour du Péloponnèse trente vaisseaux conduits par
Démosthène, fils d'Alcisthène, et par Proclès; elle en
expédiait soixante autres, qui portaient deux mille hoplites, et qui se dirigeaient vers Mélos, sous les ordres
de Nicias; le but de cette dernière expédition était de
soumettre les Méliens, qui, malgré leur qualité d'insulaires, refusaient de se soumettre, et même de s'allier à
l'Attique. Obstinés dans leur résistance, ils supportè-

rent les ravages des agresseurs, et se maintinrent indépendants. Les Athéniens quittèrent Mélos, gagnèrent
Orope, ville située en face de cette île, y abordèrent
de nuit, et débarquèrent leurs hoplites, qui marchèrent sur Tanagra en Béotie, et y reçurent un renfort
considérable. C'était une troupe d'habitants d'Athènes,
qui, au premier signal, avaient pris les armes sans
distinction de rang ni d'âge, et accouraient par terre
sous le commandement de Callias et d'Eurymédon. Les
Athéniens campèrent autour de Tanagra, employèrent
une journée au pillage , et passèrent la nuit sous leurs
tentes. Le lendemain, les Tanagriens, renforcés de quelques Thébains, firent une sortie et furent battus : les
vainqueurs les désarmèrent, dressèrent un trophée,
et s'en retournèrent les uns à Athènes, les autres sur
leurs vaisseaux. Nicias côtoya le rivage avec sa flotte
de soixante voiles, saccagea les côtes de la Locride, et
rentra dans les ports de sa ville.

Les Spartiates fondèrent en cette année la colonie
d'Héraclée dans la Trachinie. Pour expliquer la cause
de cet établissement, Thucydide observe d'abord que
les Maliens sont partagés en Paraliens, Hiériens et
Trachiniens. Ceux-ci, tourmentés par les peuples de
l'OEta auxquels ils confinent, songeaient à se placer
sous la protection d'Athènes : cependant, ne comptant
point assez sur la fidélité de cette république, ils dépu-
tèrent Tisamène à Lacédémone ; et les Doriens, originaires de la Laconie, se joignirent à cet envoyé pour
réclamer des secours contre les hostilités des OEtiens.
En écoutant cette demande, les Spartiates conçurent
l'idée d'une colonie qui défendrait à la fois les Doriens
et la Trachinie. Ils auraient là une place avantageuse-

ment située pour faire la guerre aux Athéniens; on y pourrait construire une flotte, qui aurait peu de chemin à faire pour descendre dans l'Eubée; et l'on se ménagerait de plus un passage commode pour aller en Thrace. Consulté sur ce projet, le dieu de Delphes l'approuva, et l'on n'en différa point l'exécution. On envoya des colons, pris dans la Laconie et dans les pays voisins; on admit les autres Grecs qui voudraient prendre ce parti, à l'exception néanmoins des Ioniens, des Achéens et de quelques autres. Trois Spartiates, Léon, Alcidas et Damagon, chargés de cette entreprise, relevèrent l'ancienne ville de Trachine, et la nommèrent Héraclée. Elle n'était qu'à quarante stades des Thermopyles, et à vingt de la mer. Les trois commissaires y construisirent un chantier de vaisseaux, à partir des gorges du défilé.

Les Athéniens s'alarmèrent d'un établissement si visiblement destiné à menacer l'Eubée, puisqu'il n'était séparé que par un court trajet de mer, de Cénée, promontoire de cette île. Cependant, ils n'en souffrirent réellement aucun dommage. Les Thessaliens étaient alors maîtres du pays où cette colonie se fondait : ils craignirent qu'elle ne devînt une voisine trop puissante, et la tourmentèrent à tel point qu'elle se dépeupla bientôt. La confiance qu'avaient inspirée les Lacédémoniens ses fondateurs ne tarda point à s'affaiblir, quand on les vit durement et injustement gouvernés par les préposés qu'ils y envoyaient. Athènes s'occupait toujours de Mélos, et trente de ses vaisseaux continuaient de côtoyer le Péloponnèse. Ses troupes tuèrent en embuscade des soldats de la garnison d'Ellomène en Leucadie, et attaquèrent ensuite Leucade même. Tous les Acarnanes, excepté les OEniades, suivirent dans cette expédition les Athéniens, que renforçaient aussi des soldats de Zacynthe, de Céphallénie et quinze vaisseaux de Corcyre. Ces forces imposantes continrent les Leucadiens en repos, quoiqu'ils vissent leur pays dévasté au delà et en deçà de l'isthme, où s'élevaient leur ville et leur temple d'Apollon. Le général Démosthène, vivement sollicité par les Acarnanes, d'investir et de serrer de près Leucade, leur ancienne ennemie, écouta de préférence les Messéniens, qui lui proposaient une autre entreprise, plus digne de lui, disaient-ils : c'était d'attaquer les Étoliens. S'il les subjuguait, il allait aisément soumettre à sa patrie le reste de l'Épire. A la vérité, les Étoliens étaient nombreux et belliqueux; mais ils habitaient des bourgades non murées, éloignées les unes des autres : armés à la légère, ils seraient vaincus avant d'être parvenus à se rassembler. On attaquerait d'abord les Apodotes, puis les Ophioniens, ensuite les Eurytes; trois peuples qui vivaient de chair crue, qui parlaient un langage informe, difficile à comprendre, et qui composaient la plus grande partie de la nation étolienne : eux réduits, le surplus ne résisterait pas longtemps. Démosthène se laissa séduire tant par l'affection qu'il portait aux Messéniens, que par l'espoir de trouver, en Épire et en Étolie, des alliés qui lui suffiraient, sans recourir aux forces d'Athènes, pour passer par terre dans le pays des Locriens-Ozoles, de là dans la Béotie, dans la Doride, et chez les Phocéens. Ceux-ci, anciens alliés de l'Attique, ne refuseraient sans doute pas de se joindre à lui, et au besoin il pourrait les y forcer. Il fit donc voile du rivage de Leucade, et avec toute son armée suivit la côte jusqu'à Sollium. Les Acarnanes, mécontents de ce dessein, refusèrent d'y prendre part; mais les Messéniens les Céphalléniens, les Zacynthiens et trois cents Athéniens allaient porter la guerre dans l'Étolie; les quinze vaisseaux corcyréens s'étaient retirés. Les Locriens-Ozoles devaient, comme amis d'Athènes, joindre toutes leurs troupes aux siennes dans l'intérieur des terres; et l'on s'attendait à tirer un grand parti de leur alliance, parce que, voisins des Étoliens, ils avaient les mêmes armes, et une connaissance particulière tant du pays de ce peuple que de sa manière de combattre. Démosthène passa la nuit avec son armée, dans l'enceinte sacrée de Jupiter Néméen, lieu où l'on dit que le poëte Hésiode fut tué, ainsi qu'un oracle le ui avait annoncé. Au lever de l'aurore, on partit pour l'Étolie; le premier jour, on prit Potidanie; le second Crocylium, le troisième Tichium, où le général s'arrêta, en expédiant pour Eupalium en Locride le butin qu'il avait amassé. Il se proposait, si les Ophioniens lui résistaient, de retourner à Naupacte, et de revenir les combattre. Mais les Étoliens, informés de l'invasion qui les menaçait, vinrent de toutes parts à la rencontre des agresseurs. Les Bomiens mêmes et les Calliens, relégués à l'extrémité de l'Ophionie, accoururent à la défense de la cause commune.

Les Messéniens n'en persistaient pas moins à soutenir que la conquête de l'Étolie n'offrirait point de difficultés sérieuses. Ils pressaient Démosthène de se jeter sur les bourgades : il les crut, et osa se fier à la fortune qui ne lui avait pas encore manqué. Il n'atten dit pas même les Locriens qui lui eussent été fort utiles; car il avait surtout besoin de gens de trait, armés à la légère. Il s'avança jusqu'à Ægitium, qu'il emporta d'emblée et sans résistance. Les habitants avaient pris la fuite, et s'étaient réfugiés sur les hauteurs qui dominent leur ville, bâtie elle-même sur un terrain élevé, à quatre-vingts stades au plus de la mer. Déjà pourtant arrivaient les Étoliens, qui, du haut des montagnes, fondaient sur les Athéniens et sur leurs alliés, les accablant de traits, reculant quand ils avançaient, les pressant quand ils cédaient; et, dans ce genre de guerre, qui consistait en brusques attaques et en retraites précipitées, Démosthène n'avait pas l'avantage. Il tint bon, tant que ses archers eurent des flèches et purent s'en servir; mais, l'officier qui les commandait ayant été tué, ils se dispersèrent, et les Athéniens, épuisés de fatigues, prirent enfin le parti de s'enfuir. Leur guide, Chromon de Messène, ayant été tué, il serrèrent à l'aventure, tombèrent dans des ravins impraticables, s'engagèrent en des routes inconnues, et succombèrent sous les traits de l'ennemi. Plusieurs se trompèrent de chemins et se jetèrent dans une forêt épaisse, à laquelle les Étoliens mirent le feu. Il ne fut possible qu'à un petit nombre de fugitifs de gagner OEnéon en Locride. Les Athéniens perdirent cent vingt hoplites, beaucoup d'alliés, on ne sait combien de guerriers, tous à la fleur de l'âge, et Proclès l'un de leurs généraux. Ils traitèrent avec les Étoliens pour enlever leurs morts, retournèrent à Naupacte, et rentrèrent sur leurs vaisseaux dans Athènes, où toutefois Démosthène n'osa pas reparaître, après une campagne dont les malheurs pouvaient lui être imputés.

Ceux des Athéniens qui tenaient la mer autour de la Sicile, cinglèrent vers la Locride, vainquirent des troupes locriennes, et prirent Péripolium sur le fleuve Alex. Des députés étoliens obtinrent, à Corinthe et à

Sparte, l'armement d'une troupe qui devait marcher contre Naupacte, où les Athéniens avaient été reçus et accueillis. Les Lacédémoniens fournirent trois mille hoplites de leurs alliés, y compris cinq cents sortis de la nouvelle colonie d'Héraclée. Euryloque de Sparte commanda ces troupes, ayant pour adjoints deux de ses compatriotes, Macarius et Ménédée. Il envoya un héraut aux Locriens-Ozoles, dont le pays devait être traversé par l'armée rassemblée à Delphes, et qu'il voulait d'ailleurs détacher d'Athènes. Les habitants d'Amphise le servirent avec zèle dans cette négociation, par haine des Phocéens : ils donnèrent des otages, et engagèrent les autres peuples à suivre cet exemple. Ils entraînèrent d'abord leurs voisins les Myonées, puis les Ipnées, les Messapiens, les Tritées, les Challéens, les Tolophoniens, les Hessiens, les OEanthées. Ce détail, Messieurs, appartient à l'ancienne géographie, mais la position précise de plusieurs de ces peuplades est restée fort difficile à reconnaître. Toutes prirent les armes. Les Olpéens livrèrent des otages, mais ne suivirent pas l'armée ; et les Hyæens n'en donnèrent qu'après qu'on eut pris leur bourgade nommée Polis.

Euryloque, tout étant prêt pour son expédition, déposa les otages à Cytinium dans la Doride, et conduisit son armée vers Naupacte, à travers le pays des Locriens. Dans sa route il s'empara d'OEnéon et d'Eupolium, deux villes dont les habitants avaient refusé de se joindre à lui. Arrivé près de Naupacte, il saccagea la campagne et occupa un faubourg non muré. Passant à Molycrion, colonie corinthienne assujettie aux Athéniens, il s'en rendit maître. Démosthène, qui, depuis sa malheureuse entreprise d'Étolie, était resté à

Naupacte, craignant pour cette place, alla demander le secours des Acarnanes, piqués encore de ce qu'il n'avait pas voulu attaquer avec eux Leucade. Il eut peine à les ramener; ils lui envoyèrent néanmoins mille hoplites, renfort sans lequel il n'aurait pas eu assez de monde pour défendre une grande étendue de fortifications. Euryloque et les siens désespérèrent de forcer Naupacte : ils se retirèrent à Pleuron, en d'autres lieux de l'Éolide, et à Proschium qui dépendait de l'Étolie. Les Ampraciotes les vinrent trouver, et leur persuadèrent d'envahir avec eux Argos d'Amphiloquie, l'Amphiloquie entière, et même l'Acarnanie, assurant que, si l'on accomplissait ce projet, tous les Épirotes entreraient dans l'alliance de Lacédémone. Euryloque, adoptant ces idées, renvoya les Étoliens, et prit du repos jusqu'à ce qu'il fût temps d'entreprendre, avec les Ampraciotes, le siége d'Argos; mais l'été finissait.

A l'entrée de l'hiver ou de l'automne, les Athéniens qui se trouvaient en Sicile, leurs alliés grecs, et des Siciliens opprimés par les Syracusains, se réunirent pour s'emparer de Nessa, et n'y réussirent point. Leur retraite fut troublée par les Syracusains, qui, sortant de l'enceinte de Nessa, fondirent sur ceux des alliés d'Athènes qui fermaient la marche, mirent en déroute une partie de l'armée athénienne, et tuèrent beaucoup de monde. En compensation de cet échec, Lachès, avec les Athéniens qu'il commandait, descendit dans la Locride, défit trois cents Locriens, les désarma, et quitta cette côte. Athènes alors, pour obéir à un oracle, songeait à purifier Délos. Le tyran Pisistrate avait jadis fait cette cérémonie, mais non pas assez complétement, et seulement dans la partie de l'île qu'on

aperçoit du temple. Maintenant il s'agissait d'une purification totale; et Thucydide nous apprend comment
on y procéda. On enleva tous les cercueils, on décréta
que désormais personne ne mourrait ni ne naîtrait dans
l'île; qu'on transporterait à Rhénée tous les mourants
et toutes les femmes qui toucheraient au terme de leur
grossesse. Rhénée est si près de Délos, que Polycrate,
tyran de Samos, avait établi une chaîne de l'une à l'autre. La purification étant accomplie, on célébra les jeux
Déliens, qui se renouvelaient tous les cinq ans, et attiraient à Délos un grand concours d'Ioniens et d'insulaires. Les villes y envoyaient des chœurs; les exercices
gymnastiques se mêlaient aux chants et aux instruments des musiciens. A ce propos, l'historien cite deux
passages de l'hymne d'Homère en l'honneur d'Apollon,
l'un de cinq vers, commençant par les mots Ἀλλ' ὅτε
Δήλῳ, Φοῖϐε, l'autre de huit, dont le premier porte

Ἀλλ' ἄγεθ' ἱλήκοι μὲν Ἀπόλλων Ἀρτέμιδι ξύν.

Ces treize vers se peuvent traduire ainsi presque
littéralement : « Mais, ô Phébus, tu chéris surtout
« Délos, où se réunissent les Ioniens à robes traînantes,
« avec leurs enfants et leurs épouses révérées : par
« leur pugilat, par leurs danses, par leurs chants com-
« mémoratifs, ils te réjouissent, et tu te plais à leurs
« combats animés. Mais allons, soyez-nous propices,
« ô Apollon avec Diane; salut à vous tous. Souve-
« nez-vous de moi, et après moi, quand quelqu'un des
« habitants de la terre, voyageur fatigué, viendra vous
« demander ici quel est, vierges de Délos, des poëtes
« qui fréquentent ces lieux, celui qui vous est le plus
« agréable, et qui vous enchante le plus, répondez tou-

« tes avec une bienveillance unanime : C'est un aveugle
« habitant des rochers de Chio. » Voilà, poursuit Thucydide, ce que dit Homère et ce qui atteste l'antique
affluence des spectateurs de la solennité de Délos.
Plus tard, les insulaires et les Athéniens y envoyèrent
des chœurs et des offrandes sacrées. Il est probable
que les malheurs des temps avaient interrompu ces
jeux, jusqu'à l'époque dont nous parlons, et où les
Athéniens les rétablirent, en instituant des courses de
chevaux, spectacle dont on n'avait point joui auparavant.
Ces détails, Messieurs, ont un intérêt spécial, puisqu'ils tiennent à l'histoire des fêtes, des jeux et des
exercices gymnastiques de l'antiquité : on regrette seulement qu'ils soient si rares et si rapides dans les livres
de Thucydide et dans ceux de ses contemporains. La
citation qu'il vient de faire de treize vers, qu'il attribue à Homère, a dû vous sembler digne d'attention.
On y peut remarquer d'abord qu'il transcrit Ἀλλ' ἄγεθ'
ἱλήκοι, au lieu des mots Ἀλλ' ἄγε δὴ Λητώ, qui se lisent
dans les autres copies de cet hymne, et d'après lesquels il faut traduire, ô vous, Latone, et non plus
soyez-nous propices. Ce qui mérite le plus d'être observé,
c'est que notre historien n'hésite point à nommer Homère comme l'auteur de l'hymne à Apollon. Ὅμηρος...
ἐν τοῖς ἔπεσι τοῖσδε ἅ ἐστιν ἐκ προοιμίου Ἀπόλλωνος. L'o-
pinion commune est pourtant aujourd'hui que ce poëte
n'a point composé ces hymnes, que ce sont les ouvrages de quelques-uns des rhapsodes qui chantaient ses
vers : c'est une question que nous n'avons point à traiter en ce moment, mais dans l'examen de laquelle il est
au moins à propos de tenir compte de cette citation
faite par Thucydide, ainsi que de celle de quelques au-

tres vers de ces mêmes hymnes, dans Diodore de Sicile.

Les Ampraciotes, fidèles à l'engagement qu'ils avaient pris avec Euryloque, marchèrent au nombre de trois mille hoplites contre Argos d'Amphiloquie, entrèrent dans l'Argie, et prirent Olpes, place jadis fortifiée par les Acarnanes, qui en avaient fait le siége d'un tribunal ; elle est à vingt-cinq stades d'Argos, ville maritime. Les Acarnanes se partagèrent : les uns secoururent Argos, les autres campèrent en un lieu nommé les Fontaines, dans l'Amphiloquie, afin d'observer Euryloque et les Péloponnésiens, et de les empêcher de se joindre aux Ampraciotes. Ils offrirent le commandement à Démosthène, et demandèrent vingt vaisseaux qui côtoyaient le Péloponnèse, sous la conduite d'Aristote et d'Hiérophon. De leur côté, les Ampraciotes implorèrent le secours de tous les habitants d'Olpes : ils craignaient, si Euryloque ne pouvait traverser l'Acarnanie, de se voir réduits ou à combattre seuls, ou à tenter une retraite périlleuse. Mais déjà Euryloque et ses Péloponnésiens accouraient pour les soutenir ; la troupe d'Euryloque passa l'Acheloüs ; elle avait à sa droite la ville et la forteresse de Stratos, à gauche le reste du pays des Acarnanes, qui étaient partis pour défendre Argos. Elle traversa la campagne des Stratiens, se dirigea par Phytie, Médéon et Limnées, entra chez les Agréens, gagna la partie inculte du mont Thyamus, le franchit, descendit de nuit dans l'Argie, marcha sans être aperçue entre Argos et les Fontaines, espace où était l'armée d'observation des Acarnanes, et rejoignit enfin les Ampraciotes devant Olpes. Les deux troupes campaient ensemble à Métropolis, quand les

X.   11

Athéniens arrivèrent, avec vingt galères, au golfe d'Ampracie. Démosthène survint avec deux cents hoplites
messéniens et six cents archers d'Athènes : élu général de cette confédération, et partageant néanmoins le
commandement avec les chefs des alliés, il les conduisit
près d'Olpes. Il n'y avait qu'un ravin entre son camp
et celui des Péloponnésiens. On se tint en repos durant
cinq jours; le sixième, on se mit, des deux parts, en
ordre de bataille. Démosthène, qui craignait d'être en-
veloppé par une armée plus forte que la sienne et
occupant plus de terrain, mit en embuscade quatre
cents hommes tant hoplites que troupes légères, et se
plaça lui-même à l'aile droite, composée de Messéniens
et d'Athéniens; les Acarnanes et des archers amphiloques formaient l'aile gauche. Euryloque, après avoir
disposé ses Spartiates, les autres Péloponnésiens, les Ampraciotes, les Mantinéens, se porta en face de Démosthène, et obtint des succès au commencement de la
bataille. L'aile droite des Athéniens était enveloppée;
mais les soldats qu'ils avaient embusqués, mirent en
déroute l'aile péloponnésienne que commandait Antilo-
que; et Démosthène reprit l'avantage. Les Ampraciotes,
quoique vainqueurs de leur côté, se virent contraints
de se sauver à Olpes, et il en périt un grand nombre,
qui se jetaient confusément dans cette place. Les Mantinéens opérèrent leur retraite avec plus de discipline
ou de bonheur. L'action finit sur le soir.

Euryloque et Macarius y avaient perdu la vie. Ménédée, qui prit le commandement, envoya demander à
Démosthène et aux chefs acarnanes la permission
de se retirer et d'enterrer les morts. Ce dernier article
fut accordé; et les Athéniens recueillirent aussi les corps

de trois cents guerriers qu'ils venaient de perdre. Mais ils s'opposèrent à la retraite de l'armée ennemie. Seulement ils autorisèrent en secret Ménédée et d'autres chefs à s'éloigner d'elle. C'était un moyen d'affaiblir les Ampraciotes et de rendre Sparte suspecte à la Grèce. Sur la nouvelle de la marche d'une autre troupe d'Ampraciotes partis de leur ville, Démosthène fit placer une embuscade sur leur route et se tint prêt à s'y transporter. Tandis qu'il s'occupait de ces mesures, les Mantinéens et les Ampraciotes vaincus sous Olpes tentèrent de s'évader : on en extermina plus de deux cents : les autres réussirent à se réfugier dans l'Agraïde, où le roi Salynthius, leur ami, s'empressa de les accueillir: Quant à ceux qui s'avançaient vers Olpes, ils n'allèrent pas plus loin que les tertres d'Idomènes. Démosthène y fondit sur eux, dissipa les uns, massacra les autres : les fuyards tombèrent dans des ravins ou dans des embuscades; fort peu rentrèrent dans leurs foyers. Je n'ai pas écrit le nombre des morts, dit Thucydide, parce que, tel qu'on le rapporte, c'est une perte incroyable, pour un si petit peuple. Ce que je sais, c'est que si les Acarnanes et les Amphiloques eussent voulu croire Démosthène, ils pouvaient prendre d'emblée Ampracie; mais ils craignirent que les Athéniens, une fois en possession de cette ville, ne devinssent des voisins trop dangereux pour eux-mêmes. Les troupes d'Athènes eurent le tiers des dépouilles, et le perdirent sur mer. Le reste se partagea entre les alliés : trois cents armures complètes, qui demeurèrent exposées dans les temples de l'Attique, avaient été la part personnelle de Démosthène, qui les rapporta sur ses vaisseaux, lorsqu'il rentra dans sa ville, ayant réparé, par ses derniers exploits, ses fautes ou ses malheurs en Étolie. Les Athéniens venus sur les vingt galères retournèrent à Naupacte. Après leur départ et celui de Démosthène, les Acarnanes et les Amphiloques permirent aux vaincus de quitter l'asile que leur avait fourni Salynthius : ils conclurent même dans la suite avec les Ampraciotes un traité d'alliance pour cent ans. Ce traité mit fin à la guerre entre ces peuples. Les Corinthiens envoyèrent à Ampracie une garnison de trois cents hoplites, que Xénoclidas commandait, et qui eurent beaucoup de peine à traverser l'Épire.

En Sicile, les Athéniens, après avoir fait une descente sur la côte d'Himère, de concert avec des Siciliens, qui, du côté opposé, se jetaient sur cette même campagne, passèrent dans les îles Éoliennes. En retournant à Rhégium, ils rencontrèrent Pythodore, qui venait remplacer Lachès dans le commandement de leur flotte. Les alliés siciliens avaient obtenu d'Athènes un plus grand nombre de vaisseaux auxiliaires : ils en avaient besoin pour secouer le joug de Syracuse. Athènes leur équipa quarante bâtiments, dans l'intention de hâter la fin de la guerre, et de s'entretenir dans l'exercice de la marine. Au surplus, ce n'était encore là qu'une sorte d'essai. Sophocle, fils de Sostratide, et Eurymédon, fils de Théoclès, devaient bientôt partir, à la tête d'une flotte plus considérable. Pythodore s'embarqua, vers la fin de l'hiver, pour occuper une forteresse que Lachès avait prise; mais un échec qu'il essuya le força de revenir.

Thucydide termine son troisième livre, comme nous

'avons déjà vu, Messieurs, par la mention d'une éruption de l'Etna, qu'il désigne ou semble désigner comme la seconde. Il dit que la première avait eu lieu cinquante ans auparavant, et ajoute qu'au moment où il écrit, il y en a eu trois en tout. Vous savez qu'on en conclut qu'il a vécu jusqu'en 395 au moins. Je ne reviens plus sur cette discussion.

Nous étudierons le quatrième livre dans notre prochaine séance.

SIXIÈME LEÇON.

Messieurs, le troisième livre de Thucydide a compris
la quatrième, la cinquième et la sixième année de la
guerre du Péloponnèse, qui correspondent à peu près
à 428, 427 et 426 avant notre ère. L'île entière de
Lesbos, excepté la ville de Méthymne, s'est détachée
des Athéniens. Cette défection a donné lieu au siége de
Mitylène, en même temps que Platée était investie par
les Péloponnésiens. Ces deux siéges et une invasion de
l'Attique sont les principaux faits à remarquer dans la
première des trois années que je viens de distinguer.
Dans le cours de la seconde, des jugements rigoureux
ont été prononcés contre les Mityléniens dans Athènes,
contre les Platéens par les Spartiates; et l'historien n'a
pas manqué de joindre à ces récits d'éloquents discours,
dont l'un, celui de Diodote pour les Lesbiens, a sauvé du
moins une grande partie des victimes. A l'occasion des
troubles qui ont agité Corcyre, Thucydide vous a présenté des observations sur les factions qui déchiraient la
Grèce. Il vous a exposé ensuite comment des tremblements de terre ont empêché de renouveler les incursions
sur le territoire des Athéniens. Les événements de la
troisième année ont été l'occupation de Messane par
des troupes athéniennes, la purification de l'île de
Délos, la fondation d'Héraclée par les Spartiates, l'expédition malheureuse du général Démosthène contre

les Étoliens, et sa victoire, près d'Olpes, sur les Péloponnésiens et les Ampraciotes.

Le livre IV, que nous allons ouvrir, embrassera aussi trois années, savoir les septième, huitième et neuvième de la guerre du Péloponnèse, 425, 424 et 423 avant l'ère vulgaire. Selon leur usage, les Péloponnésiens vinrent au printemps dévaster l'Attique. Les Athéniens côtoyaient le Péloponnèse, et y faisaient quelques descentes. Leur général Démosthène (que personne ne peut confondre avec l'orateur du même nom, qui n'était pas encore né) s'empara de Pylos, et s'y fortifia. Mais les Lacédémoniens, abandonnant l'Attique, vinrent assiéger Pylos par terre et par mer. Ce fut l'occasion d'une harangue militaire de Démosthène, assez courte pour vous être, Messieurs, rapportée tout entière : « Guer-
« riers, qui allez partager avec moi les mêmes périls,
« gardez-vous de les calculer. Il ne s'agit point, dans
« la nécessité qui nous presse, de faire étalage d'une
« vaine sagacité. Courez à l'ennemi sans réflexion,
« d'un commun accord, tous animés d'une confiance
« qui vous rendra vainqueurs. Lorsqu'on est réduit,
« comme nous le sommes, à une dangereuse extrémité,
« le moment de raisonner est passé ; il faut se précipi-
« ter au milieu des hasards. Je vois que nous devons
« espérer les chances les plus heureuses, si nous vou-
« lons tenir ferme, et, sans nous effrayer du nombre de
« nos ennemis, profiter de nos avantages, et ne point
« manquer à notre fortune. Nous avons en notre faveur
« l'accès difficile de cette côte ; c'est un allié qui com-
« battra pour nous, si nous restons inébranlables ; mais,
« tout escarpée qu'elle est, elle s'aplanirait, si vous
« n'étiez plus là pour la défendre. L'ennemi se mon-

« trerait plus redoutable, parce qu'il sentirait qu'une fois
« repoussé, il ne trouverait plus de retraite. C'est pen-
« dant qu'il est sur ses vaisseaux, que vous pouvez lui
« résister sans peine; s'il descend, la partie devient égale.
« Non, le nombre de ceux que vous avez à vaincre, ne
« doit pas vous effrayer : quel qu'il puisse être, peu se
« présenteront au combat, à cause de la difficulté de
« prendre terre. Entre deux armées rangées en plaine,
« le nombre, quand les autres avantages sont pareils,
« peut bien sembler une force de plus; mais c'est de
« leurs vaisseaux que vos ennemis vont engager une
« bataille, exposés à tous les accidents de la mer, or-
« dinaires ou imprévus. Croyez-moi, ils rencontreront
« assez d'obstacles, pour que l'infériorité de votre nom-
« bre soit compensée. Vous savez, par expérience, com-
« bien une descente est pénible, en face des défenseurs
« d'un rivage : il suffit qu'ils osent résister, qu'ils s'obs-
« tinent à ne point reculer, qu'ils ne soient pas plus épou-
« vantés de l'approche impétueuse des galères que du
« bruit tumultueux des vagues ; on ne parviendra point
« à les forcer. Mais je parle à des Athéniens; ils sau-
« ront attendre et combattre l'ennemi sur cette plage
« rocailleuse, se conserver eux-mêmes, et garder le
« poste qui leur est confié. »

En effet, Messieurs, les Athéniens se rangèrent en
bataille sur le rivage. Les Lacédémoniens s'avancèrent:
ils avaient, sous la conduite de Thrasymélidas, qua-
rante-trois vaisseaux qui se partagèrent en petites divisions, et vinrent tour à tour à la charge, s'efforçant de
repousser les Athéniens et d'enlever les retranchements.
Brasidas, qui commandait une trirème, se distingua par
une bravoure héroïque, et reçut de glorieuses blessu-

res. En cette journée, par un échange d'habitude et de fortune, les Spartiates se montrèrent habiles marins, et les Athéniens défenseurs invincibles d'une terre qui ne leur appartenait pas. Arrivèrent les quarante navires de Zacynthe, auxquels s'étaient joints quatre bâtiments de Chio, et quelques-uns de ceux qui venaient de stationner en observation près de Naupacte. Cette flotte, en voyant l'île de Sphactérie et le continent couverts d'hoplites, et dans le port de Pylos des vaisseaux qui ne sortaient pas, ne savait pas trop où prendre terre. Elle gagna Prôté, île déserte du voisinage, et y passa la nuit. C'était pour Démosthène un renfort qui décida sa victoire. Les Athéniens dressèrent un trophée, rendirent aux ennemis leurs morts, prirent les débris des vaisseaux, et investirent Sphactérie, empêchant les Lacédémoniens qui y étaient renfermés d'en sortir et de recevoir des vivres : cette île s'étend en face et à peu de distance du port de Pylos, qu'elle met à l'abri des vents, et dont elle rend les passages fort étroits : elle n'a guère que quinze stades de longueur.

A la nouvelle de ces événements, les magistrats de Lacédémone, comme dans une grande calamité, se transportèrent sur les lieux ; et, reconnaissant qu'il était impossible de secourir leurs guerriers, ne voulant pas néanmoins les exposer à périr par la famine ou à tomber au pouvoir de l'ennemi, ils songèrent à négocier. Un armistice fut conclu sous les conditions suivantes : que les Lacédémoniens livreraient et conduiraient à Pylos les vaisseaux sur lesquels ils avaient combattu et tout ce qu'ils avaient de grands navires dans la Laconie ; qu'ils n'attaqueraient la forteresse ni par mer ni par terre ; qu'il serait permis de porter à la

troupe renfermée dans l'île une quantité déterminée
de blé moulu, savoir, deux chenices attiques de farine
par homme, deux cotyles de vin et un morceau de
viande, et la moitié pour les valets; que chaque jour
ces envois seraient visités par les Athéniens; qu'aucun
bâtiment n'irait furtivement dans l'île ; que les Athéniens continueraient de faire bonne garde autour de ses
rivages, sans y descendre, et sans reprendre les armes
sur terre ni sur mer contre l'armée péloponnésienne ;
qu'à la première violation du traité par l'un des partis,
il serait tenu pour rompu; que d'ailleurs l'armistice
durerait jusqu'à ce que les députés de Lacédémone fussent revenus d'Athènes, où les Athéniens les transporte-
raient, et d'où ils les ramèneraient sur une trirème; qu'à
leur retour, les vaisseaux péloponnésiens seraient rendus
dans l'état où ils auraient été livrés. On en livra environ soixante; et les députés de Sparte partirent pour
Athènes, où ils proposèrent la paix. « Aujourd'hui,
« dirent-ils, ce ne sera point manquer à nos coutumes
« que de prononcer un long discours; car nous ne
« sommes point dans des circonstances où peu de pa-
« roles suffisent. Reconnaissez à nos malheurs l'in-
« constance du sort ; ils vous avertissent de vous défier
« de la fortune qui vient d'accroître votre puissance et
« votre gloire. Profitez de ses faveurs, pour n'avoir point
« à lui en demander d'autres, qu'elle vous refuserait.
« Nous vous offrons paix, alliance, amitié, inti-
« mité : nous ne demandons en retour que nos con-
« citoyens enfermés à Sphactérie. Hâtons-nous de nous
« réconcilier avant qu'il survienne quelque grand dé-
« sastre qui nous diviserait par des ressentiments im-
« placables. Terminons la guerre, quand le succès en est

« encore indécis ; terminons-la, nous, après un revers
« médiocre et avant une défaite honteuse ; vous, avec
« la gloire de vos derniers exploits, et en obtenant no-
« tre amitié. Lorsqu'une fois nos deux républiques
« n'auront qu'une volonté, elles donneront des lois,
« la paix et le bonheur à la Grèce entière. » Pour le
malheur d'Athènes, le démagogue Cléon fit repousser
ces propositions par la multitude. Les députés lacédémoniens demandèrent qu'au moins il fût nommé
des commissaires chargés de discuter mûrement les articles d'un traité ou d'une trêve : Cléon s'emporta plus
violemment encore, disant qu'il était bien clair qu'on
voulait trahir le peuple, puisqu'on refusait de s'expliquer devant lui. Il y avait lieu, ce semble, de composer
ici deux grands discours de Cléon ; mais cette fois
Thucydide se contente d'en indiquer sommairement le
sujet, le motif et le résultat. Les ambassadeurs quittèrent Athènes sans avoir rien obtenu : à leur retour
près de Pylos, l'armistice cessa ; ils redemandaient leurs
vaisseaux : les Athéniens ne les rendirent point, allé-
guant divers prétextes et se plaignant surtout d'une
tentative faite contre la place, en dépit du traité. Les
Lacédémoniens, dont les réclamations n'étaient plus
écoutées, recommencèrent les hostilités, qui furent
poussées vigoureusement de part et d'autre. Les Athéniens faisaient chaque jour le tour de l'île, avec deux
vaisseaux qui se croisaient, et la nuit toute leur flotte
demeurait en station, excepté du côté de la haute mer,
quand le vent la rendait impraticable. Il leur vint un
renfort de vingt bâtiments. Quant aux Péloponnésiens
campés sur le continent, ils livraient des assauts, et s'efforçaient de délivrer leurs guerriers enfermés.

Cependant une flotte syracusaine se battait au détroit du Pélore contre des galères athéniennes, et la
victoire restait douteuse. Les Locriens levaient le siége
de Rhégium ; les Léontins et les Athéniens formaient
sans succès celui de Messane. Ceux qui continuaient à
Pylos de tenir l'île de Sphactérie enveloppée, commençaient à souffrir de la disette d'eau et de vivres.
N'ayant dans la citadelle qu'une seule source, qui n'é-
tait pas abondante, ils creusaient le sable sur les bords
de la mer, et n'en retiraient qu'une boisson insalubre.
Resserrés dans un petit espace, ils campaient fort à
l'étroit ; et leurs vaisseaux, qui n'avaient point de rade
sûre, allaient alternativement chercher des vivres et se
mettre en station. Ils ne s'étaient pas attendus à un si
long séjour auprès de Sphactérie : ils avaient espéré de
réduire en peu de jours des soldats emprisonnés dans
une île déserte et ne buvant que de l'eau saumâtre.
Mais les Lacédémoniens avaient publié qu'ils paieraient
à un très-haut prix la farine, le vin, le fromage, les
autres subsistances qu'on fournirait aux assiégés, et
assuré l'affranchissement aux hilotes qui se charge-
raient de transporter ces marchandises. Excités par
l'appât du gain, des paysans et des esclaves bravaient
la mort pour approvisionner cette île. Des plongeurs
y passaient de la côte voisine, traînant après eux des
outres, qui renfermaient des aliments. On commençait
à se repentir dans Athènes d'avoir rejeté les propositions pacifiques ; on craignait que les Spartiates,
désormais rassurés, ne les renouvelassent plus ; et les
esprits s'aigrissaient contre Cléon, qui soutenait effron-
tément que toutes les nouvelles concernant Sphactérie
étaient fausses. On le choisit pour aller lui-même en

prendre une connaissance exacte : il n'accepta point cette mission ; et, pour jeter des soupçons sur Nicias qu'il n'aimait pas, il protesta qu'il serait facile à des généraux, gens de cœur, de s'emparer de Sphactérie, et d'y exterminer la garnison lacédémonienne. Nicias répondit qu'il consentait à céder à Cléon le commandement des troupes et la gloire de cette entreprise. Cléon, ne croyant pas que cette offre fût sérieuse, l'accepta. Quand il vit que l'on ne plaisantait point, il tergiversa, disant qu'après tout il n'était point général. Nicias donna sa démission, et le peuple qui, en de telles occasions, reprenait toujours son empire sur ses propres chefs, enjoignit à Cléon de s'embarquer. Ne pouvant plus se retirer du mauvais pas où il s'est engagé, Cléon déclare qu'il ne lui faut que peu de troupes et qu'avant vingt jours il amènera les Lacédémoniens prisonniers, s'il ne les a laissés morts sur la place. La multitude riait de sa forfanterie : les bons citoyens se réjouissaient de voir que de deux grands bonheurs l'un était immanquable, ou d'être délivré de Cléon, ou de soumettre les Spartiates. Quand Thucydide fait cette réflexion, à la suite d'un récit où la perversité de Cléon est si parfaitement dévoilée, on ne conçoit pas qu'on ait pu l'accuser d'avoir ménagé cet odieux personnage. C'est, Messieurs, ce que je vous ai déjà fait observer, en vous exposant l'histoire particulière de la vie et des travaux de cet historien.

Contre toute apparence, l'issue de l'entreprise fut telle que Cléon l'avait annoncée. Lui et Démosthène entrèrent à Sphactérie, poussèrent l'ennemi de poste en poste, et l'acculèrent au fond de l'île ; les Lacédémoniens s'étaient réfugiés dans un fort qui semblait inaccessible. Là, rangés en bataille, ils se défendirent avec un courage héroïque pendant plusieurs heures, résistant aux fatigues, à la chaleur, à la soif, autant qu'aux troupes athéniennes. On ne vint à bout d'eux qu'en les prenant en queue: il fallut qu'une partie des soldats de Cléon et de Démosthène gravît des lieux escarpés, se glissât dans le fort sans être aperçue et vînt inopinément attaquer les Spartiates par derrière. Dans cette extrémité, ils essayèrent de se retirer, mais on leur ferma tous les passages. Cléon, qui les voulait amener vifs au peuple d'Athènes, les ménagea jusqu'au moment où ils se rendirent enfin. Il en avait péri cent vingt-huit; il en restait un peu moins de trois cents, dont cent vingt étaient des citoyens de la ville même de Sparte. Lorsqu'ils furent arrivés à Athènes, on résolut de les garder prisonniers jusqu'à la paix, mais avec cette horrible réserve, qu'on les égorgerait au moment où leurs compatriotes remettraient le pied dans l'Attique. Le siége de l'île avait duré soixante-douze jours. Les Athéniens mirent une garnison à Pylos, et les Messéniens de Naupacte envoyèrent les plus belliqueux de leurs gens dans cette place, qu'ils regardaient comme leur patrie; car Pylos avait appartenu à l'ancienne Messénie. Ces troupes saccagèrent la Laconie; et, comme elles parlaient la langue de cette contrée, elles y firent beaucoup de mal. Jusqu'alors les Lacédémoniens n'avaient pas essuyé de pillages; il leur fallait s'exercer à un nouveau genre de guerre. Leurs hilotes désertaient, et leurs campagnes étaient menacées de révolutions funestes. Ils supportaient impatiemment ces malheurs, et, malgré l'envie de dissimuler leur affliction ou même leur terreur, ils envoyèrent des dépués aux Athéniens pour redemander Pylos et les trois cents prisonniers. Athènes, qui portait ses prétentions très-haut, reçut plusieurs ambassades, et les renvoya sans rien accorder.

En ce même été, les Athéniens équipèrent quatre-vingts vaisseaux, qui, chargés de deux cents chevaux, de deux mille soldats, et d'alliés venus de Milet, d'Andros et de Caryste, se dirigèrent sur Corinthe. L'embarquement s'opéra avant l'aurore : on aborda entre la Chersonèse et Rhytum, au lieu où jadis avaient campé les Doriens armés contre les Corinthiens d'origine éolienne. Là se voyait, sur une colline, la bourgade nommée Solygie, à douze stades du rivage, à soixante de Corinthe, à vingt de l'isthme. Informés de l'arrivée prochaine de cette armée, les Corinthiens s'étaient rassemblés sur cet isthme; ils avaient envoyé cinq cents hommes en garnison dans l'Ampracie et la Leucadie. D'autres veillaient à reconnaître le moment et le lieu de la descente, mais les Athéniens les trompèrent en abordant de nuit; et leur arrivée ne put être annoncée que par des signaux plus tardifs. Un premier combat s'engagea vivement et corps à corps : l'aile droite des Athéniens et des Carystiens repoussa, mais avec peine, les Corinthiens; ceux-ci se postèrent sur un terrain élevé, chantèrent le Pæan, et revinrent à la charge en accablant l'ennemi de pierres. Après avoir soutenu ce nouveau choc, les Athéniens, voyant arriver un renfort de troupes corinthiennes, regagnèrent leurs vaisseaux, et bientôt en redescendirent. On recommença de se battre avec acharnement : la cavalerie athénienne mit en fuite les Corinthiens, qui perdirent la plus grande partie de leur aile droite et leur général Lycophron.

Les vainqueurs dépouillèrent les morts de l'armée ennemie, recueillirent les leurs, et dressèrent un trophée : les vaincus parvinrent encore à s'établir sur une hauteur, et y reçurent des renforts, d'abord une de leurs troupes qui était restée campée à Cenchrée, puis les vieillards accourus de leur cité, à la nouvelle de tant de malheurs et de périls. Les Athéniens crurent que c'étaient des secours envoyés à l'ennemi par des villes voisines : ils remontèrent sur leurs navires, emportant les dépouilles et tous leurs morts, excepté deux qu'ils n'avaient pu trouver, et qu'on leur rendit sur leur demande. Vous remarquerez, Messieurs, cette particularité, comme un exemple de la haute importance que les anciens attachaient aux sépultures. Athènes avait perdu un peu moins de cinquante guerriers, les Péloponnésiens bien davantage. Après un court séjour dans les îles du voisinage, les Athéniens se portèrent sur Crommyon, à cent vingt stades de Corinthe, y prirent terre, et ravagèrent les champs. Le lendemain, ils voguèrent vers l'Épidaurie, y firent une descente, et passèrent entre Épidaure et Trézène, à Méthone, qu'ils fortifièrent, et où ils laissèrent une garnison, avant de s'en retourner sur leur flotte. Nicias avait été le chef de cette expédition. Les résultats n'en étaient pas très-considérables : après des vicissitudes de succès et de revers, les Corinthiens avaient été vaincus; mais, comme il leur restait des corps de troupes qui n'avaient point combattu, les vainqueurs prenaient le parti de se retirer et se contentaient d'avoir dévasté les côtes.

Pendant ces combats, Eurymédon et Sophocle, partis de Pylos, et arrivés sur leur flotte à Corcyre, se joignaient au plus grand nombre des habitants pour attaquer la faction qui, après les troubles, s'était établie sur le mont Istône. On emporta le fort qui servait d'asile à ces bannis; mais ils se réfugièrent sur une colline. Par capitulation, ils rendirent les armes, et se soumirent au jugement que porterait sur eux le peuple d'Athènes. Les généraux promirent de les transporter dans l'île de Ptychie, où ils seraient gardés jusqu'à leur translation dans l'Attique; mais, si un seul d'entre eux venait à être pris en essayant de s'évader, la convention serait annulée pour tous les autres. On abusa de cette disposition pour leur tendre un piége; des Corcyréens leur offrirent des moyens d'évasion, et les pressèrent d'en profiter, en leur inspirant de fausses alarmes. Quelques-uns de ces malheureux se laissèrent persuader, et furent arrêtés au moment de leur départ. Thucydide avoue que les généraux athéniens favorisèrent cette lâche intrigue. On renferma toutes les victimes dans un vaste édifice, d'où on les retirait par vingtaine, pour les faire passer entre deux haies d'hoplites, qui les frappaient impitoyablement. Il en périt ainsi soixante. Les autres ne voulurent pas sortir de leur prison; les Corcyréens montèrent sur les combles, enlevèrent les toits, firent pleuvoir les traits et les tuiles : plusieurs de ces prisonniers se percèrent ou s'étranglèrent de leurs propres mains; on extermina le surplus. Ce massacre dura toute une nuit; au point du jour, on jeta les cadavres sur des charrettes, et on les transporta hors de la ville. Telle fut l'exécrable fin des troubles de Corcyre; ainsi s'éteignait dans cette île la faction péloponnésienne, coupable sans doute, mais immolée avec barbarie et

X.   12

contre la foi d'un traité, par ordre ou du consentement des chefs de l'armée navale d'Athènes.

Les troupes que cette république avait à Naupacte, entrèrent en campagne, s'adjoignirent les Acarnanes, et prirent par trahison Anactorium, ville située à l'embouchure du golfe d'Ampracie : elles en chassèrent les Corinthiens qui la possédaient, et de nouveaux habitants vinrent de tous les points de l'Acarnanie s'y établir avantageusement. En automne, arriva un ambassadeur de Perse, porteur d'une lettre du roi Artaxerxe aux Lacédémoniens. Ce prince leur disait que plusieurs députés étaient venus de leur part à sa cour, mais qu'ils lui avaient fait des propositions si diverses qu'il ne comprenait point du tout ce qu'on désirait de lui; qu'il priait donc de lui envoyer un homme de confiance qui le pût mieux éclairer. Cette dépêche fut surprise par les Athéniens; et l'ambassadeur qui la portait conduit à Athènes, où l'on eut pour lui de grands égards. Les Athéniens le renvoyèrent avec des députés de leur ville qui devaient se présenter au roi de Perse; mais ces députés apprirent à Ephèse la mort d'Artaxerxe, et ne jugèrent pas à propos d'aller plus loin.

En commençant l'histoire de la huitième année de la guerre du Péloponnèse, Thucydide fait mention d'un tremblement de terre, et d'une éclipse de soleil qui est marquée en effet au 24 mars 424 dans la table de Pingré. Les exilés de Mitylène et d'autres Lesbiens rassemblèrent des troupes, s'emparèrent de Rhœtium, ne commirent aucun dégât dans cette ville, la rendirent moyennant une somme de deux mille statères de Phocée, et marchèrent ensuite sur Antandros, qu'ils prirent après y avoir pratiqué des intelligences. Leur dessein était de délivrer du joug des Athéniens toutes les autres villes dites Actées, c'est-à-dire situées sur les côtes. Ils avaient surtout à cœur de rentrer en possession d'Antandros, lieu propre à l'établissement d'un chantier de vaisseaux, parce qu'on y trouve du bois en abondance, qu'il est voisin du mont Ida, et peu éloigné de Lesbos. Les généraux athéniens Nicias, Nicostrate et Autoclès, à la tête de soixante vaisseaux, de deux mille hoplites, d'une cavalerie peu nombreuse, et d'alliés tant Milésiens que d'autres pays, allèrent attaquer Cythère, île voisine de la Laconie devant le promontoire de Malée. Les Spartiates en occupaient le circuit, et y envoyaient chaque année un magistrat qualifié cythérodice, juge de Cythère. Ils y entretenaient une garnison, et en retiraient, entre autres avantages, celui d'être préservés des pirates. Le port était d'ailleurs fréquenté par des marchands d'Égypte et de Libye. Les Athéniens y prirent terre : ils vinrent à bout, avec leurs deux mille hoplites, et six de leurs galères, d'emporter d'abord une place maritime nommée Scandie. Le reste de leur armée descendit dans une autre partie de l'île, et marcha contre la ville même de Cythère, dont elle trouva tous les habitants sous les armes. On se battit : les Cythéréens, bientôt vaincus, se retirèrent dans leur ville haute, et capitulèrent, se livrant à discrétion, sous la seule condition de la vie sauve. Nicias s'était d'avance entendu avec des bourgeois, ainsi qu'il se pratiquait fort souvent en pareil cas : aussi s'accorda-t-on bien vite sur les articles du traité : on ne déporta de l'île que les Lacédémoniens qui s'y étaient établis. De là, les Athéniens s'élancèrent sur Asiné, sur Hélos, sur d'autres lieux maritimes, dont ils ravagèrent les campagnes durant sept jours. Les Spartiates, après les revers qu'ils venaient d'éprouver, craignaient qu'il ne s'ensuivît quelque révolution dans leur gouvernement : ils formèrent, contre leur usage, un corps de quatre cents cavaliers, et levèrent des archers. Ils se tinrent presque partout en repos, pendant que l'ennemi dévastait leurs domaines. Une seule de leurs garnisons osa se défendre vers Cortyrte et Aphrodisia : elle fondit sur des troupes légères qui s'étaient dispersées et les mit en fuite; mais elle se retira devant les hoplites, et perdit quelques hommes, dont les armes restèrent aux mains des Athéniens, qui en dressèrent un trophée. Thyrée était le nom d'une ville de la Cinurie, pays qui séparait la Laconie du territoire d'Argos. Les Lacédémoniens avaient donné cette place à des Éginètes exilés de leur patrie, et desquels ils avaient reçu des services aux temps du tremblement de terre et de la révolte des hilotes. Quand les Athéniens s'approchèrent de Thyrée, les Éginètes en abandonnèrent les fortifications, et gagnèrent la ville haute, à dix stades de là. Une garnison lacédémonienne, postée en ce pays, songea aussi à la retraite, et, ne se croyant pas en état de combattre, se tint dans l'inaction sur des hauteurs. Les Athéniens s'avancèrent avec toutes leurs forces, emportèrent la place, y mirent le feu, et rentrèrent dans Athènes, emmenant prisonniers les Éginètes qui n'avaient pas été tués dans l'action, et le général des Lacédémoniens, Tantale, couvert de blessures. Au nombre des captifs se trouvaient quelques Cythéréens, qu'on transporta dans des îles. Mais on mit à mort tout ce qu'on avait pris d'Éginètes, horrible effet de l'ancienne

aversion qu'Athènes avait vouée à ce peuple. Tantale
fut renfermé dans une prison.

En Sicile, un congrès se forme à Géla, où les députés de toutes les villes essayent de se concilier. Un discours d'Hermocrate les ramène tous à leur intérêt commun. Les Athéniens y sont signalés comme les plus
perfides ennemis de la Sicile. Ils aspirent à la dépouiller et à l'asservir; ils y provoquent des guerres intes-
tines. Le salut des Siciliens est de n'en plus attendre
que d'eux-mêmes, et de se préserver de toute influence
étrangère. « Chassons, dit l'orateur, chassons de notre
« patrie, des ennemis dont les armes sont levées sur
« nos têtes; réunissons-nous dans une paix éternelle,
« ou, si c'est trop demander, concluons du moins une
« longue trêve, et remettons à d'autres temps la déci-
« sion de nos démêlés. Oui, si vous daignez suivre mes
« avis, chacun de nous, citoyen d'une ville libre, pourra
« toujours récompenser ou punir en souverain ceux
« qui lui auront fait ou du bien ou du mal. Mais si
« vous ne m'en croyez pas, si vous écoutez d'autres
« conseils, loin d'être en état de vous venger, vous se-
« rez contraints à devenir les amis de vos ennemis les
« plus mortels, les ennemis de ceux que vous devez
« aimer; et des conditions si dures seront vos plus
« heureuses ressources. Pour moi, citoyen d'une répu-
« blique puissante, plutôt maîtresse d'attaquer que ré-
« duite à se défendre, je vous conjure de ne plus vous
« laisser emporter par un fol esprit de parti, mais de
« vous accorder entre vous pour faire du mal à vos en-
« nemis, et ne plus vous en faire à vous-mêmes. Je sais
« que je n'exerce aucun empire sur la fortune. Je ne me
« crois pas maître d'elle comme je le suis de ma pen-

« sée; et je reconnais que je dois céder à la nécessité.
« Je vous engage à suivre mon exemple, et à ne point
« attendre que vous y soyez forcés par ceux qui vous
« haïssent. » Ici, Messieurs, il y a lieu de penser
qu'Hermocrate s'identifie avec la cité de Syracuse, au
nom de laquelle il parle; et, lorsqu'il allègue ainsi sa position, ses sentiments, son exemple, il s'agit bien moins
de lui-même que du peuple syracusain. « Voisins
« comme nous le sommes, dit Hermocrate en finissant,
« habitants d'une même contrée, que la mer enveloppe,
« nous portons tous un nom commun, celui de Siciliens.
« Je prévois bien que nous nous ferons la guerre, quand
« les circonstances nous y entraîneront; des traités se
« concluront ensuite, par lesquels nous parviendrons
« à nous réconcilier; mais aujourd'hui, si nous sommes
« sages, resserrons-nous étroitement contre les étran-
« gers, de peur que, séparément frappés, nous ne su-
« bissions tous un désastre commun. N'appelons plus
« à l'avenir ni alliés ni conciliateurs; cette réserve est
« nécessaire pour ne pas priver la Sicile de deux grands
« biens : l'un d'être délivrée des Athéniens, l'autre d'é-
« chapper aux calamités d'une guerre intestine. Sa-
« chons habiter ensemble un pays libre, et le préserver
« des manœuvres extérieures. »

Persuadés par ce discours d'Hermocrate, que j'ai,
Messieurs, beaucoup abrégé, les Siciliens consentirent
à une pacification. Chacun garda ce qu'il possédait. Les
habitants de Camarina acquirent Morgantine moyennant une somme d'argent qu'ils payèrent aux Syracusains. Les Athéniens, devenus ainsi odieux à la Sicile,
au sein de laquelle ils avaient, en effet, semé la discorde,
firent une tentative sur Mégare, et y introduisirent quel-

ques troupes; voici par quel stratagème. Des Mégariens, qui trahissaient leur patrie, avaient obtenu, depuis longtemps, la permission de se faire ouvrir une
porte pour transporter de nuit sur une charrette, à
travers le fossé, un canot à deux rames, qui leur servait
à exercer en mer la piraterie. Ils le rapportaient avant
le jour, et le faisaient rentrer par cette porte. Au
moment où elle s'ouvrait à cet effet, des Athéniens
d'intelligence avec les prétendus pirates, accoururent
de leur embuscade, tuèrent les gardes, et pénétrèrent
dans la place; mais, le complot qu'ils avaient tramé avec
leurs affidés ayant été découvert, ils ne purent vaincre
la résistance des habitants et tournèrent leurs efforts
sur la citadelle de Nicée, dont ils s'emparèrent. Brasidas
était alors aux environs de Corinthe, où il rassemblait
une armée pour la Thrace. Il manda aux Béotiens de
venir à sa rencontre à Tripodisque, bourg de la Mégaride, au pied du mont Géranie. Il partit lui-même
avec deux mille sept cents hoplites corinthiens, quatre
cents de Phliunte, six cents de Sicyone, et tout ce qu'il
avait de troupes déjà réunies, espérant de sauver au
moins Mégare, s'il ne réussissait pas à reprendre Nicée. Les Mégariens de l'une et de l'autre faction s'ac-
cordèrent à ne point le recevoir : ils aimaient mieux
attendre et observer les événements, laisser les Athéniens et les Péloponnésiens engager entre eux une bataille. Cependant les Béotiens parurent; et dès lors
Brasidas eut sous ses ordres six mille hommes d'infanterie et six cents de cavalerie. Il attaqua l'armée athénienne, et la mit en déroute ; mais elle ne tarda point à
se rétablir, et les avantages se contre-balancèrent. Brasidas s'approcha de Mégare et présenta aux Athéniens

une bataille nouvelle qu'ils ne voulurent pas risquer.

Leurs généraux Démodocus et Aristide, envoyés pour recueillir des tributs, étaient aux environs de l'Hellespont : ils apprirent que les Mityléniens se disposaient à fortifier Antandros; aussitôt ils mirent à la voile, et par des succès en plusieurs combats ils empêchèrent l'exécution de ce projet. Leur collègue Lamachus, entré dans le Pont-Euxin, y fut moins heureux : une tempête abîma ses vaisseaux, il revint par terre, avec son armée, à travers le pays des Thraces-Bithyniens, et se rendit à Chalcédon, colonie de Mégare. Démosthène avait quitté la Mégaride, et conduit quarante bâtiments à Naupacte. Il fomentait des troubles dans la Béotie, attachait les OEniades au parti d'Athènes, et armait pour la même cause un grand nombre d'alliés. Il s'avança contre les Agréens et leur roi Salynthius, soumit plusieurs cantons, et se tint prêt à exécuter de plus grands desseins. Cependant Brasidas, maître de Mégare, vint à Corinthe et s'y prépara, sans délai, à une expédition en Thrace. Il traversa rapidement la Thessalie, la Macédoine, la Chalcide, enlevant plusieurs villes aux Athéniens, moins par la force des armes que par les intrigues qu'il avait su y ourdir. C'était un nouveau genre de guerre dans lequel on faisait, de part et d'autre, beaucoup de progrès. Deux factions partageaient la ville d'Acanthe, colonie d'Andros. Brasidas se présenta dans l'assemblée du peuple et y prononça une harangue, du moins Thucydide la rapporte. « Je « suis étonné, dit le général spartiate, que vous m'ayez « fermé vos portes. Nous pensions que vous aspiriez à « devenir nos alliés, que vous l'étiez déjà par les senti- « ments de vos cœurs. Mais, quand vous nous voyez ac-

« courir, à travers tant de pays et tant de périls, pour
« hâter votre délivrance, voulez-vous y mettre obstacle
« vous-mêmes, et vous opposer à cet affranchissement
« général de la Grèce, que nous avons entrepris? Je
« ne suis parti de Sparte qu'après avoir fait prendre
« aux magistrats l'engagement de laisser vivre sous leurs
« propres lois, tous les peuples que je déciderais à se
« joindre à nous. Ne craignez de notre part ni ruses
« ni violences. Nous ne ressemblons point aux Athé-
« niens. Ayez le courage de vous livrer à moi. Je ne
« viens m'allier parmi vous à aucun parti. Je ne veux
« ni soumettre le peuple à un petit nombre d'hommes
« puissants, ni fortifier contre les classes distinguées la
« faction populaire. Si vous repoussez la liberté, l'in-
« dépendance que je vous offre à tous, je prends à té-
« moin les dieux et les héros de cette contrée que je
« n'ai rien négligé pour vous inspirer des résolutions
« sages, et que, s'il advient que je dévaste vos domaines,
« vos injustes refus m'y auront forcé. J'obéirai à la néces-
« sité de sauver Sparte et la Grèce, Sparte que vous
« attaquez, en offrant vos richesses en tributs à ses
« ennemis, la Grèce dont vous empêchez la délivrance.
« Je vous permettrais de rester esclaves, si, en conser-
« vant vos chaînes, vous ne resserriez pas, autant qu'il
« est en vous, celles des autres peuples. Choisissez donc
« entre la liberté et la guerre. » Ce n'est là, Messieurs,
que le précis de la harangue que Thucydide prête à
Brasidas : les habitants d'Acanthe, après l'avoir entendue, délibérèrent par des suffrages secrets; et l'avis
du plus grand nombre fut d'abandonner le parti d'A-
thènes. L'armée péloponnésienne entra dans Acanthe,
et peu après dans Stagire, qui imita cette défection.

Brasidas était un missionnaire armé qui convertissait les peuples à Lacédémone.

En automne, les Athéniens, conduits par Hippocrate et Démosthène, marchèrent sur la Béotie. Des onze béotarques, dix pensaient qu'il ne fallait pas se presser de leur livrer bataille. Le onzième, nommé Pagondas, soutint l'opinion contraire. Le motif général, développé dans son discours, consiste à dire que le plus sûr moyen de repousser une agression est d'aller à la rencontre des agresseurs, et d'arrêter leurs premiers progrès. Cet avis prévalut : une bataille se donna près de Délium où les Athéniens étaient campés et fortifiés. Le récit qu'en fait Thucydide est précédé d'une harangue militaire d'Hippocrate, assez inutile, mais du moins fort courte. Les Athéniens furent défaits et mis en fuite. Nous apprenons de Platon et de Plutarque, que Socrate et Alcibiade combattaient dans l'armée athénienne et y donnaient des exemples de bravoure qui étaient mal imités. Thucydide ne fait pas ici mention de la présence de ces deux personnages célèbres. Les Béotiens vainqueurs assiégèrent Délium : à l'aide d'une machine que l'historien décrit, ils mirent le feu aux fortifications construites en bois. Une partie de la garnison périt; deux cents hommes furent faits prisonniers; le reste se réfugia sur la flotte et regagna l'Attique. Le général Hippocrate et environ mille des guerriers qu'il commandait étaient morts dans la bataille qui avait précédé le siége; les Béotiens n'en avaient perdu que cinq cents, ou même un peu moins. Démosthène renonçait à surprendre la ville de Siphes; les intelligences qu'il y entretenait n'amenaient aucun résultat : il tenta une descente dans les campagnes de Sicyone; sa flotte portait quatre cents hoplites agréens, acarnanes et athéniens. Mais, avant l'arrivée de ses vaisseaux sur la côte, les Sicyoniens accoururent, mirent ses soldats en fuite à mesure qu'ils descendaient, et les poursuivirent jusqu'à leurs bâtiments. Ils en retinrent plusieurs comme prisonniers, en tuèrent d'autres, dressèrent un trophée, et rendirent les morts. Vous voyez, Messieurs, que la fortune, longtemps favorable aux Athéniens, commençait à se déclarer pour leurs ennemis. Thucydide fait remarquer ici la coïncidence du siége de Délium avec la mort de Sitalcès, roi des Odryses. Ce prince périt, vaincu par les Triballes, auxquels il faisait la guerre; et son neveu Seuthès, fils de Sparadocus, lui succéda.

Brasidas marchait contre Amphipolis, colonie d'Athènes, sur le fleuve Strymon. C'est là que l'historien est obligé de se mettre lui-même en scène; et vous savez, Messieurs, qu'il n'attache son nom qu'à un revers. Le parti des traîtres, c'est-à-dire, des hommes voués aux Spartiates, était, dit-il, le moins nombreux dans Amphipolis. Les citoyens fidèles aux Athéniens empêchèrent d'ouvrir les portes à Brasidas, et adressèrent un message à un général qui commandait dans la Thrace, et qui se trouvait à Thasos. C'était Thucydide, fils d'Olorus, et auteur de cette histoire. Thasos est éloigné d'Amphipolis d'une demi-journée de navigation. Ayant reçu l'ordre de venir au secours de la place, à l'instant il se mit en mer avec sept vaisseaux; il voulait du moins occuper Éion avant l'arrivée des ennemis. Brasidas apprit que Thucydide possédait, dans cette partie de la Thrace, des fabriques pour l'exploitation des mines d'or, ce qui le plaçait au nombre des hommes les plus riches du continent. Une proclamation de Brasidas hâta la reddition d'Amphipolis; et tout ce que put faire Thucydide fut de s'assurer d'Éion et d'y offrir une retraite aux Amphipolitains les plus fidèles. La perte d'Amphipolis affligea vivement les Athéniens; ils en tiraient des tributs et du bois de construction; c'était d'ailleurs une clef de la Thrace : ils craignaient une défection générale des alliés qu'ils avaient dans ces cantons, et qui allaient être plus que jamais exposés aux séductions de Brasidas. Le caractère modéré de ce Lacédémonien le rendait extrêmement dangereux. Il porta la guerre dans la contrée qu'on appelle Acté, et qui, commençant au canal que le roi de Perse a fait creuser, comprend le mont Athos, les villes de Sané, Thyssus, Cléône, Dium, Acrothoos, Olophyxus. La plupart de ces cités se donnèrent à Brasidas. Leur population était un mélange de nations barbares parlant différentes langues. On y distinguait beaucoup de ces Pélasges qui, sous le nom de Tyrrhéniens, avaient habité Lemnos et Athènes. Le général lacédémonien n'ayant pu faire agréer ses propositions aux habitants de Dium et de Sané, il ravagea leurs campagnes, et courut attaquer Toroné, ville de Chalcidique, qu'une faction peu nombreuse promettait de lui livrer. Il y arriva de nuit, et, sans être aperçu d'aucun de ses ennemis, il campa sur un terrain consacré aux Dioscures (Castor et Pollux). Secondé par les manœuvres de ses affidés, il entra dans la place, et en occupa les points les plus élevés. La multitude s'agitait aveuglément; mais ceux qui étaient du complot et à qui cette révolution convenait, se mêlèrent aux Péloponnésiens. Des guerriers d'Athènes qui se trouvaient alors à Toroné, les uns périrent, les autres se réfugièrent dans un fort

situé au bord de la mer. Ils n'avaient pour s'y défendre
que de mauvaises murailles ; ils n'y soutinrent point
les assauts qu'on leur livra ; ceux d'entre eux qui échappèrent à la mort et à la captivité, cherchèrent un autre
asile à Pallène.

La guerre du Péloponnèse avait duré huit ans sans
aucun profit pour Athènes, ni pour les Spartiates,
malgré leurs derniers succès : l'une et l'autre république y avaient perdu beaucoup d'hommes et de richesses. Au printemps de la neuvième année, 423 avant
notre ère, une trêve d'un an fut conclue : Thucydide
ne nous fait pas connaître les négociations qui ont dû
précéder cet accommodement. C'est une omission grave,
et d'autant plus fâcheuse que Diodore de Sicile ne la
répare point d'une manière assez instructive. Mais Thucydide donne le texte du traité, et nous devons lui
savoir gré de ce soin ; car cette pièce est le plus ancien
monument de ce genre, et elle peut jeter quelque lumière sur les relations politiques des peuples de l'ancienne Grèce. En voici, Messieurs, une traduction tout
à fait littérale, ainsi qu'il convient en de telles matières :
« En ce qui concerne le temple et l'oracle d'Apollon
« Pythien, il nous plaît que qui voudra en use sans
« fraude et sans crainte, selon les lois de nos pères.
« Et cela plaît aussi aux Lacédémoniens et à leurs al-
« liés ici présents. Ils ont dit qu'ils le persuaderaient,
« autant qu'ils pourraient, aux Béotiens et aux Pho-
« céens, par le moyen d'un ambassadeur. En ce qui
« touche les trésors du dieu, nous ferons en sorte de
« découvrir les coupables, en nous conformant, vous
« et nous, exactement et justement aux lois de nos
« pères, aussi bien que les autres peuples qui accéde-

« ront à ce traité, tous en observant les lois de leurs
« pères. Il plaît donc aux Lacédémoniens et à leurs al-
« liés, si les Athéniens font la paix, qu'on demeure de
« part et d'autre dans ses positions, et que nous rete-
« nions ce que nous possédons actuellement. Les Lacé-
« démoniens se tenant à Coryphasion, entre Buphrade
« et Tomée ; les Athéniens à Cythère, sans que les uns
« ni les autres fassent d'alliances particulières, et sans
« avoir de commerce ni nous avec eux, ni eux avec
« nous. Ceux qui sont à Nisée et à Minoé ne dépasse-
« ront pas le chemin qui va de Pylos à la chapelle de
« Nisus et au temple de Neptune, et du temple de Nep-
« tune au pont en face de Minoé. Ni les Mégariens ni
« leurs alliés ne dépasseront ce chemin, ni l'île que les
« Athéniens ont prise. Ni les uns ni les autres n'auront
« de commerce ni d'affaires ensemble. Les Mégariens
« retiendront tout ce qu'ils ont maintenant à Trézène,
« et tout ce qui a été convenu entre eux et les Athé-
« niens. Ils auront l'usage de la mer, le long de leurs
« campagnes, et le long de celles qui appartiennent à
« leurs alliés. Les Lacédémoniens et leurs alliés n'au-
« ront pas de vaisseaux longs, mais seulement des na-
« vires à rames, du port de cinq cents talents. Les hé-
« rauts, les députés et leurs compagnons, envoyés, en
« quelque nombre que ce soit, pour finir la guerre ou
« régler les différends, iront et reviendront au Pélo-
« ponnèse et à Athènes, par terre et par mer, sous la foi
« publique. Pendant tout le temps de la trêve, on ne
« recevra nulle part de transfuges libres ni esclaves.
« Vous et nous, nous discuterons notre cause selon nos
« institutions, afin de décider, sans guerre, les points
« contestés. Voilà ce qui plaît aux Lacédémoniens et à

« leurs alliés : si vous trouvez quelque chose de mieux
« ou de plus juste, enseignez-nous-le, en venant à La-
« cédémone ; car rien de ce que vous aurez démontré
« être juste ne sera refusé par les Lacédémoniens ni
« par leurs alliés, mais que ceux qui viendront partent
« munis de pleins pouvoirs, comme vous voulez que
« nous fassions de notre côté. Et ces articles seront
« pour une année. Ainsi a-t-il plu au peuple. La tribu
« Acamantide était prytane : Phænippe greffier, et Ni-
« cias épistate (président). Lachès prononça cette
« formule : A la bonne fortune des Athéniens, trêve
« conclue, ainsi que les Lacédémoniens et leurs alliés y
« consentent, et les magistrats ont promis devant le
« peuple de maintenir cette trêve d'un an, dont le
« commencement est de ce jour, le quatrième après le
« 10 du mois élaphébolion (21 ou 22 mars). Pendant
« le cours de cette année, les députés et les hérauts, de
« part et d'autre, auront des entrevues pour traiter de
« la manière de finir la guerre. Les généraux et les
« prytanes convoqueront le peuple athénien pour le con-
« sulter sur la paix, à mesure qu'il viendra des députa-
« tions pour concilier les différends, et la première fois
« que les députés se présenteront, ils promettront au
« peuple de maintenir la trêve durant l'année entière. »

Tel était, messieurs, en ce temps-là, le style diplo-
matique. Il est resté presque aussi prolixe, il n'est peut-
être pas devenu plus clair. Brasidas n'apprit qu'avec
peine un accommodement qui déconcertait ses projets
et l'arrêtait dans sa course. Il n'abandonna point la
ville de Scione qu'il avait prise deux jours avant la
conclusion de la trêve. Les Scioniens se prétendaient
originaires des Pellènes du Péloponnèse ; ils racon-

taient que leurs ancêtres, au retour de l'expédition de
Troie, avaient été portés par la tempête dans la contrée qu'ils habitaient. Ils firent au général spartiate le
plus honorable accueil, lui décernèrent une couronne
d'or comme au libérateur de la Grèce, lui ceignirent la
tête de bandelettes, et le traitèrent comme un athlète
victorieux. Il leur laissa une garnison et partit; mais,
bientôt après, il fit passer dans leurs murs et dans
leur territoire des forces beaucoup plus considérables.
Un commissaire athénien survint et reconnut que la
défection des Scioniens était postérieure au traité. Ses
compatriotes, sur le compte qu'il leur en rendit, résolurent de reprendre Scione à main armée, et de punir
de mort les habitants. Cependant Brasidas faisait plus
que de retenir illégalement cette ville sous les lois de
Sparte : il recevait la soumission de Mendé, colonie
érétrienne, qui, à l'exemple de tant d'autres cités, abandonnait Athènes pour se livrer à lui. A cette nouvelle,
les Athéniens, de plus en plus irrités, se préparèrent
à se venger sans retard de ces violations de la foi publique. Informé de leur prochain embarquement, le
général lacédémonien fit transporter à Olynthe, dans
la Chalcidique, les femmes et les enfants de Scione et
de Mendé. Il envoya dans ces deux places cinq cents hoplites péloponnésiens et trois cents peltastes ou soldats
porteurs de boucliers. Enfin il trouva le moyen de continuer les hostilités, en s'alliant à Perdiccas, roi de Macédoine. Ils marchèrent ensemble contre les Lyncestes,
qu'ils défirent; mais les Illyriens étant venus renforcer
les vaincus, les deux chefs victorieux prirent le parti
de la retraite. Ils s'entendaient mal entre eux; ils ne
surent pas s'accorder sur le moment du départ. La nuit

survint : les Macédoniens et les barbares qui les suivaient, se livrèrent à l'une de ces folles terreurs qui
désorganisent quelquefois de grandes armées : ils se
figurèrent qu'une multitude innombrable d'ennemis allait tomber sur eux, et s'enfuirent vers leurs foyers.
Perdiccas se vit entraîné lui-même par ce mouvement,
dont il s'était aperçu trop tard. Brasidas, au lever de
l'aurore, apprit le départ ou la déroute de ses auxiliaires, et l'approche des Illyriens, qui venaient secourir les Lyncestes. Il rassemble toutes ses forces; il forme
un bataillon carré, place les troupes légères au centre,
donne, pour éviter toute surprise, l'emploi de coureurs
à ses plus jeunes guerriers, et se met à la tête de trois
cents hommes d'élite qui ferment la marche : il proté-
gera ainsi la retraite; il fera face aux premiers ennemis
qui le poursuivront de près. Quoiqu'il n'ait pas de temps
à perdre, il adresse pourtant une harangue à ses troupes.
« O Péloponnésiens, leur dit-il, je m'abstiendrais d'exciter
« votre ardeur guerrière, si je pouvais me dissimuler les
« alarmes que tant de barbares, déjà tout près de vous
« atteindre, doivent aujourd'hui vous inspirer. Quand
« vos alliés vous abandonnent, quand de nombreux
« ennemis s'avancent, de courtes exhortations ne sont
« pas superflues. Je dois vous dire que votre valeur
« vous reste, et qu'elle est un gage assuré de vos suc-
« cès; votre patrie n'est pas de celles où le petit
« nombre succombe; il y domine au contraire, il gou-
« verne l'État, et, dans les batailles, il régit encore la
« fortune. Redouter des barbares, ce serait ne pas
« les connaître. Leur faiblesse exrême est attestée par
« les épreuves que vous en avez faites et par les in-
« formations que j'ai prises. Vous saurez apprécier ce

X.   13

« qui n'a que l'apparence de la force, comme vous
« distingueriez la véritable valeur, qui ne s'empres-
« serait pas de s'étaler. Je sais quel effroi peuvent
« inspirer ces barbares à qui ne les a point éprouvés :
« leurs formes gigantesques étonnent; leurs cris hor-
« ribles jettent l'alarme ; ils secouent leurs armes d'un
« air menaçant : restez inébranlables devant eux; ils ne
« sont plus rien de ce qu'ils semblaient être. Ils ne sa-
« vent point garder leurs rangs ; dès qu'on les presse,
« ils quittent le champ de bataille, ils avancent sans cou-
« rage, ils fuient sans honte, et jamais les prétextes ne
« leur manquent pour se sauver. Ils sont épouvantables,
« tant qu'il n'y a pas de péril à l'être : faut-il en venir
« aux mains, ils n'en veulent pas courir les risques.
« Voilà pourquoi ils ne vous ont pas encore attaqués.
« Qu'y a t-il donc dans leur approche? de l'appareil, du
« mouvement et du bruit. Bravez ce premier aspect, et
« profitez du moment favorable, pour opérer lentement
« votre retraite, en bon ordre, sans rompre les rangs,
« et, j'ose le dire, en pleine sûreté. Vous saurez bientôt
« combien sont méprisables ces bandes indisciplinées,
« qui ne menacent que de loin, et qui tâchent de pa-
« raître braves, pour n'avoir pas besoin de l'être. Le seul
« péril serait de leur céder, car ils auraient le courage
« de poursuivre des fuyards, et se retrouveraient aussi
« légers que lorsqu'ils fuient eux-mêmes. » Vous voyez,
Messieurs, que tout ce discours se réduit à prémunir
les Lacédémoniens contre l'effroi que leur inspireraient
l'aspect, les clameurs et le premier élan des barbares.
En effet, tandis que les Macédoniens se dispersaient
confusément, et en essuyant à chaque pas des échecs,
Brasidasse retirait en bon ordre, et sans perdre de

nonde. Toutefois les barbares, le voyant engagé entre deux collines, espérèrent de l'envelopper. Il vit leur dessein, et commanda aux trois cents de s'emparer au plus vite de l'une des collines, et d'en repousser l'ennemi, qui déjà commençait à la gagner : ils s'en rendirent maîtres; et dès lors leur armée continua sa marche avec plus d'assurance. Elle arriva le même jour à Arnisse, ville du royaume de Perdiccas.

Depuis ce temps, Perdiccas ne vit plus dans Brasidas qu'un ennemi personnel, se détacha des Péloponnésiens, et rechercha l'alliance d'Athènes. Cette république venait d'armer cinquante galères, mille hoplites, six cents archers, mille Thraces mercenaires, et des peltastes fournis par des villes alliées. Nicias, Nicérate et Nicostrate conduisaient cette armée, qui, embarquée à Potidée, prit terre près du temple de Neptune, et se porta sur Mendé. Les habitants n'avaient à lui opposer que sept cents hoplites commandés par Polydamas. Cette petite troupe tint si ferme, qu'elle obligea les Athéniens à se replier et à s'enfermer dans leur camp. Mais le lendemain ils s'emparèrent d'un faubourg de Scione, et en dévastèrent les environs. Nicias reprit Mendé, non sans l'aide d'une faction intérieure ennemie des Spartiates. Comme la place ne s'était pas rendue par composition, les Athéniens la mirent au pillage, et les généraux n'empêchèrent qu'avec peine le massacre des habitants, qui eurent pourtant le bonheur de conserver leurs lois et leurs magistrats. Il s'agissait de réduire Scione. Les Péloponnésiens, qui gardaient cette ville, firent une sortie et s'établirent sur une colline voisine. Les Athéniens attaquèrent la place, et, tandis qu'ils construisaient un mur de circonvallation, le roi Perdiccas, par le ministère d'un héraut, se déclarait leur allié. Il entamait cette négociation, entraîné par les sentiments de jalousie et de haine que les talents, les succès, et la conduite hautaine de Brasidas avaient excités dans son âme. Nicias exigea du prince quelque service éclatant qui attestât un dévouement irrévocable aux intérêts de l'Attique. Perdiccas souleva contre les Péloponnésiens les personnages les plus puissants de la Thessalie, et entrava par ce moyen les opérations militaires et politiques des Spartiates.

D'un autre côté, les Thébains accusèrent les habitants de Thespies de favoriser les Athéniens, et rasèrent les murs de cette malheureuse ville, qui, dans les dernières batailles contre les Athéniens mêmes, avait perdu la fleur de ses jeunes guerriers. C'est aussi l'époque d'un incendie du temple de Junon à Argos, accident occasionné par l'imprudence de la prêtresse Chrysis, qui s'était endormie après avoir allumé une lampe près d'une guirlande. Le feu gagna sans qu'on s'en aperçût, et consuma tout l'édifice. Chrysis s'enfuit à Phlionte durant la nuit, et les Argiens établirent légalement une autre prêtresse appelée Phainis. L'été finissait, et la circonvallation de Scione n'était pas terminée. Les généraux athéniens y laissèrent des troupes et se retirèrent. Pendant l'automne et l'hiver, ils se tinrent en repos conformément à la trêve, qui pourtant avait été mal observée. Il y eut à Laodicée dans l'Oresthide un combat entre les Mantinéens et les Tégéates : la victoire y resta indécise. De l'une et de l'autre part, une aile fut mise en déroute ; chaque parti éleva un trophée, et envoya des dépouilles à Delphes. On s'était battu jusqu'à la chute du jour, et le seul résultat constant, était un affreux carnage. Brasidas, à la fin de l'hiver, fit une tentative sur Potidée. Il arriva de nuit, et appliqua secrètement les échelles. Il avait saisi le moment où le soldat chargé de faire la ronde avec une sonnette venait de passer, et où l'officier qui devait remettre cette sonnette à un autre soldat n'était pas encore venu. Il dressa ainsi les échelles sur un mur non gardé ; mais, entendu et découvert avant le commencement de l'escalade, il se retira sans attendre le jour. L'entreprise échoua. Là, Messieurs, se termine, avec la neuvième année de la guerre, le quatrième livre de Thucydide ; le cinquième nous occupera dans notre prochaine séance.

SEPTIÈME LEÇON.

Messieurs, vous avez vu les Spartiates réduits à implorer la paix. Athènes la leur a refusée, et ses guerriers, quoique sous les ordres du lâche Cléon, se sont emparés de l'île de Sphactérie. Poursuivant le cours de leurs succès, les Athéniens ont vaincu les Corinthiens, près de Cythère, occupé Nisée, menacé Mégare, exterminé ce qui leur restait d'ennemis dans Corcyre. Tels ont été les principaux événements de la septième année de la guerre du Péloponnèse. La huitième a rétabli l'équilibre. Athènes a vainement essayé d'entraîner les Siciliens dans son parti : elle a éprouvé des revers en Thessalie. Brasidas a détaché d'elle un grand nombre de cités, Stagire, Acanthe, Toroné et Amphipolis que Thucydide n'a point assez tôt secourue. Les Béotiens eux-mêmes ont triomphé des Athéniens, et leur ont enlevé Délium : la neuvième année s'est ouverte par une trêve, qui n'a point empêché Brasidas de prendre Scione et Mendé. Les Athéniens sont rentrés dans la deuxième de ces places, et ont investi la première, secondés par le roi de Macédoine Perdiccas, auparavant l'allié de Sparte. Voilà, Messieurs, le résumé des faits que Thucydide vous a exposés dans son quatrième livre, avec tous leurs développements, et en insérant dans ses récits des harangues peut-être un peu trop longues ou trop nombreuses. Vous avez pu distinguer celles de Brasidas, des députés de Sparte, et de Cléon dans Athènes, d'Hermocrate en Sicile.

Quels sont les résultats de ces neuf années de dissensions sanglantes? Des malheurs pour les deux républiques rivales, et pour tous les peuples qu'elles entraînaient dans leurs querelles; pas le moindre avantage, aucuns progrès pour personne; l'affaiblissement et la ruine de la Grèce entière. Il faudrait être bien déterminé à juger que toutes les guerres sont utiles, pour trouver que celle du Péloponnèse a été profitable à quelqu'un, sinon pourtant aux dominateurs qui depuis ont asservi les cités grecques. Oui, Messieurs, cette guerre, si folle dans son origine, était partout désastreuse dans ses effets; et déjà les Grecs en concevaient eux-mêmes cette idée. Athéniens, Spartiates, peuples alliés des uns ou des autres, tous déploraient les calamités dont ils étaient à la fois les auteurs et les victimes. Tous aspiraient, je le répète, à terminer de vains démêlés, qui, désastreux pour tout le corps hellénique, ne pouvaient plus tourner au profit particulier d'aucune cité. Pourquoi cependant vont-ils continuer, durant plus de vingt années encore, à dévaster leur patrie commune, eux qui jadis ont triomphé, avec tant de gloire, de toutes les forces de l'Asie? Pourquoi se préparer, par des dissensions si cruelles, à subir un joug étranger? Pourquoi s'obstiner à s'entre-détruire sans raison, sans espoir, et quelquefois presque sans haine? Je vous l'ai déjà dit, Messieurs, on ne s'explique cette opiniâtreté, ce délire, que par l'empire des habitudes, par l'insouciance des peuples, et par l'influence qu'exercent toujours certains personnages sur les destinées publiques. A l'époque où nous sommes parvenus, Brasidas chez les Spartiates, et Cléon chez les Athéniens, suffisent pour mettre obstacle à la pacification dont tous ont senti le besoin. Brasidas était entré dans une carrière qu'il avait su rendre glorieuse : il suivait un plan sagement conçu; il l'exécutait avec la bravoure et les talents d'un guerrier, avec l'habileté d'un homme d'État, avec la modération d'un grand homme : la paix l'aurait frustré des succès qu'il avait droit de se promettre. Cléon, fier d'avoir réussi à Sphactérie, contre sa propre attente, avait besoin de la guerre pour recueillir les fruits d'une popularité mal acquise et mal affermie : il lui fallait des occasions de répandre des alarmes, d'irriter le peuple contre ses magistrats, et l'armée contre ses généraux : il se destinait bien moins à courir les hasards des combats et à y cueillir des lauriers, qu'à profiter des revers et des défaites d'autrui; il espérait, puisqu'il faut le redire, que la république deviendrait assez malheureuse pour qu'il pût la dominer un jour. Ni Cléon ni Brasidas ne survivront longtemps à la reprise des hostilités; mais les feux de la discorde qu'ils ont rallumés ne s'éteindront pas sur leurs tombes. C'est, Messieurs, ce que nous allons trop reconnaître, en étudiant aujourd'hui le cinquième livre de Thucydide, où l'histoire de la guerre du Péloponnèse est conduite depuis la dixième année jusqu'à la seizième, 422 à 416 avant l'ère vulgaire.

La trêve d'un an, qui avait été conclue entre les Athéniens et les Spartiates, et durant laquelle ni les uns ni les autres n'avaient réellement déposé les armes, expira le 21 ou 22 mars 422. Cléon se fit charger par le peuple d'Athènes de conduire en Thrace trente vaisseaux et une armée. Il prit terre à Scione,

dont le siége durait encore, et se porta ensuite sur
Toroné, dont il se rendit maître. Brasidas, qui accourait au secours de cette place, apprit en chemin qu'elle
était prise, que Cléon y élevait des trophées, et réduisait
les femmes et les enfants en servitude. Mais l'ambition du général athénien était de recouvrer Amphipolis. Il se dirigea sur cette ville et laissa une garnison
à Toroné. En même temps il demandait des troupes
auxiliaires au roi de Macédoine Perdiccas, à Pollès, roi
des Odomantes; et, en attendant, il se tenait en repos
au port d'Éion que Thucydide avait conservé en 424.
Brasidas vint camper en face des Athéniens à Cerdy-
lium, sûr d'apercevoir de là tous leurs mouvements,
et se renforçant de troupes alliées. Les soldats de
Cléon s'ennuyaient de l'inaction à laquelle il les condamnait; ils ne l'avaient suivi qu'avec répugnance :
leurs murmures le forcèrent à prendre une autre position sur une colline qui dominait Amphipolis. Brasidas
alors rentra dans cette ville, et, rassemblant son armée,
il prononça un discours où il exposait ses desseins.
« C'est sans doute, dit-il, par mépris pour nous, et dans
« l'espoir que personne ne sortira pour les combattre,
« que les Athéniens ont été monter à l'endroit qu'ils
« occupent. Leur sécurité est pour vous le gage de
« leur prochaine défaite. Je veux prévenir leurs ré-
« flexions et leur retraite. Je vais, avec ces guerriers
« que j'ai choisis, me jeter au milieu de leur camp.
« Toi, Cléaridas, quand tu m'auras vu fondre sur eux,
« prends avec toi les hommes que tu commandes, Am-
« phipolitains et autres alliés, ouvre subitement les
« portes, et précipite-toi dans la mêlée : ton aspect les
« frappera de terreur. Sois brave comme un Spartiate

« que tu es. Et vous, alliés, suivez-le avec courage ; et
« que votre gloire soit de lui obéir. Pensez qu'avant la
« fin du jour, vous serez libres, si vous avez été intré-
« pides ; victimes ou esclaves d'Athènes, si votre fai-
« blesse met obstacle à la délivrance des Grecs. » En
achevant ces mots, Brasidas prépare sa sortie. Les
Athéniens, dont les regards plongeaient dans la ville,
le virent offrir un sacrifice devant le temple de Pallas,
et mettre en ordre ses guerriers. A ce spectacle, que
fait Cléon ? Il donne le signal de la retraite : il était
décidé à ne pas combattre avant l'arrivée des auxiliaires, Thraces et Macédoniens. Mais le général lacédémonien ne perdit pas un instant ; il tomba soudain
sur les Athéniens effrayés de leur propre désordre
et de son audace : il les mit en déroute. Cléaridas survint
et les attaqua d'un autre côté : ils ne se défendaient
qu'en fuyant. Cependant Brasidas reçut une blessure ;
et ceux de ses soldats qui l'environnaient l'emportèrent mourant ; les Athéniens ne s'en aperçurent pas :
leur chef Cléon ne songeait qu'à s'évader. Un soldat
péloponnésien le rencontra, le désarma et le mit à
mort, digne fin d'un démagogue aussi lâche qu'ambitieux. Brasidas respirait encore, il apprit que les
siens étaient vainqueurs ; il mourut couvert de gloire.
Tous les alliés en armes suivirent sa pompe funèbre,
qui se fit aux frais du public. Sa tombe, au milieu de
la ville, est environnée d'une enceinte : ce terrain lui
fut consacré comme à un héros, et l'on fonda des jeux
et des sacrifices annuels en son honneur. Les Amphipolitains lui dédièrent leur ville, le proclamèrent leur
fondateur, et détruisirent les monuments qui rappelaient le nom de l'Athénien Hagnon, à qui cette colonie

devait réellement son origine : dans cette journée, les
Spartiates n'avaient perdu que sept hommes, mais Brasidas en était un : les Athéniens laissaient six cents
morts sur le champ de bataille et sur les chemins,
mais ils étaient délivrés de Cléon.

Depuis que les Athéniens étaient sortis des villes
et des ports de la Sicile, en vertu des conventions, les
Léontins avaient inscrit beaucoup de noms nouveaux
dans le rôle des citoyens de leur ville, et le peuple
songeait, chez eux, à un partage des terres. Les riches,
instruits de ce projet, appelèrent à leur secours les
Syracusains et parvinrent à expulser la faction populaire. Ces bannis se dispersèrent, et ceux qui les avaient
chassés ne tardèrent point à s'expatrier eux-mêmes.
Ils désertèrent leur ville, l'abandonnèrent aux Syracusains, dans les murs desquels ils se retirèrent et s'é-
tablirent avec jouissance des droits de cité. Dans la
suite, quelques-uns d'eux quittèrent par mécontente-
ment Syracuse, et s'emparèrent du lieu nommé Pho-
cées, dépendant de leur ancienne ville de Léontium;
ils occupèrent aussi la forteresse de Bricinnies; et la
plupart des plébéiens exilés vinrent se joindre à eux.
Informés de ces mouvements, les Athéniens firent
partir pour la Sicile et pour l'Italie trois députés, dont
le chef s'appelait Phæax. Il s'agissait d'engager les alliés qu'on avait dans cette île, et ceux qu'on y pourrait acquérir, à faire en commun la guerre aux Syracusains et à sauver les Léontins. Phæax réussissait
auprès des habitants de Camarina et d'Agrigente;
mais, ayant rencontré de l'opposition dans ceux de
Géla, il comprit que ses démarches seraient vaines,
et ne crut pas devoir les poursuivre. Il revint à Catane,

entra en passant à Bricinnies, y encouragea les mécontents, et partit pour l'Italie continentale, où il s'efforça pareillement d'engager plusieurs villes dans
l'alliance d'Athènes. Il rencontra des Locriens, qui
avaient habité Messène et qui venaient d'en être chassés.
Il négocia, non sans succès, avec la ville de Locres et
revint à Athènes.

Depuis que Brasidas et Cléon ne vivaient plus, les
esprits, malgré les rivalités de peuple à peuple, inclinaient sensiblement à une réconciliation générale. Athènes n'était plus égarée par une confiance orgueilleuse
dans ses propres forces; elle se félicitait de ne plus
entendre Cléon, et regrettait d'avoir cédé aux conseils
de cet orateur insensé, lorsqu'après l'affaire de Pylos, on
avait pu si facilement conclure une paix honorable. Dans
les murs de Lacédémone, on se souvenait du désastre de
Sphactérie; on était détrompé de l'espoir de ruiner la
puissance athénienne par des ravages dans l'Attique.
On ressentait vivement les dommages que causaient les
exactions fréquentes des garnisons de Pylos et de Cythère. On considérait enfin qu'une ancienne trêve de
trente ans avec les Argiens était sur le point d'expirer,
et l'on prévoyait qu'on allait avoir à combattre à la
fois Athènes, Argos et les villes du Péloponnèse qui
s'allieraient à l'une ou à l'autre. Thucydide ne manque
pas d'observer que la mort, en frappant en une
même journée Cléon et Brasidas, avait détruit les deux
principaux obstacles aux négociations. Le roi de
Sparte Plistoanax avait besoin de la paix : il était
revenu depuis peu de l'exil auquel on l'avait condamné,
parce qu'on le soupçonnait d'avoir reçu de l'argent
pour retirer de l'Attique les troupes lacédémoniennes,

retraite que de grands malheurs avaient suivie. On présumait aussi qu'il avait corrompu l'oracle de Delphes qui venait d'ordonner son rappel. Il sentait que chaque nouveau revers rajeunirait ces accusations, et qu'il y succomberait à la fin. Dans Athènes, Nicias, le plus illustre des généraux, ne songeait désormais qu'à jouir tranquillement de sa renommée et de ses richesses : une guerre interminable devait les compromettre et ne les pouvait pas agrandir. On négocia donc de toutes parts avec ardeur, même avec impatience; et l'on convint des articles d'une trêve de cinquante ans. L'historien transcrit aussi ce traité; il est rédigé dans les mêmes formes que celui dont je vous ai offert une traduction littérale vers la fin de notre dernière séance. Amphipolis est rendue aux Athéniens; la faculté de se transporter ailleurs et d'emporter ce qu'ils possédaient est garantie aux habitants de toutes les villes ainsi restituées. Elles conservent les lois qui leur sont propres. Elles paieront les tributs auxquels elles étaient taxées du temps d'Aristide. Les Lacédémoniens recouvrent Cythère, Méthone, Atalante. Leurs citoyens retenus comme prisonniers de guerre à Athènes, ou ailleurs, seront mis en liberté. Cette convention fut solennellement ratifiée sous l'éphorat de Plistolas, le quatrième jour avant la fin du mois lacédémonien artémision, sixième avant la fin du mois athénien élaphébolion, vers le 10 avril 421 avant J. C. La date est suivie des noms de quinze Lacédémoniens et de dix-sept Athéniens, qui ont juré cette convention et accompli les cérémonies sacrées. Je me borne, Messieurs, à ce précis, et je m'abstiens cette fois de traduire les articles, qui sont au nombre de dix-huit. Les inter-

prètes latins eux-mêmes n'en ont pas osé risquer les détails. Lévesque, au contraire, les a tous insérés dans sa
version française, afin de montrer, dit-il, que les Grecs,
quoique si sensibles aux charmes du style, ne se pi-
quaient pas d'élégance, quand il ne fallait que de la
clarté. Au fond, la rédaction est ici fort claire; mais
j'ignore si elle n'aurait pas pu l'être tout autant, sans
devenir aussi prolixe.

Les Lacédémoniens, qui devaient satisfaire les premiers aux conditions du traité, s'empressèrent de renvoyer les prisonniers qui étaient entre leurs mains;
mais quelques-uns de leurs alliés, qui n'avaient point été
appelés à signer la trève, apportaient des obstacles à
son exécution; ce qui donna lieu à une transaction
particulière entre Athènes et Lacédémone. Cet acte
étant beaucoup plus court, nous le pouvons traduire
en entier. « Les Lacédémoniens et les Athéniens seront
« alliés pendant cinquante ans. Si des ennemis entrent
« sur les terres des Lacédémoniens et y exercent des
« hostilités, les Athéniens y porteront autant de se-
« cours qu'ils pourront. Si les ennemis ne se retirent
« qu'après avoir ravagé les campagnes, ils seront tenus
« pour ennemis de Sparte et d'Athènes, et ces deux
« cités leur feront la guerre, et ne leur accorderont la
« paix que d'un commun consentement. Que ce pacte
« s'accomplisse équitablement, avec zèle et sans
« fraude. Si les ennemis entrent sur le territoire d'A-
« thènes, et y exercent des hostilités, les Lacédémo-
« niens y porteront secours de tout leur pouvoir. Si
« les ennemis ne se retirent qu'après avoir ravagé les
« campagnes, ils seront tenus pour ennemis d'Athè-
« nes et de Lacédémone, et les deux cités leur feront

« la guerre, et ne leur accorderont la paix que d'un
« commun consentement. Que le pacte s'accomplisse
« avec équité, zèle et franchise. Si les esclaves se
« soulèvent, les Athéniens, autant qu'il sera en leur
« pouvoir, porteront secours aux Lacédémoniens. Ce
« traité sera juré des deux parts par ceux qui ont juré
« les premières conventions. Ils le renouvelleront
« chaque année, et, à cet effet, les Lacédémoniens se
« rendront à Athènes, aux fêtes de Bacchus; les Athé-
« niens à Sparte, aux fêtes d'Hyacinthe. Deux colonnes,
« où l'on inscrira le traité, seront dressées, l'une à La-
« cédémone près du temple d'Apollon, dans l'Amy-
« clée, l'autre à Athènes dans la citadelle, près du
« temple de Pallas. Si les Lacédémoniens et les Athé-
« niens jugent à propos de faire quelque addition ou
« quelque retranchement à cette convention, ils en
« auront la liberté. » Suivent dix-sept signatures lacédémoniennes, et dix-sept athéniennes, les mêmes à peu
près que dans l'acte précédent. Vous voyez, Messieurs,
que le second était une sorte d'alliance défensive et
offensive, qui rendait les deux cités plus sûres l'une de
l'autre, et plus redoutables à ceux qui voudraient se
séparer d'elles. Dès lors, les Athéniens restituèrent les
prisonniers qu'ils avaient emmenés de Sphactérie. Peu
après, les Corinthiens et quelques villes péloponnésien-
nes troublèrent cet accord : de nouveaux mouvements
s'annoncèrent contre Sparte, qui elle-même devint bientôt suspecte aux Athéniens. Cependant sept ans et deux
mois s'écoulèrent, sans que les deux peuples portassent
leurs armes dans le pays l'un de l'autre ; seulement ils
continuèrent à s'attaquer et à se nuire réciproquement hors de leurs territoires.

Thucydide s'arrête ici pour rendre compte de son propre travail. Il a, dit-il, écrit ces événements par étés et par hivers, jusqu'au temps où les Spartiates détruisirent la domination d'Athènes et s'emparèrent du Pirée. Continuée jusqu'à cette époque, la guerre a duré vingt-sept ans; et ce serait à tort, poursuit l'historien, qu'on prétendrait en retrancher le temps de la trêve. Car toutes les restitutions convenues ne furent pas exécutées; les guerres de Mantinée et d'Épidaure éclatèrent; les Béotiens demeurèrent presque toujours armés. Le compte de vingt-sept ans est donc juste, et ce nombre est la seule circonstance qui s'accorde avec les prédictions, et qui favorise ceux qui veulent y croire. Je me souviens en effet que, depuis l'origine jusqu'à la fin de cette guerre, bien des gens assuraient qu'elle devait durer trois fois neuf années. Ce trait, Messieurs, est remarquable en ce qu'il est du fort petit nombre de ceux où Thucydide laisse apercevoir quelque reste de croyances superstitieuses. Il était alors difficile aux meilleurs esprits de s'en délivrer pleinement, de professer, de concevoir même pour toutes les divinations le mépris profond qu'elles méritent. Au surplus, l'historien rapporte ici l'opinion d'autrui, et n'énonce point la sienne. Il poursuit en ces termes : « Durant tout ce « temps, j'ai joui de la vigueur de mes sens, ou bien j'ai « vécu en âge de raison (comme traduit Lévesque), j'ai « apporté une attention soutenue à tout connaître avec « exactitude. J'ai passé vingt ans dans l'exil, hors de « ma patrie, après la perte d'Amphipolis; je me suis « trouvé dans l'un et l'autre parti, au milieu des affaires, « et j'ai eu le loisir et la facilité de démêler celles des « Péloponnésiens. Ainsi je vais exposer ce qui s'est passé après les premières années, comment la trêve se rompit, comment les hostilités recommencèrent. »

Thucydide raconte en effet que les Corinthiens, les Argiens et les autres villes du Péloponnèse qui n'avaient point accepté le traité, se liguèrent avec les peuples de la Thrace, avec les Éléens et les Chalcidiens, avec de plus petits États. De leur côté, les Athéniens prirent d'assaut la ville de Scione, y tuèrent tous les hommes capables de porter les armes, réduisirent en esclavage les enfants et les femmes, et donnèrent le territoire à cultiver aux Platéens. Ils rétablirent à Délos les habitants de cette île qui en avaient été chassés : l'oracle avait ordonné de remettre ces infortunés en possession de leurs foyers, et les Athéniens compatissaient enfin à des malheurs pareils à ceux qu'ils avaient éprouvés eux-mêmes. Une guerre entre les Locriens et les Phocéens; des troupes lacédémoniennes ravageant le pays des Parrhasiens en Arcadie, et rasant les fortifications de Cypsèles; les Dictidiens enlevant aux Athéniens la ville de Thyssus, située sur le mont Athos; les Olynthiens surprenant Mécyberne, place gardée par une garnison athénienne : voilà quelques-uns des mouvements militaires qui remplirent la première année de la trêve, ou plutôt la onzième de la guerre.

Il y avait toujours des négociations entre Sparte et Athènes, au sujet des villes qu'elles se retenaient l'une à l'autre. La première espérait que, si les Athéniens retiraient Panactum des mains des Béotiens, elle rentrerait à son tour en possession de Pylos. Elle envoya donc une députation en Béotie pour réclamer Panactum et les prisonniers athéniens. Les Béotiens y mirent pour condition que Sparte contracterait avec eux une alliance

X.   14

particulière; ce qu'elle fit au risque de mécontenter Athènes qu'elle aurait dû consulter avant de traiter. Les Argiens s'alarmèrent de toutes ces dispositions : ils craignaient d'avoir à la fois pour ennemis Lacédémone, les Tégéates, la Béotie et l'Attique. Pressés de conjurer cet orage, ils firent partir, le plus tôt possible, deux députés, Eustrophus et Æson, chargés d'obtenir aussi de Sparte une alliance spéciale, qui durerait cinquante ans. Les Lacédémoniens, quoique les clauses de ce nouveau traité leur eussent d'abord déplu, permirent de les rédiger, voulant, à quelque prix que ce fût, avoir les Argiens pour amis : seulement ils exigèrent qu'Æson et Eustochus retournassent à Argos, et revinssent aux fêtes d'Hyacinthe, consacrer par des serments le traité que le peuple argien aurait accepté. En même temps, trois ambassadeurs lacédémoniens, Andromède, Phædime et Antiménidas se rendirent en Béotie pour recevoir les prisonniers qu'on devait rendre aux Athéniens avec Panactum. Ils trouvèrent cette place démantelée par les Béotiens, qui ne remirent que les prisonniers. Athènes s'indigna de la ruine de Panactum, qu'elle s'attendait à recouvrer intacte, et trouva un autre grief contre les Spartiates dans le traité qu'ils avaient conclu, sans son consentement, avec la Béotie. Vous voyez, Messieurs, que les causes de rupture ne manquaient pas.

C'est au commencement de la douzième année, 420 avant notre ère, qu'Alcibiade apparaît dans l'ouvrage de Thucydide. Au sein d'une autre république, il n'eût été qu'un jeune homme : à Athènes, il jouissait du respect qu'avaient mérité ses ancêtres. Il était, comme tous les ambitieux d'alors, impatient de rompre a trêve. Les Lacédémoniens, en la négociant, avaient méprisé sa jeunesse, ne lui avaient rendu aucun des honneurs qu'il se croyait dus : il en gardait un ressentiment profond. Il conçut, comme l'un des moyens le rallumer la guerre, le projet d'une alliance avec les Argiens. Des députés de Sparte arrivèrent, chargés le prévenir toute discorde nouvelle : Alcibiade s'empare d'eux, et réussit à les tromper. Il leur persuada qu'ils obtiendraient, s'ils le laissaient faire, la restitution de Pylos, pourvu qu'ils s'abstinssent de déclarer devant le peuple qu'ils étaient munis de pleins pouvoirs : il assurait qu'il disposerait lui seul les Athéniens en leur faveur, et qu'il mettrait fin aux contestations. Son but était de les brouiller avec Nicias, et de rendre leur conduite équivoque, leur sincérité suspecte : en effet, admis dans l'assemblée du peuple, ils éludèrent les questions qu'on leur adressa, et ne répondirent point, comme dans le sénat, qu'ils avaient des pouvoirs absolus. Alcibiade, loin de les soutenir, les dénonça comme des fourbes : on allait les exclure et faire entrer les Argiens, lorsqu'un tremblement de terre rompit l'assemblée. Mais je crois, Messieurs, qu'avant de suivre plus loin le récit de Thucydide, il est à propos de recueillir, en d'autres livres que les siens, quelques notions historiques sur l'origine et les premières années du personnage qu'il vient de mettre en scène, sans nous le faire assez connaître. C'est un supplément nécessaire, auquel pourtant je ne donnerai pas trop d'étendue.

Alcibiade était né à Athènes, dans le cours de la quatre-vingt-deuxième olympiade, vers l'an 450 avant J. C. Son père, Clinias, se disait descendant d'Ajax de Salamine; et sa mère, Dinomaque, fille de Mégaclès, ap-

partenait à la famille des Alcmæonides. Encore enfant,
il perdit son père; on lui donna pour tuteurs Ariphron
et Périclès qui l'éleva dans sa maison, peut-être avec
trop peu de vigilance. L'élève se fit d'abord remarquer
par sa beauté, par les grâces de son maintien et de toutes ses habitudes, même par son grasseyement. Aristophane en fait mention dans la comédie des *Guêpes* : « Il
« a, vois-tu, la langue d'un *colbeau* (au lieu de *cor-
« beau*); » mais cette traduction ne conserve pas le
jeu de mots qui existe entre Κόραξ et Κόλαξ, dont
l'un signifie *corbeau* et l'autre *flatteur*. Plutarque raconte qu'Alcibiade jouant aux osselets, dans la rue,
avec des enfants de son âge, se coucha devant la
roue d'une voiture que le conducteur ne voulait point
arrêter, et lui dit : « Maintenant, passe si tu l'oses. » Sur
le point d'être vaincu à la lutte par un de ses émules,
il le mordit à la main : « Tu mords comme une femme,
« lui dit le lutteur.—Non, mais comme un lion, » répondit
le jeune Alcibiade. Il fit ses études avec succès, et se
distingua dans tous les exercices : seulement il refusa
d'apprendre à jouer de la flûte, disant que cet instrument faisait faire une vilaine grimace. Est-il vrai qu'il
se soit enfui de la maison de ses tuteurs dans celle d'un
corrupteur, nommé Démocrate, et qu'il ait tué d'un
coup de bâton un serviteur chargé de le suivre partout?
Plutarque traite de libelle diffamatoire l'écrit où ces
faits étaient consignés. On sait mieux qu'il reçut dans
sa jeunesse les leçons du sage Socrate : à vrai dire, il
n'en profita guère, et longtemps après on a répandu
sur le disciple et le maître des soupçons que Clavier
trouve assez démentis par le silence des contemporains,
mais qu'un vers de Boileau a perpétués. Socrate et Al-

cibiade combattaient ensemble à Potidée et à Délium :
ils s'y portèrent de mutuels secours. Il est probable que
le fils de Clinias avait déjà épousé Hipparète, fille
d'Hipponicus, lorsqu'après la mort de Cléon, il entra
dans la carrière des affaires publiques. Il y débuta,
comme Thucydide vient de nous le dire, par des intrigues qui tendaient à rompre la trêve de cinquante ans
avec Lacédémone. Dès lors Alcibiade, âgé d'environ
trente ans, était l'un des plus dangereux citoyens d'A-
thènes : rien ne lui manquait de ce qui pouvait plaire
et séduire : chez lui le talent, la grâce et la force cons-
piraient avec le vice, pour affaiblir la puissance des
lois par la mollesse et la licence des mœurs. Je ne dois
pourtant pas dissimuler, Messieurs, qu'il a été quelquefois
jugé un peu moins sévèrement. Voici comment il est
caractérisé par Barthélemy, d'après divers textes classiques : « Une origine illustre, des richesses considéra-
« bles, la figure la plus distinguée, les grâces les plus
« séduisantes, un esprit facile et étendu, l'honneur,
« enfin, d'appartenir à Périclès; tels furent les avan-
« tages qui éblouirent les Athéniens, et dont il fut
« ébloui le premier. Dans un âge où l'on n'a besoin
« que d'indulgence et de conseils, il eut une cour et
« des flatteurs : il étonna ses maîtres par sa docilité,
« et les Athéniens par la licence de sa conduite. So-
« crate, qui prévit de bonne heure que ce jeune homme
« serait le plus dangereux des citoyens d'Athènes, s'il
« n'en devenait le plus utile, chercha son amitié, l'ob-
« tint à force de soins, et ne la perdit jamais : il entre-
« prit de modérer cette vanité qui ne pouvait souffrir
« dans le monde ni de supérieur, ni d'égal ; et tel était,
« dans ces occasions, le pouvoir de la raison ou de la

« vertu, que le disciple pleurait sur ses erreurs, et se
« laissait humilier sans se plaindre. Quand il entra
« dans la carrière des honneurs, il voulut devoir ses
« succès moins à l'éclat de sa magnificence et de ses
« libéralités, qu'aux attraits de son éloquence : il parut
« à la tribune. Un léger défaut de prononciation prê-
« tait à ses paroles les grâces naïves de l'enfance ; et
« quoiqu'il hésitât quelquefois pour trouver le mot
« propre, il fut regardé comme un des plus grands ora-
« teurs d'Athènes. Il avait déjà donné des preuves de
« sa valeur; et, d'après ses premières campagnes, on
« augura qu'il serait un jour le plus habile général de
« la Grèce. Je ne parlerai point de sa douceur, de son
« affabilité, ni de tant d'autres qualités qui concouru-
« rent à le rendre le plus aimable des hommes. Il ne
« fallait pas chercher dans son cœur l'élévation que
« produit la vertu; mais on y trouvait la hardiesse
« que donne l'instinct de la supériorité. Aucun obsta-
« cle, aucun malheur ne pouvait ni le surprendre, ni
« le décourager : il semblait persuadé que lorsque les
« âmes d'un certain ordre ne font pas tout ce qu'elles
« veulent, c'est qu'elles n'osent pas tout ce qu'elles peu-
« vent.... Dans les négociations, il employait tantôt les
« lumières de son esprit, qui étaient aussi vives que
« profondes; tantôt des ruses et des perfidies, que des
« raisons d'État ne peuvent jamais autoriser; d'autres fois,
« la facilité d'un caractère, que le besoin de dominer ou
« le désir de plaire pliait sans efforts aux conjonc-
« tures.... Il se fût montré le plus vertueux des hom-
« mes, s'il n'avait jamais eu l'exemple du vice; mais le
« vice l'entraînait, sans l'asservir. Il semble que la pro-
« fanation des lois et la corruption des mœurs n'étaient

« à ses yeux qu'une suite de victoires remportées sur
« les mœurs et sur les lois ; on pourrait dire encore
« que ses défauts n'étaient que des écarts de sa vanité.
« Les traits de légèreté, de frivolité, d'imprudence,
« échappés à sa jeunesse ou à son oisiveté, disparais-
« saient dans les occasions qui demandaient de la ré-
« flexion et de la constance. Alors il joignait la pru-
« dence à l'activité; et les plaisirs ne lui dérobaient
« aucun des instants qu'il devait à sa gloire ou à ses
« intérêts. Sa vanité aurait tôt ou tard dégénéré en
« ambition : car il était impossible qu'un homme si
« supérieur aux autres, et si dévoré de l'envie de domi-
« ner, n'eût pas fini par exiger l'obéissance après avoir
« épuisé l'admiration. Aussi fut-il toute sa vie suspect
« aux principaux citoyens, dont les uns redoutaient ses
« talents, les autres ses excès, et tour à tour adoré,
« craint et haï du peuple, qui ne pouvait se passer de
« lui.... Comme l'indulgence pour le vice est une cons-
« piration contre la vertu, il arriva qu'à l'exception
« d'un petit nombre de citoyens attachés aux ancien-
« nes maximes, la nation, entraînée par les charmes
« d'Alcibiade, fut complice de ses égarements, et qu'à
« force de les exalter, elle finit par en prendre la dé-
« fense. Les jeunes Athéniens arrêtaient leurs yeux
« sur ce dangereux modèle ; et, n'en pouvant imiter
« les beautés, ils croyaient en approcher en copiant,
« et surtout en chargeant ses défauts : ils devinrent
« frivoles parce qu'il était léger, insolents parce qu'il
« était hardi, indépendants des lois parce qu'il l'était
« des mœurs. »

Je crois, Messieurs, qu'à s'en tenir aux faits, il y aurait beaucoup à retrancher des éloges que les moder-

nes et les anciens mêmes ont prodigués aux brillantes
qualités d'Alcibiade. Mais nous n'avons point à le suivre en ce moment dans toute sa carrière, qui s'est pro-
longée jusqu'à l'année 404, quatorze ans au delà du
terme où nous sommes parvenus. Nous le retrouverons
plus d'une fois dans les récits de Thucydide, auxquels
il nous faut revenir.

Nicias, quoiqu'il se crût trompé par les députés de
Sparte, persistait à penser que le meilleur parti était
de conserver l'amitié de cette république. Envoyé à
Lacédémone, il ne négligea rien de ce qui pouvait maintenir la paix : il essaya de détacher les Spartiates des
Béotiens auxquels ils s'étaient alliés, sans remplir les
conditions prescrites par les articles de la trêve. Il n'y
parvint pas, et néanmoins il fit renouveler le serment
de ne point reprendre les armes. Lorsqu'il fut de retour
à Athènes, et qu'on sut qu'il n'avait rien obtenu à Sparte,
Alcibiade introduisit les Argiens, avec lesquels on con-
tracta pour cent ans une alliance offensive et défensive. Les Éléens et les Mantinéens étaient compris dans
ce traité, dont notre historien donne aussi le texte. Nous
y lisons que les Athéniens, les Argiens, les Mantinéens
et les Éléens, pour eux-mêmes et pour leurs alliés, ont
conclu une paix de cent ans, sans dol ni dommage,
par terre et par mer; qu'ils ne prendront pas les armes les uns contre les autres; qu'ils n'emploieront
pour se nuire mutuellement, ni ruses ni intrigues;
qu'en cas d'invasion de leurs territoires par des agresseurs étrangers, ils se porteront mutuellement des secours; qu'ils ne traiteront avec ces agresseurs que d'un
commun consentement; qu'ils ne souffriront pas qu'un
peuple armé, dans des intentions hostiles, traverse

leurs pays, ni ceux de leurs alliés, ni la mer, à moins
que cette permission n'ait été accordée par les villes
d'Athènes, d'Argos, de Mantinée et d'Élis; que la ville
qui aura demandé des secours, sera tenue de fournir,
aux troupes qu'on lui enverra, des vivres pour trente
jours, à compter de celui de leur arrivée; que, si elle
veut les garder plus longtemps, elle paiera par jour, à
titre de subsistance, trois oboles d'Égine à chaque ho-
plite, archer ou soldat de troupes légères, une drachme
d'Égine à chaque cavalier; qu'elle jouira du commandement, tant que la guerre se fera sur son territoire;
mais que, si les villes jugent à propos de porter quelque
part leurs armes en commun, elles partageront entre
elles le commandement avec égalité; que chaque partie contractante prêtera, en immolant des victimes
parfaites, un serment conçu en ces termes : « J'obser-
« verai l'alliance suivant les conventions arrêtées, con-
« formément à la justice, sans dol ni dommage; je ne
« l'enfreindrai par aucune ruse ni intrigue;» que ce serment sera, dans Athènes, prêté par le sénat et les au-
torités populaires, reçu par les prytanes; dans Argos,
prêté par le sénat, les quatre-vingts et les artynes,
reçu par les huit cents; à Mantinée, prêté par les démiurges, les sénateurs et les autres magistrats, entre les
mains des théores et des polémarques; à Élis, enfin,
par les démiurges, les trésoriers et les six cents, entre
les mains des thesmophylaces; qu'il sera renouvelé par
les Athéniens trente jours avant les jeux Olympiques
(tous les quatre ans); par les Argiens, les Éléens et
les Mantinéens, dix jours avant les grandes Panathé-
nées (fête quinquennale); que les articles du traité
seront inscrits sur une colonne de marbre, à Athènes,

dans la citadelle; à Argos dans le marché, au temple d'Apollon; à Mantinée au temple de Jupiter; qu'on posera aussi une colonne d'airain à Olympie; que, si les quatre cités conçoivent l'idée de quelque disposition meilleure que les précédentes, et si elles l'adoptent par une délibération commune, elles l'ajouteront au traité, et lui donneront force de loi. J'ai cru, Messieurs, devoir recueillir ces détails, parce qu'ils tiennent aux mœurs antiques, et qu'ils contribuent à faire connaître le système ou du moins les noms des magistratures de quatre cités grecques; il est vrai néanmoins que plusieurs de ces noms fourniraient matière à des discussions épineuses, que nous ne pourrions pas entamer, sans trop nous écarter du sujet actuel de nos études. Cet acte se rédigeait pendant la célébration des jeux Olympiques où Androsthène remporta le prix. On y chercha querelle aux Lacédémoniens : on prétendit qu'ils devaient une amende de deux mille mines pour avoir violé la trêve; et, sur le refus qu'ils firent d'en promettre le paiement, il leur fut interdit d'entrer dans le lieu sacré, et de prendre part aux jeux et aux sacrifices. Vint l'hiver; et Xénarès de Lacédémone, qui commandait les Héracléotes reçut la mort dans un combat contre des Thessaliens et des peuples voisins d'Héraclée.

Dans la treizième année de la guerre du Péloponnèse, 419 avant J. C., Alcibiade passe dans le Péloponnèse, du consentement des Argiens qui en faisaient partie. Des hostilités commençaient entre ces Argiens et les Épidauriens, sous le prétexte d'une victime que ceux-ci devaient à Apollon Pythien, et qu'ils n'avaient point envoyée. Toujours la superstition, quand il s'agit

'armer deux peuples l'un contre l'autre! En ce temps,
es Lacédémoniens, commandés par leur roi Agis,
artaient pour une expédition dont on ne connaissait
as bien le but; mais les sacrifices qu'ils offraient ne
lonnant pas d'heureux présages, ils revinrent chez eux,
nnonçant à leurs alliés qu'on rentrerait en campagne
près le mois carnien, qui, selon Dodwel, correspond
peu près à juillet. Il y avait beaucoup de jours sa-
rés après le mois carnien, et l'on est tenté d'excu-
er ces sottises, lorsqu'au moins elles suspendent l'ef-
usion du sang. Les Argiens, au mépris de l'un de ces
ours de fête, partirent pour leurs incursions dans le
ays des Épidauriens. Ces derniers implorèrent le se-
ours de leurs alliés; mais les alliés les prièrent d'ob-
erver que le mois carnien n'était pas fini. Les Argiens
ntrèrent donc dans le territoire d'Épidaure; et, en même
emps, les députés des villes se rassemblaient à Man-
inée, sur l'invitation des Athéniens. En hiver, les
Spartiates envoyèrent par mer trois cents hommes, qui
'établirent à Épidaure. A cette nouvelle, les Athéniens,
à l'instigation d'Alcibiade, écrivirent au bas de la co-
onne où se lisait le traité avec Sparte, que les Spar-
iates n'avaient pas observé leurs serments. C'étaient là
olus que des préparatifs de guerre; mais il ne se livrait point de grandes batailles, et l'on n'avait point
expressément renoncé au maintien du traité. Les attaques les plus sérieuses avaient lieu entre les Argiens
et les Épidauriens : de part et d'autre, on dressait des
embûches, on risquait des incursions, et il périssait
çà et là quelques hommes, selon la fortune des armes.
A la fin, les Argiens s'approchèrent d'Épidaure avec

leurs échelles; ils croyaient la place vide et comptaient l'emporter d'emblée, mais ils n'y réussirent point.

Dès le commencement de la quatorzième année (418), les Spartiates, avec toutes leurs forces et celles de leurs alliés, portèrent la guerre dans l'Argolide. Les Argiens, quoique secondés par les Mantinéens et les Éléens, s'effrayèrent de l'irruption de l'armée ennemie et consentirent à une suspension d'armes. Ils ne l'eurent pas plutôt conclue qu'ils virent arriver à leur secours une troupe athénienne. Ils se repentirent alors d'avoir discontinué la guerre; ils accusèrent leurs chefs, qui avaient traité sans l'aveu du peuple. A Sparte aussi, le roi Agis fut violemment inculpé pour n'avoir pas profité d'une si belle occasion de soumettre Argos. Peu s'en fallut qu'on ne rasât sa maison, et qu'on ne le condamnât à une amende de cent mille drachmes (quatre-vingt mille francs). Bientôt les hostilités reprirent leur cours; les Argiens s'emparèrent d'Orchomène et marchèrent sur Tégée. Agis courut à leur rencontre, leur livra bataille, dans le territoire de Mantinée, et remporta sur eux un triomphe éclatant. Ils y perdirent sept cents hommes, outre ce qui périt d'Athéniens, de Mantinéens et d'Éginètes. La perte des Lacédémoniens fut de trois cents soldats et d'un petit nombre d'alliés. Thucydide a décrit soigneusement tous les mouvements de cette bataille qu'il regardait comme la plus considérable qu'on eût vue depuis longtemps dans la Grèce. Elle amena un traité entre Argos et Lacédémone. Alcibiade, qui se trouvait chez les Argiens, s'efforça en vain d'y mettre obstacle : ils contractèrent pour cinquante ans une alliance offensive et défensive avec les Spartiates. On se restitua mutuellement ce qu'on s'était pris à la guerre. On convint de ne recevoir aucun message, aucune députation des Athéniens jusqu'à ce qu'ils eussent évacué le Péloponnèse, et abandonné les fortifications qu'ils y avaient élevées.

Ce précis des événements de l'an 418 montre assez que la guerre du Péloponnèse se continuait en présence des colonnes où la trêve était inscrite. Parmi les détails dans lesquels entre l'historien en racontant la victoire d'Agis, nous en pouvons remarquer un qui concerne les institutions militaires de Lacédémone. Quand le roi conduit l'armée, est-il dit, c'est lui qui dispose toutes choses : il indique lui-même aux polémarques ce qu'il faut faire; les polémarques donnent des ordres aux lochages, ceux-ci aux pentécontariens, qui les transmettent aux énomotarques; et chaque énomotarque est obéi par son énomotie. Ainsi beaucoup d'hommes participent au commandement; et les ordres suprêmes du roi se distribuent et se répandent de chef en chef avec une extrême rapidité. Malheureusement il est difficile de se former des idées précises de ces divisions et sous-divisions. Les scholiastes, les interprètes, les archéologues ne s'accordent pas sur ces points. L'énomotie, dont le nom paraît venir du serment prêté par les soldats, se composait de dix hommes selon les uns, de vingt-cinq selon les autres, ou même de trente-deux. Le nom de πεντηκοντατῆρες ou πεντηκοστῆρες, comme écrit Xénophon, semble désigner des commandants de cinquantaines; néanmoins quelques-uns portent ces compagnies à cent vingt-huit hommes, et en supposent quatre fois autant, c'est-à-dire cinq cent douze, dans la cohorte dirigée par un λοχαγὸς (λόχος

veut dire *troupe*). Le polémarque ou chef de guerre
était un officier général : il y avait autant de polémarques sous le roi de Sparte, que de divisions dans son
armée.

Thucydide transcrit encore le texte du traité d'alliance entre les Argiens et les Lacédémoniens. Les
dispositions les plus notables sont que les Argiens
rendront les enfants des Orchoméniens, les prisonniers mænaliens et spartiates; qu'ils sortiront des
champs d'Épidaure; qu'ils laisseront aux Épidauriens
le droit de régler la formule du serment à prononcer
en immolant la victime à offrir au dieu Apollon; que
la paix et l'alliance de cinquante ans entre Argos et
Lacédémone seront communes aux autres républiques
du Péloponnèse, qui toutes resteront libres, conser-
veront leurs propriétés, et soumettront leurs démêlés
à un arbitrage équitable. Les deux cités, qui venaient
de conclure ce traité, envoyèrent des députés en
Thrace, et au roi de Macédoine Perdiccas. Ce prince
ne renonça point à son alliance avec les Athéniens,
mais il se proposait de la rompre, afin de suivre
l'exemple d'Argos, dont il tirait son origine. Athènes
fit partir Démosthène pour l'Épidaurie, en le chargeant d'en ramener ce qu'elle y avait de soldats : il
s'acquitta de cette mission. Sparte reprit de l'influence,
de l'empire même sur les Mantinéens, sur les Sicyoniens, sur les Argiens, et s'efforça de faire prévaloir
partout l'oligarchie qui lui était chère : ὀλιγαρχία ἐπι-
τηδεία τοῖς Λακεδαιμονίοις κατέστη.

L'année suivante (417) les Dictidiens, peuple du
mont Athos, et toute l'Achaïe, se détachèrent aussi
d'Athènes. Le roi de Macédoine suivit enfin cet exem-

le. En vain les plébéiens d'Argos, toujours dévoués
ux Athéniens, se révoltèrent contre Sparte et contre
es chefs qu'elle leur avait donnés : ces mouvements,
ui eurent quelques mois de succès, finirent par être
omprimés. Athènes seule songeait à rallumer la guerre,
t n'y réussissait pas, malgré ses efforts et ses artifices,
arce qu'elle était abandonnée de la plupart de ses
lliés. Cependant, en 416, Alcibiade conduisit vingt
aisseaux sur Argos, et enleva trois cents Argiens du
arti de Lacédémone; il les dispersa dans les îles voi-
ines, sujettes de l'Attique. De là, les Athéniens se por-
èrent sur Mélos, colonie lacédémonienne, et, avant
l'entreprendre aucune attaque, ils envoyèrent des dé-
utés, qui eurent une conférence politique avec les
nagistrats des Méliens. Cette conférence, rapportée
ous la forme de dialogue, remplit la dernière partie du
inquième livre de Thucydide, et a été l'objet de beau-
oup de critiques et d'éloges. Denys d'Halicarnasse se
laint des maximes qu'on y attribue aux Athéniens,
t qui, dit-il, conviendraient mieux à des rois barbares,
u à des brigands, qu'à des Grecs. En effet, les députés
l'Athènes, cherchant pour point de départ un prin-
ipe qui soit reconnu des deux côtés, établissent qu'à
la vérité, la justice doit régler les choses humaines,
quand les parties contractantes sont également obligées
de s'y soumettre, mais qu'après tout, les plus forts
font tout ce qu'ils peuvent faire, et que c'est aux faibles
à céder. « Ce n'est point là, disent-ils, une loi que nous
« ayons établie; nous ne sommes pas les premiers à en
« réclamer l'application. Nous en profitons seulement,
« et nous la transmettons aux temps à venir, telle qu'elle
« résulte de la nature même des choses. Cette loi n'est

« que la nécessité à laquelle obéit le monde. » Lévesque excuse ce système : cette manière de négocier lui paraît franche, et par là préférable aux astuces de la politique vulgaire. Selon lui, les Athéniens entament la discussion, non par une maxime de droit, plus ou moins obscure ou incertaine, mais par une vérité de fait, supérieure à tout autre argument, et qui eût entraîné les Méliens, s'ils n'avaient eu trop de confiance aux secours qu'ils attendaient de Lacédémone. Pour moi, Messieurs, je n'hésiterai point à dire que cette théorie, que Lévesque adopte par zèle pour la gloire de l'auteur qu'il traduit, est subversive de toute morale politique. Il n'y a de délibération raisonnable que celle qui a pour but le triomphe de l'équité sur la force. Le langage menaçant qu'un despote adresse aux esclaves, un conquérant aux vaincus, un brigand aux victimes qu'il va dépouiller, n'a rien de commun avec les règles ni avec les intérêts de la société. La violence et la guerre tendent à rompre, entre les peuples, le lien moral de l'espèce humaine : les véritables négociations doivent tendre au contraire à l'affermir, à le renouer, et jamais elles ne parviennent à ce but qu'en rendant à la justice tout son empire. Si l'on prend pour une donnée le prétendu droit de la guerre; si l'on part du fait qu'allègue le traducteur Lévesque, et qui n'est que le fait de l'injustice, on n'aboutira qu'à des conséquences fausses, et qui seront toujours funestes, parce qu'il est impossible que la sottise, le délire, l'iniquité ne produisent pas des désastres. Toute l'histoire atteste la nécessité de ce résultat; et chaque détail de la guerre du Péloponnèse le rend de plus en plus sensible. Car jusqu'ici vous y avez vu toutes les défections inexora-

blement punies, toutes les trahisons cruellement ex-
piées. C'est qu'en effet les mots de juste et d'utile ne
sont que la double expression d'une même idée, savoir,
lu fondement naturel de la société entière. On se sou-
met, il est vrai, à une destinée inflexible, même à
celle qu'imposent la violence et l'iniquité des hommes :
on cède à la tyrannie, quand on ne peut plus lui résister, mais on ne l'adore point, et l'on ne fait pas, de
son fatal empire, le principe suprême des transactions.
Aussi les Méliens répondent-ils que l'intérêt bien compris se confond avec la justice, et que tôt ou tard, les
Athéniens seront à leur tour les victimes d'une force
prédominante, pareille à celle dont ils se prévalent.
Cette prédiction n'était assurément pas téméraire; elle
n'a été que trop bien justifiée par les événements. Les
députés d'Athènes répliquent que, pour leur propre
avantage, comme pour celui des habitants de Mélos,
ils entendent les réduire à l'obéissance, les avoir non
pour alliés, mais pour sujets. « Nous ne souffrirons pas,
« disent-ils, l'indépendance des peuples insulaires, parce
« qu'ils deviendraient ou nos rivaux ou la proie de nos
« ennemis. » La réponse des Méliens est d'une précision
admirable : « Si, pour dominer, vous bravez tant de périls,
« nous serions bien lâches, nous libres encore, de ne
« pas tout hasarder, pour ne point tomber dans l'escla-
« vage, ἡμῖν γε τοῖς ἔτι ἐλευθέροις πολλὴ κακότης καὶ δειλία,
« μὴ πᾶν πρὸ τοῦ δουλεῦσαι ἐπεξελθεῖν. » On leur représente
qu'ils seront les plus faibles, qu'ils vont être écrasés
par des forces supérieures : ils s'en rapportent au sort
des combats; après tout, il reste encore, dans ces jeux
cruels, quelques chances pour les bonnes causes; et
ils seront quittes envers leur patrie, quand ils l'auront

défendue de toutes leurs forces. Les Athéniens se
moquent de ces espérances; ils les déclarent chimériques comme les prédictions des devins et des oracles.
Denys d'Halicarnasse n'a pas manqué de relever ce dernier trait; il y a trouvé de l'impiété, de l'irrévérence
à l'égard des sorciers, un outrage à la sainteté des révélations prophétiques d'Apollon. La comparaison est
fausse en effet; mais c'est à la courageuse espérance
qu'elle fait injure, en l'assimilant à des superstitions
grossières, à une crédulité puérile. Les Méliens n'expriment qu'un sentiment véritablement religieux; ils se
confient à l'équité divine, lorsqu'ils résistent à l'injustice humaine. De leur côté, les Athéniens déclarent
qu'ils sont sûrs de la protection céleste, tant qu'ils seront les plus puissants; que les dieux et les hommes
ne règnent que par la force, que par la nécessité de
la nature, ὑπὸ φύσεως ἀνάγκης; que telle est, à l'égard
des dieux, l'opinion généralement reçue; et que c'est,
en ce qui concerne les hommes, le résultat de l'expérience. « Gardez-vous, poursuivent-ils, de vous attacher
« à un faux point d'honneur : vous rougiriez de vos re-
« vers, de vos désastres, parce qu'ils seraient l'ouvrage,
« non de la fortune, mais de votre imprudence. L'honneur
« est de se sauver, de ne rien céder à ses égaux, de ne
« rien refuser à ses supérieurs. » Après cette conférence,
les Méliens délibérèrent et persistèrent dans la résolution de conserver leur indépendance. Mélos fut investie :
les habitants se défendirent avec bravoure, et quelque
temps avec succès. Ils réussirent à renverser deux parties du mur que les Athéniens avaient construit; mais
ceux-ci, renforcés par de nouvelles troupes, et secondés
par des traîtres, réduisirent enfin les Méliens, qui se

remirent à leur discrétion. Les vainqueurs immolèrent tous les hommes en âge de porter les armes, condamnèrent à l'esclavage les enfants et les femmes, et fondèrent à Mélos une colonie. Les observations critiques de Denys d'Halicarnasse sur ce morceau, me sembleraient fort justes, si elles ne portaient que sur les maximes et la conduite des Athéniens; mais il n'y a point de reproche à faire à Thucydide, à moins qu'on ne prétende qu'il a inventé cet entretien, ce qu'il serait difficile de prouver, ou bien qu'il approuve la théorie politique des députés d'Athènes, ce qui a fort peu d'apparence; car vous venez, je crois, de reconnaître, Messieurs, qu'ainsi que je vous l'avais annoncé, l'historien n'affaiblit point les réponses des Méliens, et qu'il laisse au moins à ses lecteurs la liberté de préférer l'un ou l'autre système. Peut-être devait-il désavouer plus expressément celui que la probité sociale réprouve. J'ai du reste fort abrégé ce dialogue; vous auriez pu le trouver trop coupé, et quelquefois un peu traînant, si je vous en avais présenté une traduction littérale et complète.

Vers le même temps, les Argiens se jetèrent sur le territoire de Phlionte, et perdirent environ quatre-vingts de leurs soldats dans une embuscade dressée par les Phliasiens. Les Athéniens de Pylos attaquèrent des Spartiates et leur enlevèrent un butin considérable. Outrés de cette insulte, les Spartiates y répondirent par de graves hostilités, et, par une proclamation solennelle, invitèrent leurs alliés à piller les Athéniens, le tout néanmoins sans annuler la trêve. On la maintenait des deux parts comme une de ces formules diplomatiques, que l'on consent à perpétuer et à répéter, à condition qu'elles n'auront point d'efficacité. Les Corinthiens, à raison de certaines querelles particulières, qué l'historien n'expose pas, prirent aussi les armes contre Athènes; mais les autres peuples du Péloponnèse se tenaient, autant qu'ils pouvaient, en repos. Dans le cours de l'hiver, les Lacédémoniens se disposaient à porter leurs armes dans la campagne d'Argos; mais, les sacrifices qu'ils offrirent sur la frontière n'ayant pas donné d'heureux présages, ils ajournèrent cette entreprise, et revinrent sur leurs pas. Il ne s'ensuivit alors que des troubles dans l'intérieur d'Argos : on arrêta plusieurs citoyens suspects de trahison; et d'autres prirent la fuite pour échapper à ces recherches.

A ne considérer que les dissensions et les combats dont nous entretient Thucydide, on croirait la Grèce entière plongée dans une honteuse barbarie. C'était néanmoins le temps où les arts, les sciences et les lettres brillaient du plus vif éclat dans Athènes. J'ai déjà eu occasion de nommer des philosophes et des artistes célèbres. Entre les poëtes, je ne citerai que Sophocle, Euripide et Aristophane; trois noms qui suffisent pour retracer des chefs-d'œuvre de l'art dramatique, et par conséquent les progrès de tous les arts que celui-là suppose. Ces trois poëtes vivaient durant la guerre du Péloponnèse. Sophocle, né vers 495, n'est mort qu'en 405. Euripide a vécu de 480 à 404 : on ne sait pas la date de la naissance d'Aristophane; mais il entrait dans la carrière du théâtre en 427, cinquième année de la guerre qui nous occupe, et il paraît que ses travaux se sont prolongés au delà de 388. Ce fut vers l'époque à laquelle nous venons de nous arrêter, que Sophocle octogénaire récita, dit-on, sa tragédie d'*OEdipe à Co-*

Ione, pour lui servir de plaidoyer contre un fils ingrat qui le voulait faire interdire. Les succès de Sophocle, le premier tragique de l'antiquité, lui donnèrent, dès l'an 462, un émule dans Euripide, fort jeune encore, et depuis l'un des plus dignes ornements du siècle de Périclès et d'Alcibiade. Il est probable qu'Euripide ne s'est retiré en Macédoine que vers les dernières années de la guerre du Péloponnèse; car le roi Archelaüs, par lequel il fut honorablement accueilli, n'a succédé à son père Perdiccas qu'en 412. Aristophane exposait quelquefois sur la scène comique des personnages encore vivants. Il a usé de cette licence avant 422, contre ce méprisable Cléon, dont nous parlions au commencement de cette séance. On pouvait trouver que c'était justice; mais le poëte n'avait point d'excuses, quand il prenait pour victimes de ses sarcasmes, des hommes aussi recommandables qu'Euripide et Socrate. On a dit que la comédie des *Nuées*, où Socrate est si indignement traité, avait contribué à la condamnation de ce philosophe; mais quelques savants contredisent cette opinion, en observant que la pièce dont il s'agit a été jouée en 423, vingt-trois ans avant l'homicide juridique que Mélitus et Anytus ont obtenu. Toujours résulte-t-il de ces dates, et c'est l'unique point que j'aie voulu établir, qu'une partie des plus célèbres productions du théâtre grec coïncide avec les vingt-huit années de la guerre dont Thucydide a écrit l'histoire. Nous étudierons le sixième livre dans notre prochaine séance.

HUITIÈME LEÇON.

Messieurs, le cinquième livre de Thucydide a embrassé un espace d'environ six années, depuis 422 jusqu'à 416 avant l'ère vulgaire. Aussitôt après l'expiration de la trêve d'un an, une bataille s'est livrée près d'Amphipolis, où les Spartiates, sous les ordres de Brasidas, ont vaincu les Athéniens trop mal commandés par Cléon; mais les deux généraux y ont péri, et la guerre aurait pu s'éteindre sur leur tombe. Athènes se voyait forcée de renoncer, pour un temps au moins, à ses tentatives sur la Sicile et dans toutes les cités grecques : les esprits inclinaient à une réconciliation générale. On proclama en 421 une trêve de cinquante années. Elle a été si mal observée, qu'elle ne doit, selon Thucydide, rien déranger au compte des vingt-sept ou vingt-huit ans qu'a duré la guerre du Péloponnèse. Les Athéniens n'en prirent pas moins la ville de Scione; on ne leur rendit point Panactum ; et il se fit, sans leur aveu, un traité entre la Béotie et Sparte. Cependant Athènes reçut dans ses murs des négociateurs lacédémoniens, qui peut-être allaient raffermir la paix, sans les intrigues d'Alcibiade, qui les trompa et leur enleva tout crédit. C'est le début de ce personnage dans la carrière politique; et à cette occasion, Messieurs, nous avons recueilli ce que Plutarque et d'autres écrivains nous apprennent de sa vie, depuis sa naissance, vers 450, jusqu'en 420. Un bien meilleur citoyen, Nicias, fut envoyé à Lacédémone, et n'y réussit point à détacher les Spartiates des Béotiens. De nouvelles manœuvres d'Alcibiade amenèrent un traité d'alliance pour cent années entre Athènes et les trois cités d'Argos, d'Élis et de Mantinée. La superstition servit de cause ou de prétexte à des hostilités d'Argos contre Épidaure. Les Spartiates portèrent la guerre dans l'Argolide, et leur roi Agis remporta, en 418, dans le territoire de Mantinée, une victoire qui entraîna un traité entre Argos et Lacédémone. L'historien a transcrit soigneusement tous ces actes diplomatiques, et je vous en ai rapporté les dispositions les plus remarquables. Il a aussi rendu compte d'une conférence entre les Athéniens et les Méliens, sur laquelle je vous ai présenté quelques observations à la fin de notre dernière séance. Le livre sixième, qui doit nous occuper aujourd'hui, ne correspond guère qu'à un an et demi, depuis la fin de 416 jusque vers les derniers jours du mois de juin 414.

Il contient d'abord les derniers événements de la seizième année de la guerre : les Athéniens s'apprêtaient alors à repasser en Sicile. Pour jeter d'avance de la lumière sur les récits qui vont suivre, l'historien remonte aux antiquités de cette contrée; les Cyclopes et les Lestrygons passent pour en avoir été les plus anciens habitants; mais ils ne sont connus que par les contes des poëtes, et par des traditions populaires. Les Sicaniens survinrent : à la vérité, ils se disent autochthones, mais c'est une vaine prétention. Ils venaient de l'Ibérie, où ils avaient habité les bords du fleuve Sicanus : de là leur nom et celui de Sicanie qu'ils donnèrent à l'île auparavant nommée Trinacrie, à cause de sa forme triangulaire. Ils en occupent encore, dit Thucydide, les cantons occidentaux. Des Troyens fugitifs, après la ruine de leur ville, s'établirent non loin des Sicaniens, fondèrent les villes d'Éryx et d'Égeste, et admirent parmi eux quelques Phocéens. Plus tard, les Sicules, peuple italien, se réfugièrent dans cette île, et lui apportèrent le nom de Sicile, qu'elle a conservé. Ils en possédaient le centre et les côtes septentrionales. Divers promontoires et des îlots adjacents étaient occupés par des Phéniciens. L'île reçut ensuite des colonies grecques. Archias, l'un des Héraclides, vint de Corinthe fonder Syracuse. Des Chalcidiens, conduits par Theuclès, vainquirent les Sicules, fondèrent Léontium et Catane. D'autres Grecs bâtirent Sélinonte, Géla, Agrigente, Zancle. Des Messéniens donnèrent leur nom à Messane ou Messine. Dascon et Ménécole furent les véritables fondateurs de Camarina ; mais Hippocrate, tyran de Géla, s'étant fait adjuger le territoire de cette ville de Camarina, pour la rançon des prisonniers syracusains qu'il avait en sa puissance, s'en déclara le fondateur : il y plaça une colonie, qui fut chassée par Gélon ; et celui-ci devint le troisième fondateur de cette cité. Tels étaient les peuples, grecs et barbares, qui habitaient alors la Sicile, l'une des îles les plus considérables de la Méditerranée : il fallait huit journées à un vaisseau marchand de ce temps-là pour en faire le tour. L'historien évalue à vingt stades le détroit qui la sépare du continent.

Les Athéniens conçurent le projet de la soumettre tout entière à leur domination, sous prétexte de secourir les Égestains contre d'autres Siciliens, surtout contre ceux de Sélinonte et de Syracuse. Des députés d'Égeste, venus à Athènes, demandaient qu'on expédiât des vaisseaux pour leur défense ; ils rappelaient le souvenir de l'alliance contractée avec eux au temps de Lachès et de la première guerre des Léontins. Ils disaient que, si les Syracusains chassaient impunément les habitants de Léontium, s'ils ruinaient les autres alliés d'Athènes, s'ils concentraient en eux seuls toute la puissance de l'île, on devait prévoir qu'étant Doriens, d'origine et colonie péloponnésienne, ils ne manqueraient pas de se liguer avec tous les ennemis de l'Attique. Il était donc urgent de s'opposer aux progrès de Syracuse, et de profiter des richesses qu'Égeste pouvait offrir encore pour entreprendre et soutenir cette guerre. Les Athéniens, à force d'entendre répéter ces discours dans leurs assemblées, tant par les députés égestains, que par ceux de leurs orateurs qui avaient embrassé le même parti, résolurent d'envoyer en Sicile des commissaires qui vérifieraient l'état des trésors d'Égeste, et des hostilités avec Sélinonte. La paix ne régnait point en Grèce. Les Lacédémoniens et plusieurs de leurs alliés ravageaient l'Argie, en rapportaient des blés, y laissaient des troupes, établissaient à Ornées les bannis d'Argos, et traitaient avec les Ornéates. De leur côté, les Athéniens embarquèrent sur trente vaisseaux six cents hoplites, auxquels les Argiens joignirent toutes leurs forces : ils attaquèrent ensemble et rasèrent Ornées. Athènes transporta aussi par mer de la cavalerie à Méthone, sur les confins de la Macédoine, et renforça ainsi les exilés macédoniens qui infestèrent les domaines du roi Perdiccas. Vainement les Spartiates invitèrent les Chalcidiens de Thrace à secourir ce prince :

il se défendait encore seul à la fin de la seizième année de la guerre péloponnésiaque.

Au printemps de la dix-septième année (415 avant notre ère), les commissaires athéniens envoyés en Sicile en revinrent avec des députés égestains. Ils rapportèrent soixante talents d'argent non monnayé, valeur qui devait suffire à la dépense de soixante vaisseaux pendant un mois. On prit la résolution de les expédier en effet, sous le commandement d'Alcibiade, de Nicias et de Lamachus. On chargeait ces trois généraux de soutenir Égeste contre Sélinonte, de rétablir les Léontins et de prendre en Sicile les mesures les plus avantageuses à la république. Cinq jours après, l'assemblée du peuple, de nouveau convoquée, délibéra sur les moyens les plus prompts d'équiper la flotte; et Nicias, persuadé qu'on s'engageait dans une entreprise dangereuse, essaya de ramener les esprits à des pensées plus sages. Son discours est plein de raison et d'énergie. Il ne craignit pas de s'exposer aux ressentiments d'Alcibiade. « Si quelqu'un, dit-il, fier du « commandement qui vient de lui être confié, trop jeune « encore pour remplir cette fonction difficile, mais impatient d'étaler dans un camp le luxe de ses équipages, « et d'ajouter à son faste personnel une dignité publique, « vous excite à une expédition qui ne convient qu'à ses « propres intérêts, ne soyez pas les complices de son ambition. Il a besoin, pour briller un instant, et pour « consommer sa propre ruine, que la république soit « mise en péril. Ne souffrez pas qu'une si grave entreprise soit décidée précipitamment, au gré d'un jeune « homme. N'ayez pas vous-mêmes la maladie de son

« âge et ne vous laissez pas éprendre, comme lui, d'un
« fatal amour pour ce que vous ne possédez pas. C'est
« aux Siciliens de vider entre eux leurs querelles; et,
« puisque les Égestains ont commencé la guerre con-
« tre Sélinonte, sans l'intervention d'Athènes, ils peu-
« vent bien la terminer aussi sans nous. Revenons sur
« une délibération imprudente; il est encore temps de
« prévenir d'horribles calamités. »

Alcibiade répondit : avant de rapporter sa harangue,
Thucydide esquisse son portrait. Adversaire déclaré de
Nicias dans toutes les questions politiques, il avait des
motifs particuliers de le contredire dans celle-ci, tant
à cause des paroles offensantes qu'il venait de s'entendre adresser, que parce qu'il brûlait du désir de commander une armée. Il se flattait de conquérir et la Sicile et Carthage : il se promettait d'accroître sans
mesure sa gloire et son opulence. Déjà ses dépenses
excédaient ses facultés. L'entretien de son crédit, de
ses chevaux, de son luxe, exigeait de plus riches trésors; et il fallait la ruine de la république, pour qu'il
pût espérer de les acquérir au gré de ses fantaisies.
Les hommes sensés voyaient avec effroi l'excès de son
faste, les délices de sa table; et ils détestaient un ambitieux que toutes ses habitudes, toutes ses passions,
tous ses besoins entraînaient à la tyrannie. Qu'importe
qu'il dût, à la tête des armées, leur imprimer plus de
force? ses mœurs privées devaient compromettre le
salut de l'État. Mais c'est Alcibiade qui va se peindre
lui-même par ses paroles; et le début de son discours
suffira pour le caractériser. « Le commandement me
« convient mieux qu'à d'autres; et je sais que j'en suis
« digne. Je vaux mieux que Nicias : il faut que je com-

« mence par là, puisque cet homme m'a désigné. La
« gloire de mes ancêtres ainsi que la mienne est un bien
« de la patrie. La puissance d'Athènes est connue dans la
« Grèce par mon éclat aux fêtes Olympiques. Ma ma-
« gnificence a démenti le bruit de vos revers. Personne
« encore n'avait lancé, comme je l'ai fait, sept chars à
« la fois dans la carrière. J'ai emporté le premier prix,
« le second, le quatrième; et j'ai soutenu la dignité de
« mes triomphes. La république est illustrée par mes
« dépenses; et, si j'excite l'envie de quelques-uns d'en-
« tre vous, c'est moi qui vous fais redouter des étran-
« gers. Il faut ou établir une égalité absolue ou suppor-
« ter les hommes éminents. Leurs noms humilient les
« vanités contemporaines; mais, lorsque ces grands ci-
« toyens ne sont plus, leur mémoire enorgueillit la pa-
« trie; et c'est à qui mentira pour se faire croire leur
« parent ou leur descendant. Tel est le but où j'aspire :
« déjà je ne le cède à personne dans l'administration
« de vos affaires; je vous ai concilié les plus puissantes
« villes du Péloponnèse; j'ai affaibli les Spartiates; et
« je les ai intimidés même après leurs victoires. Voilà
« ce qu'a fait ma jeunesse; voilà les résultats de mon
« imprudence. Athéniens, profitez de ma force et de
« ma fortune : au point où vous êtes, vous ne pouvez
« plus mettre de bornes à votre empire. Votre desti-
« née est d'imposer le joug pour ne pas le subir; la
« tranquille politique des nations vulgaires ne vous
« convient plus; vous ne pouvez périr que par l'inac-
« tion. » Dire qu'un tel discours entraîna tous les suffrages, c'est assez montrer à quel degré de légèreté ou
de folie ces Athéniens étaient descendus. Qu'il se rencontre, au sein d'un peuple libre, un orateur assez

aveuglé par sa présomption et par ses desseins ambitieux pour débiter de pareilles extravagances, on ne
devrait que le plaindre. Mais une assemblée qu'elles
séduisent, qu'elles persuadent, a perdu tout sentiment
de ses intérêts.

Nicias sentit qu'il n'y avait plus d'espoir de détourner les Athéniens de ce projet insensé : il essaya néanmoins de les éclairer par le tableau des préparatifs qu'il
exigeait; ce fut le sujet d'un autre discours, digne d'un
homme d'État. « Puisque je vous vois tous, dit-il, im-
« patients de commencer une guerre nouvelle, puisse-
« t-elle, ô Athéniens, avoir un succès conforme à nos
« vœux! Je vous dois compte de ce que je pense des
« conjonctures actuelles. D'après ce que j'entends dire,
« ce sont des cités puissantes que nous allons attaquer.
« Indépendantes les unes des autres, elles n'ont pas
« besoin de ces révolutions où l'on se précipite pour
« se délivrer de la servitude. Il n'est pas probable qu'el-
« les veuillent recevoir notre domination en échange
« de leur liberté; car elles sont grecques, insulaires et
« nombreuses. J'espère bien que Naxos et Catane se
« joindront à nous, puisqu'elles ont une même origine
« avec les Léontins; mais j'en compte sept autres dont
« les forces militaires égalent les nôtres, et entre elles,
« Sélinonte et Syracuse, principaux objets de cette
« expédition. Pourvues d'hoplites, d'archers, de gens
« de trait, de vaisseaux et d'équipages, elles possèdent,
« pour entretenir ces armées, les richesses des par-
« ticuliers, les trésors déposés dans les temples de Sé-
« linonte, et les tributs en nature que des peuples
« barbares apportent à Syracuse. Elles ont, par-dessus
« nous, le double avantage de disposer d'une plus forte

« cavalerie, et de recueillir immédiatement leurs blés,
« sans être obligées de le tirer du dehors. Contre une
« telle puissance, une faible armée navale ne suffit pas;
« il nous faut une infanterie formidable, si nous ne
« voulons pas que leur cavalerie mette obstacle à no-
« tre descente. Supposons que les villes effrayées se
« liguent, et que nous n'ayons que les Égestains pour
« nous prêter des cavaliers capables de nous défendre,
« nous serons contraints à la plus honteuse retraite.
« Partons donc avec un imposant appareil, et n'ou-
« blions pas que nous allons nous transporter loin de
« nos foyers, pour livrer des combats dont nous n'a-
« vons point contracté l'habitude. Non, nous ne por-
« tons plus la guerre dans un pays dépendant ou allié
« de notre république, où nous soyons sûrs de trouver
« tous les secours nécessaires, mais dans une contrée
« étrangère, qui pendant quatre mois de l'année perd
« toute communication avec Athènes. Emmenons,
« croyez-moi, un très-grand nombre d'hoplites, Athé-
« niens, sujets, alliés, Péloponésiens même, attirés
« soit par la persuasion, soit par l'appât d'une solde,
« beaucoup d'archers et de frondeurs, beaucoup de
« vaisseaux armés, et de bâtimens de transport, du fro-
« ment et de l'orge grillé, des boulangers et d'autres
« hommes de service, enfin de fortes sommes d'argent;
« car je crains bien que les trésors des Égestains ne
« soient prêts qu'en paroles. Même avec cet appareil,
« avec des forces supérieures à celles des ennemis que
« nous allons chercher, nous aurons besoin d'efforts
« pénibles pour les vaincre et pour sauver ceux qui
« nous appellent. Songez qu'il faudra, dès notre dé-
« barquement, nous rendre maîtres de la campagne,

« et qu'un seul échec tournerait contre nous tous les
« habitants dont nous sommes entourés. Ainsi je ne
« veux rien abandonner à la fortune : je ne pars qu'a-
« près avoir pris des mesures qui nous assurent des suc-
« cès. Vous avez entendu mes demandes ; si quelqu'un
« les croit superflues, je lui cède le commandement. »

Nicias espérait que tant de propositions et de conditions détourneraient les Athéniens de leur folle entreprise ; mais l'immensité des préparatifs, loin de les
étonner ou de les refroidir, enflamma leur ardeur.
Tous se montraient impatients de s'embarquer : les
vieillards se figurant qu'ils allaient soumettre la Sicile ;
les hommes faits, curieux de connaître un pays lointain ; la foule des soldats, amorcée par l'appât du gain,
par l'espoir d'une solde perpétuelle. Ceux qui redoutaient les suites de l'expédition se gardaient bien
d'exprimer leurs craintes ; ils auraient passé pour mal-
intentionnés, ainsi qu'il arrive toujours au milieu d'un
délire public. Nicias, interpellé par un citoyen, et
sommé de déclarer à l'instant, mais en termes précis,
en quoi devaient consister les préparatifs, répondit
qu'il en délibérerait plus mûrement avec ses collègues;
que néanmoins, autant qu'il en pouvait juger d'a-
vance, il ne faudrait pas moins de cent trirèmes et de
cinq mille hoplites, outre les troupes légères et les
bâtiments de transport. Chacun à l'envi concourut à
la plus prompte exécution de ces plans. On décréta
que les trois généraux, Nicias, Lamachus et Alcibiade, auraient de pleins pouvoirs, et qu'en ce qui con-
cernerait le nombre et le régime des troupes, ils feraient
tout ce qu'ils croiraient avantageux à l'État.

Sur ces entrefaites, il arriva que, durant une nuit,

quelques autres images, et contrefait, par manière de moquerie, en un banquet privé, les cérémonies des saincts mystères.... qu'un certain Théodorus contrefaisoit le héraut qui a acoustumé de faire les proclamations, Polytion le porte-torche, et Alcibiadès le prestre qui monstre les choses sainctes et mystiques, et que ses autres compagnons estoyent les assistans, comme ceux qui prétendent et demandent à estre receus en la religion et confrairie des saincts mystères, lesquels pour ceste cause on appelle Mystes. Ces propres termes sont escripts en l'accusation que Thessalus... proposa à l'encontre d'Alcibiadès, le chargeant de s'estre meschamment moqué des deux déesses, Cérès et Proserpine, de quoy le peuple estant fort irrité et indigné.... Alcibiadès s'en trouva un peu estonné du commencement, mais puis après sentant que tous les mariniers qui devoyent aller à ce voyage de la Sicile, et les soudards mesmes estoyent fort afectionnez envers lui, et notamment que ceulx du secours d'Argos et de Mantinée, lesquels estoyent mille hommes de pied bien armez, disoyent publiquement que c'estoit pour l'amour d'Alcibiadès qu'ils entreprenoyent un si lointain voyage oultre mer, et que si on lui vouloit faire quelque tort et mauvais traitement, ils se retireroyent incontinent en leurs maisons; il reprit adonc courage, et délibéra sur la faveur du temps de se présenter et ester à jugement pour respondre à qui le voudroit acuser : à l'occasion de quoy ses ennemis s'atiédirent un peu, craignans que le peuple ne se monstrast en ce jugement plus mol envers lui, d'autant qu'il en avoit à faire. Au moyen de quoy, pour obvier à ce dan-

« ger, ils atitrèrent quelques autres orateurs qui fai-
« soyent semblant de n'estre point ennemis d'Alcibia-
« dès, et neantmoins ne lui vouloyent pas moins de
« mal que ceux qui estoyent ses ennemis déclarez.
« Ceulx-là se levèrent en pleine assemblée de conseil,
« et dirent qu'il n'y avoit point de propos, que luy
« qui estoit éleu l'un des capitaines généraux d'une si
« belle et si puissante armée, laquelle estoit jà toute
« preste à faire voile, et le secours de leurs alliez aussi,
« s'arrestast, en perdant temps et ocasion de bien
« faire, cependant qu'on lui choisiroit des juges...
« Mais Alcibiadès ayant incontinent aperceu et descou-
« vert la malice de ce délay, se tira en avant, et re-
« monstra qu'il n'y avoit point de raison de le faire
« partir chef d'une si grosse puissance, ayant l'enten-
« dement suspendu en continuelle crainte, pour les
« grieves imputations qu'il laissoit derrière à l'encon-
« tre de lui, pour ce qu'il méritoit de mourir, s'il ne
« s'en purgeoit et justifioit entièrement.... Ce que tou-
« tesfois il ne peut persuader, et luy fut enjoint expressé-
« ment de la part du peuple qu'il eust à s'embarquer. »

Il partit donc, Messieurs, avec la flotte qui offrait
le plus imposant spectacle qu'on eût encore admiré
dans la Grèce. Toutefois le moment du départ fut celui des premières réflexions sur la témérité de l'expédition : déjà l'on en mesurait les dangers que Nicias
avait si vainement tenté de faire entrevoir. On en cal-
culait aussi la dépense. L'État donnait une drachme
par jour à chaque matelot : il fournissait des vaisseaux
vides, savoir, soixante légers et quarante destinés à
porter des troupes. Les triérarques ou commandants de
galères avaient mis de la magnificence dans les sculp-

tres des proues, et dans tous les ornements des vaisseaux; on n'avait rien épargné pour enrôler, armer et
vêtir la meilleure et la plus brillante infanterie. Après
l'embarquement des troupes et des bagages, la trompette donna le signal du silence. Les prières qui devaient précéder le départ se firent, non en particulier
sur chaque navire, mais sur la flotte entière, à la voix
d'un héraut. La multitude qui couvrait le rivage ac-
compagnait ces prières, et formait des vœux ardents
pour le succès de l'entreprise. Quand on eut accompli
les libations dans des vases d'argent et d'or, quand on
eut chanté le pæan, les vaisseaux se mirent à la file;
on fit voile; et, jusqu'à la hauteur d'Égine, c'était à
qui voguerait avec le plus de rapidité : on courut vers
Corcyre, rendez-vous de tous les alliés.

Bientôt les Syracusains apprirent la nouvelle de
cet embarquement : quelques-uns la révoquaient en
doute, mais Hermocrate n'hésita point à la déclarer
certaine; et, à ce sujet, il prononça, si nous en croyons
Thucydide, une harangue dans une assemblée publique. « Armons-nous de courage, disait-il; expédions
des députés, d'abord à tous les peuples de la Sicile,
puis en Italie, à Carthage, à Lacédémone, à Corinthe; mettons à flot tout ce que nous avons
de bâtiments, et allons attendre les Athéniens
à Tarente et au cap d'Iapygie. Qu'ils sachent
qu'avant de livrer des combats pour conquérir la Sicile, ils en auront à soutenir pour traverser la mer
ionienne. Ils n'auront compté que sur une seule bataille navale, et se seront embarqués avec peu de
provisions. S'ils restent sur des côtes inhabitées, ils
y seront assiégés par la disette; s'ils tentent le pas-

« sage, bien d'autres périls les attendent. Pour moi, je
« pense qu'ils ne partiront pas de Corcyre et qu'ils y
« tiendront conseil jusqu'à l'hiver. Le plus expérimenté
« de leurs généraux, Nicias, ne les conduit qu'à con-
« tre-cœur; il ne lui faut, pour les quitter ou pour les
« ramener chez eux, qu'un prétexte : donnez-le-lui
« par quelque action d'éclat. Osez déployer vos forces,
« hâtez du moins vos préparatifs; et, pour avoir droit
« de mépriser vos agresseurs quand ils seront en pré-
« sence, prenez contre eux autant de précautions que
« s'ils étaient redoutables. » Ainsi parlait Hermocrate.
Un autre Syracusain, Athénagoras, chef du peuple,
prit aussi la parole, mais pour démontrer que la
nouvelle était fausse, et qu'il fallait se tenir tranquille. Il proposait même de sévir contre ceux qui n'é-
taient pas de son avis : il les désigna comme des per-
turbateurs et des ambitieux, aspirant à détruire la
puissance du peuple. « Dira-t-on, ajoutait-il, que la
« démocratie est absurde et injuste, et que les riches
« savent bien mieux gouverner? Je répondrai que le
« peuple est tout l'État; que l'oligarchie n'en est qu'une
« mince fraction; que les gens sages peuvent donner
« de bons conseils, mais qu'il appartient au peuple de
« juger les affaires, après en avoir entendu l'exposé; que
« le système aristocratique réserve au grand nombre
« les dangers, au petit nombre le pouvoir; et que cet
« odieux partage est un attentat aux droits de tous. »
Ces idées générales ne touchaient guère à la question particulière qui s'agitait; mais les vieilles querelles du parti
populaire et de l'oligarchie se mêlaient comme d'elles-
mêmes à toutes les délibérations des anciennes cités.
Du reste, Athénagoras soutient que les Athéniens ne

viendront point; que s'ils osent s'avancer, et quand ils
seraient deux fois plus nombreux, la Sicile, bien plus
forte que le Péloponnèse, les aura bientôt accablés; qu'ils
n'ont point de cavalerie; qu'Égeste ne leur en four-
nira qu'une faible; qu'ils ne pourront camper qu'à l'a-
bri de leur flotte, réduits à de misérables tentes et au
plus étroit nécessaire. « Oui, conclut-il, notre cité,
« quand même les Athéniens arriveraient, se défendra
« dignement; et si, comme je le crois, rien n'est vrai
« de ce qu'on lui annonce, elle ne se laissera point in-
« timider par des avis perfides, elle ne choisira pas
« pour ses chefs ceux qui les lui donnent, et ne se
« jettera point de plein gré dans l'esclavage. » Un général qui n'est point nommé termina ces débats, en
disant que cette affaire le regardait, lui et ses collègues, qu'ils avaient déjà pris des mesures dont ils rendraient compte quand il en serait temps.

Les Athéniens et leurs alliés étaient réunis à
Corcyre. Ils y avaient cent trente-quatre trirèmes, et
deux pentécontores rhodiennes, cinq mille cent
hoplites, sept cents valets faisant le service de soldats
de marine, de plus cinq cents Argiens, deux cents
cinquante Mantinéens, quatre cent quatre-vingts archers,
dont la sixième partie venait de la Crète, sept cents
frondeurs rhodiens, et cent vingt bannis de Mégare,
armés à la légère. Toute cette armée mit à la voile,
accompagnée de trente vaisseaux de charge, qui portaient les bagages et les subsistances, les boulangers,
les maçons, les forgerons, tous les instruments nécessaires pour construire des murailles. A Rhégium,
on apprit que les immenses trésors promis par les
Égestains n'existaient pas, ou se réduisaient à trente

talents. Nicias, comme nous l'avons vu, s'était bien
douté de ce mécompte. Pendant le séjour des premiers
députés d'Athènes à Égeste, les habitants avaient étalé
à leurs yeux les offrandes renfermées dans le temple
de Vénus à Éryx, et les avaient invités à des festins, où
une vaisselle d'emprunt, presque partout la même,
éblouissait les regards. Quand il fut question de trouver de l'argent, on reconnut qu'on s'était laissé duper
par de vaines apparences. Nicias voulait que toute l'armée
passât à Sélinonte, et qu'après avoir rétabli la paix
entre cette ville et les Égestains, elle regagnât l'Attique ; Alcibiade, qu'on s'assurât d'abord de Messane,
et qu'on recrutât d'autres auxiliaires contre Sélinonte
et Syracuse ; Lamachus, qu'on attaquât immédiatement
les Syracusains, sans leur laisser le temps de se remettre de leur premier effroi. Alcibiade aborda Messane, y porta des propositions qui ne furent point
écoutées, revint à Rhégium, visita Naxos, Catane, Camarina, et n'obtint nulle part de nouveaux alliés.
Déjà se manifestaient des germes de dissension entre
les trois généraux ; rien de considérable ne s'entrepre-
nait ; on se bornait à des courses sur les différentes
côtes de l'île. Pendant ces mouvements, survint une
galère expédiée d'Athènes, et apportant un décret qui
ordonnait à Alcibiade de venir répondre, lui et quelques-uns de ses officiers, aux accusations intentées
contre eux : il s'agissait toujours de la mutilation des
Hermès et de la profanation des mystères. Les informations contre les auteurs de ces sacriléges avaient
été continuées avec activité, et s'étaient étendues à
tel point que les meilleurs citoyens se voyaient arrêtés, mis aux fers sur de simples soupçons, sur les

rapports des plus vils délateurs. Le peuple, dit Thucydide, avait entendu parler de la tyrannie de Pisistrate et de ses fils, tyrannie que ni les Athéniens, ni Harmodius et Aristogiton n'avaient pu abattre et qui n'avait été renversée que par les Lacédémoniens : il craignait le retour d'une domination pareille et tout lui inspirait de la défiance. A ce propos, l'historien s'engage dans le récit de la conspiration d'Aristogiton et d'Harmodius. Je vous ai, Messieurs, signalé d'avance ce morceau de son sixième livre comme une digression inexcusable. Rien n'oblige, et s'il faut l'avouer, rien n'autorise ici Thucydide à suspendre le cours de son histoire; et c'est sans aucun profit qu'il abandonne son sujet pour remonter à une époque antérieure d'environ un siècle à celle dont il doit nous entretenir. C'est lui seul, et non le peuple d'Athènes, qui se remet en mémoire ces anciens événements, qui ne tiennent par aucun rapport direct et sensible à ceux qu'il s'est chargé de raconter. Mais on fait une autre critique de ce récit incident; on en conteste l'exactitude. Il est en effet extrêmement probable que l'aîné des fils de Pisistrate, et son successeur immédiat, était Hipparque, et non pas Hippias. Thucydide, qui adopte cette dernière opinion, et qui semble y attacher une très-haute importance, est contredit sur ce point par Platon, par Héraclide, par un ancien auteur, Clidème ou Clitodème, que cite Athénée. Il paraît même que Pisistrate eut un troisième fils nommé Thessalus, et qu'ils ont tous trois exercé en commun le pouvoir suprême : Héraclide et Diodore de Sicile le disent. Tout le système de Thucydide est combattu par Meursius, dans un savant traité intitulé *Pisistratus* ; la matière y est éclaircie par la confrontation de tous les textes qui la concernent. Le nom de Pisistratides, employé dans plusieurs de ces textes, prouve que tous les fils de Pisistrate, et non le seul Hippias, avaient hérité de sa puissance et de son ambition, soit qu'on restreigne ce nom de Pisistratides à Hipparque et à Hippias, qui sont restés plus fameux, soit qu'on l'étende à Thessalus et même à un quatrième appelé Hégésistrate, dont parle un scholiaste d'Aristophane. Il y aurait lieu aussi d'examiner si Thucydide ne traite pas ici les tyrans d'Athènes avec trop d'indulgence, et leurs deux ennemis avec trop de sévérité. Mais toutes ces discussions seraient étrangères à la guerre du Péloponnèse, où, encore une fois, cette digression de l'historien est tout à fait déplacée.

Pour rentrer dans son sujet, après cette divagation, il est obligé de répéter, sans aucun fondement, et presque sans la moindre apparence de vérité, que c'était le souvenir de Pisistrate, de ses fils, d'Harmodius et d'Aristogiton, qui rendait le peuple athénien inquiet, soupçonneux, inexorable envers les profanateurs des mystères, et le disposait à voir partout des conspirations en faveur de l'oligarchie. Les prisons s'encombraient : parmi les malheureux qu'on y avait entassés, il s'en trouva un que l'on parvint à séduire : on lui persuada que l'impunité serait pour lui le prix des aveux et des révélations qu'il pourrait faire. Il s'accusa donc lui-même de la mutilation des Hermès, et dénonça plusieurs complices de cet attentat. Sur sa délation, et sans autre recherche, on mit à mort tous ceux qu'il avait désignés : lui seul fut absous, et il n'y eut de relâchés avec lui que ceux qu'il n'avait point inculpés.

On ignore, dit Thucydide, si les condamnés étaient innocents ou coupables; mais la multitude applaudit à leur supplice, qui la débarrassait de ses vagues inquiétudes. Elle recueillait surtout avidement les dénonciations contre Alcibiade, qu'elle accusait en même temps d'intelligence avec les ennemis étrangers. Une armée lacédémonienne venait de s'avancer jusqu'à l'isthme de Corinthe : on assura qu'il l'avait mandée, et l'on n'attendait plus pour faire tomber sa tête que son arrivée à Athènes. Il comprit qu'il était temps de pourvoir à sa sûreté : il n'était point un de ces hommes vertueux qui opposent au malheur et à l'injustice un courage magnanime : poursuivi comme traître, il se crut forcé à l'être; et, tandis qu'on le condamnait à mort dans sa patrie, il se réfugiait chez les Péloponnésiens. Il s'était esquivé, en trompant à Thurium la vigilance de ceux qui le ramenaient dans l'Attique. Je n'ai pas besoin, Messieurs, de vous faire observer ses égarements ni ceux de ses concitoyens. Ils avaient écouté ses conseils avec une confiance aveugle, au point de se laisser entraîner par lui dans une entreprise insensée. Tout à coup, parce qu'on a brisé quelques pierres, objet d'une vénération stupide, ils proscrivent celui que leur enthousiasme a rendu l'arbitre de leurs destinées, et la superstition, injuste et cruelle, les expose à de nouveaux périls.

En Sicile, Nicias se porta d'Himéra à Hyccara, puis à Égeste, y recueillit trente talents, et en gagna cent vingt en vendant les prisonniers qu'il avait enlevés sur les côtes. A la fin de l'été, il était, avec son collègue Lamachus, auprès d'Hybla, qu'ils attaquèrent sans succès. Les Syracusains se mirent en marche : les

Athéniens, après divers mouvements et quelques stratagèmes, se disposèrent à livrer une bataille dans les champs de Léontium. Les Argiens et les Mantinéens formaient l'aile droite, les guerriers de l'Attique occupaient le centre, et l'aile gauche se composait de leurs autres alliés. La moitié de l'armée était placée en avant, sur huit hommes de hauteur; l'autre près des tentes, en carré long, aussi sur une hauteur de huit hommes. « Qu'ai-je besoin, leur dit Nicias, de vous exhorter à « bien faire? Je parle à des guerriers d'Argos, de Man- « tinée, d'Athènes, et à des insulaires valeureux. L'é- « lite de la Grèce va combattre un amas de Siciliens « inexpérimentés, incapables de mesurer le danger « qu'ils vont courir. On leur dit, pour exciter leur au- « dace, qu'ils ont à défendre leur patrie; je vous dirai « que vous êtes loin de la vôtre, et que vous seriez « sans ressource et sans asile, si vous pouviez vous « laisser vaincre. Accablés par leur cavalerie, vous ne « sortiriez pas d'une terre étrangère. Songez à votre « ancienne gloire; songez à votre position actuelle et « à la nécessité qui vous presse. » Après avoir animé ses troupes par cette harangue militaire, Nicias les conduisit à l'action. Les Syracusains, qui ne la croyaient pas si prochaine, s'étaient débandés; plusieurs avaient quitté leur camp : ils raccoururent avec ardeur, et soutinrent la bataille sans autre désavantage que leur inhabileté. De part et d'autre, les manœuvres commencèrent par les frondeurs, les archers et les troupes légères. Les devins immolèrent ensuite des victimes, et la trompette donna aux hoplites le signal de la mêlée, qui dura longtemps. Un orage survint : une forte pluie, des éclairs, des coups de tonnerre, achevèrent de dé-

concerter les Syracusains, ceux surtout qui se battaient
ce jour-là pour la première fois : leur aile gauche fut
enfoncée par les Argiens, le reste de leur armée mis
en fuite par les Athéniens. Mais la cavalerie sicilienne
protégea la retraite des vaincus, qui se rallièrent sur le
chemin d'Hélore, et envoyèrent un détachement pour
défendre les trésors d'Olympium. Les vainqueurs avaient
perdu à peu près cinquante hommes, les Siciliens deux
cent soixante. Chargés d'assez riches dépouilles, les
Athéniens retournèrent à Catane : on était au mois de
novembre; il fallait recevoir d'Athènes et de l'Italie un
renfort de cavaliers pour continuer la guerre en Sicile;
on avait aussi besoin d'argent et de munitions. On
prit donc des quartiers d'hiver à Naxos et à Catane.

Une assemblée se tint dans les murs de Syracuse, et
l'historien rapporte, sous la forme indirecte, une harangue
qu'y prononça Hermocrate pour relever le courage de
ses compatriotes. Ils ne devaient, disait-il, attribuer leur
défaite, qu'au défaut de discipline, à l'inexpérience, et
surtout au trop grand nombre de généraux : ils en
avaient quinze, presque égaux en pouvoir. Il ne s'agissait que de concentrer le commandement, et de se
préparer, jusqu'au printemps, par des exercices militaires, à une campagne plus heureuse. Hermocrate fut
lui-même élu général, et n'eut que deux collègues, Hé-
raclite et Sicanus. Syracuse fit auprès des républiques
de Corinthe et de Sparte de nouvelles instances pour
obtenir des secours. Les Athéniens passèrent de Naxos
et de Catane à Messane, espérant que cette place se
rendrait sans combat; mais les intrigues qu'ils y avaient
pratiquées ne réussirent point : Alcibiade, en partant,
les avait dévoilées aux ennemis. Les habitants de Ca-

marina hésitaient encore entre les Athéniens et les Syracusains; les uns et les autres envoyèrent à cette ville
des députés. Hermocrate plaida la cause de Syracuse,
et Euphémus celle d'Athènes : voilà encore deux longs
discours travaillés avec beaucoup d'art par l'historien. « Je ne me plaindrai pas, dit Hermocrate, de
« toutes les injustices des Athéniens : c'est nous-mêmes
« que nous devons accuser, nous que l'exemple de la
« Grèce n'instruit point, nous qui, n'ignorant pas com-
« ment elle s'est laissé asservir, et voyant la même as-
« tuce employée contre nous, ne mettons pas en com-
« mun tous nos moyens de défense. Ressemblerons-
« nous à des Ioniens? Serons-nous comme eux, toujours
« indociles et toujours esclaves? Ne nous souvient-il
« plus que, Doriens d'origine, nous sommes nés pour
« vivre libres sous nos propres lois? Attendrons-nous
« que toutes nos villes soient prises l'une après l'autre?
« L'intérêt de tous les Siciliens n'est-il pas le même? et
« chaque cité ne sera-t-elle pas atteinte des maux dont
« elle ne préservera pas ses voisines? Citoyens de Cama-
« rina, choisissez de vaincre avec nous, ou de méri-
« ter par votre lâcheté l'esclavage que les Athéniens
« vous offrent sous le nom d'alliance. » Euphémus répondit : « Oui, nous sommes Ioniens, et à ce titre en-
« nemis des Doriens du Péloponnèse. Vainqueurs du
« Mède, nous ne serons pas vaincus par Lacédémone.
« Nous nous sommes saisis de la domination, afin de ne
« pas la subir; c'est à la tyrannie péloponnésienne, et
« non pas à vous, Siciliens, que nous sommes venus
« faire la guerre en Sicile. Défendez avec nous votre
« île contre Sparte et contre ses alliés de Syracuse. Ap-
« pelés par ceux d'entre vous qui se sentaient opprimés,

« nous avons employé toutes les forces de notre répu-
« blique à une expédition qui nous intéresse autant
« que nous-mêmes. » J'ai, Messieurs, considérablement
abrégé ces deux harangues, ainsi que toutes les
précédentes; je les réduis à ce qu'elles ont de plus
substantiel et de plus historique. Les habitants de Camarina, craignant également Syracuse et Athènes, déclarèrent qu'ils resteraient neutres; seul moyen, disaient-ils, de remplir leurs engagements avec l'un et
l'autre parti.

Les Athéniens négociaient avec les Sicules, et en sé-
duisaient quelques-uns, particulièrement ceux qui habitaient l'intérieur des terres. Ceux-là leur apportaient
des vivres et des tributs. Les généraux d'Athènes envoyèrent des trirèmes à Carthage, dont ils essayaient
de tirer des services. Ils adressèrent de pareils messages
aux villes de la Tyrsénie ou Toscane. Ils s'occupaient
d'ailleurs des préparatifs de la prochaine campagne,
amassaient des briques, du fer, et tous les matériaux
nécessaires à des fortifications. Pendant ce temps, des
députés de Syracuse parcouraient le Péloponnèse et
sollicitaient du secours. Ils furent bien accueillis à Corinthe, et plus froidement à Lacédémone, où ils s'étaient
fait accompagner par des Corinthiens; Alcibiade
s'adjoignit à eux : il n'avait plus d'autre pensée que de
nuire à sa patrie; et, après l'avoir entraînée à cette
guerre de Sicile, il s'efforçait de la lui rendre de plus
en plus calamiteuse. Par quelle fatalité l'histoire a-t-elle
laissé une réputation brillante à l'un des hommes les
plus corrompus et au plus mauvais citoyen de la Grèce?
Qui plus que lui a mérité le mépris de ceux qui comp-
tent pour quelque chose la probité, la liberté, les mœurs

la plupart des Hermès de pierre ou des figures carrées
de Mercure, exposées dans les vestibules des maisons
et des temples d'Athènes, furent mutilées. C'était, aux
yeux de la superstition publique, un événement d'une
extrême importance. On ne connaissait pas les coupables; on les rechercha : on promit des récompenses à
ceux qui les découvriraient ou qui dénonceraient quelque autre sacrilége. On voyait dans cette aventure un
présage sinistre, un complot pour amener une révolution et détruire le gouvernement populaire. La plupart accusaient Alcibiade et les compagnons de ses
débauches. Il protesta de son innocence, et offrit de se
mettre en jugement; mais ses ennemis estimèrent qu'il
valait mieux le laisser partir, profiter de son absence
pour le rendre odieux, et attendre un temps plus
opportun pour reproduire et traiter sérieusement cette
affaire. Plutarque ajoute quelques autres détails à ce
récit: il dit que des soupçons s'étaient élevés contre
les Corinthiens, comme ayant commis cet attentat
pour empêcher l'expédition qui menaçait les Syracusains
leurs amis; mais que le peuple aima mieux croire « que
« ce devoient avoir esté quelques jeunes gens desbauchez
« qui, après bien boire, auroyent commis et fait un tel
« scandale, en se cuidant jouer... L'on recherchoit toute
« suspition, pour petite et légère qu'elle fust, fort as-
« prement, et s'assembla le sénat et le peuple aussi en
« conseil là-dessus par plusieurs fois en peu de jours.
« Androclès, l'un des orateurs qui s'entremettoient du
« gouvernement de la chose publique, produisit au con-
« seil quelques esclaves et quelques estrangers habituez
« en Athènes, lesquels déposèrent qu'Alcibiadès et au-
« tres siens familiers avoyent ainsi tronçonné et mutilé

et la foi publique? Quoi qu'il en soit, l'Athénien Alcibiade est l'orateur que Thucydide met en scène pour inviter les Spartiates à seconder les Syracusains contre Athènes. Il se propose d'abord de dissiper les préventions que son nom doit inspirer. Mais il ne s'excuse point de trahir ses compatriotes, ce qui aurait dû être un crime aux yeux des Spartiates eux-mêmes. Il craint seulement qu'on ne le soupçonne de trahir aussi Lacédémone, ainsi qu'en effet il en eût été fort capable, si les circonstances le lui avaient dès lors conseillé. Il craint aussi qu'on ne lui reproche d'avoir soutenu le système démocratique; et, sur ce point, son apologie consiste à dire que, lorsqu'il semblait un zélé partisan de ce régime, il en connaissait mieux que personne tous les vices, toute la démence, et le jugeait le pire de tous. La vérité est qu'il n'avait et qu'il lui eût été incommode d'avoir aucune opinion sur la forme du gouvernement : il suivait à son aise les mouvements de son intérêt personnel. Dès sa jeunesse, il s'était affranchi de toute théorie politique, comme de toute doctrine morale. Après l'exorde que je viens d'indiquer, il déclare que les Athéniens se sont portés en Sicile, pour soumettre d'abord les Siciliens, ensuite l'Italie, puis Carthage, et enfin le Péloponnèse. Il ajoute que la Sicile ne pourra tenir, si elle n'est pas secourue, dirigée, encouragée par les Spartiates. Il conseille de plus de fortifier Décélie, dans le territoire même de l'Attique : « C'est, dit-il, ce que les Athéniens redou-
« tent le plus, et le seul malheur qu'ils n'aient point
« encore éprouvé. Par là, ils seront privés du produit
« de leurs mines d'argent de Laurium et de plusieurs
« autres revenus. Ne craignez pas de m'employer dans

« les dangers extrêmes, et dans les plus rudes travaux.
« Pensez que je connais immédiatement les affaires
« d'Athènes, et que j'ai étudié les vôtres. Guerre aux
« Athéniens en Sicile et dans l'Attique à la fois, et vous
« acquerrez sur la Grèce entière un empire incon-
« testé. » Les Lacédémoniens, qui avaient déjà conçu
le projet de recommencer la guerre, et de tenir les
trêves pour nulles, saisirent surtout l'idée de fortifier
Décélie. Ils firent partir quelques troupes pour la Sicile, et choisirent Gylippe pour commander l'armée
des Syracusains. Il devait se concerter avec eux et avec
les Corinthiens, et faire arriver, le plus tôt possible,
un puissant renfort à Syracuse. Il exécutait ces ordres
à la fin de l'hiver.

Le sixième livre de Thucydide contient de plus le
récit des événements arrivés jusque vers les derniers
jours du mois de juin 414 avant l'ère vulgaire, dix-
huitième année de la guerre du Péloponnèse. Les
Athéniens se transportèrent auprès de Mégare, ville que
Syracuse tenait sous sa dépendance, depuis l'expulsion
des habitants au temps de Gélon. Ils firent une descente, ravagèrent le territoire, s'avancèrent jusqu'à un
fort syracusain, et n'ayant pu le prendre, gagnèrent
par terre et par mer le fleuve Térias; là encore ils entrèrent dans les campagnes, les saccagèrent et mirent
le feu aux blés. Une petite troupe Syracusaine qu'ils
rencontrèrent succomba sous leurs coups : ils dressèrent un trophée et retournèrent à leurs vaisseaux. Revenus à Catane, ils en tirèrent des subsistances, et se
portèrent avec toutes leurs forces à Centoripe, place
qui appartenait aux sicules. Ils la reçurent à composition, brûlèrent les blés d'Inesse et d'Hybla, se retirè-

rent, regagnèrent encore une fois Catane. Un renfort leur arriva d'Athènes; ce n'était que deux cent cinquante cavaliers avec leurs équipages et sans chevaux, parce qu'on avait pensé que la Sicile en fournirait. Il leur vint de plus trente archers à cheval, et leur trésor s'accrut de trois cents talents (un million six cent cinquante mille francs).

Les Lacédémoniens qui avaient pris les armes contre Argos, s'avancèrent jusqu'à Cléone. Un tremblement de terre arrêta leur marche; ils battirent en retraite. Les Argiens se répandirent dans les campagnes de Thyrée, et firent, en poursuivant les Spartiates, un butin que l'historien évalue à vingt-cinq talents (cent trente-sept mille cinq cents francs). Une insurrection éclata dans les murs de Thespies: mais les révoltés n'y parvinrent point à s'emparer du pouvoir, et Athènes qui les avait secondés ne put qu'offrir un asile dans son enceinte à ceux qui échappèrent aux mains de leurs magistrats. Cependant les Syracusains, apprenant que les Athéniens venaient d'acquérir un renfort de cavalerie, se disposaient à marcher contre eux, et se mettaient d'ailleurs en mesure de leur fermer l'accès de l'Épipole, quartier de Syracuse qui domine tous les autres, et qu'il fallait approcher pour achever d'envelopper la ville d'un mur de circonvallation. Des autres côtés sont des collines dont le penchant se dirige vers la place, en sorte que le terrain qu'elles enveloppent demeure totalement à découvert. Hermocrate et ses deux collègues sortirent dès le point du jour avec toutes leurs troupes, gagnèrent la prairie que baigne l'Anapus, et après avoir fait la revue de leurs soldats, en choisirent sept cents qu'ils chargèrent de garder l'Épipole, sous les ordres de Diomile, exilé d'Andros.

Les généraux athéniens faisaient aussi la revue de
eur armée; et, à l'insu de l'ennemi, ils la conduisaient
out entière de Catane à l'endroit nommé Léon, qui
'était qu'à six ou sept stades de l'Épipole. L'infanterie
escendit à terre, et les vaisseaux allèrent à Thapsos,
resqu'île qui s'avance dans la mer et ne tient au con-
inent que par un isthme fort étroit. Les soldats qui
nontaient ces vaisseaux, garnirent l'isthme de palis-
ades; et, dès qu'ils eurent achevé ce travail, l'infante-
ie se précipita sur l'Épipole, et en gravit une hauteur,
ans être aperçue. Les sept cents Syracusains accouru-
ent, attaquèrent les Athéniens, furent battus, et trois
ents d'entre eux périrent dans cet engagement, y com-
ris leur chef Diomile. Les vainqueurs érigèrent un
rophée, descendirent jusqu'au pied de la place, éle-
èrent sur les dernières hauteurs de l'Épipole un fort
ui regardait Mégare, et qu'ils destinaient à leur servir de
nagasin. Trois cents cavaliers égestains leur arrivèrent
vec environ cent Sicules : on avait d'ailleurs reçu, pris
u acheté assez de chevaux pour monter les deux cent
inquante cavaliers venus d'Athènes, en sorte qu'on avait
ine cavalerie de six cent cinquante hommes. On se
nit, sans délai, à travailler au mur de circonvallation,
ivec une activité qui effraya les Syracusains. Ils s'avan-
èrent pour y mettre obstacle ; un bataillon d'hoplites
ithéniens les mit en fuite. Les ouvrages se continuè-
ent : les pierres et les bois de charpente se déposaient
ι Trogile, endroit où le retranchement devait avoir
e moins de longueur. Les Syracusains, dociles aux
conseils d'Hermocrate, ne voulurent plus hasarder d'af-
aire générale : ils élevèrent un contre-mur. S'ils pouvaient devancer l'ennemi, ils lui fermeraient les ap-

X.   17

proches de la ville : s'il s'opposait à la construction
du contre-mur, une partie de l'armée s'élancerait sur lui,
et s'emparerait des passages que l'on clorait de palissades. D'ailleurs abandonnerait-il ses propres ouvrages
pour venir tenter une attaque? Les assiégés entreprirent donc leur muraille, coupèrent les oliviers du bois
sacré, pour en construire des tours : ils demeuraient
maîtres de la mer, la flotte athénienne n'étant pas encore passée de Thapsos au grand port. Aussi les Athéniens ne mirent-ils aucun obstacle aux travaux des
Syracusains; ils se pressèrent de finir les leurs, détruisirent ensuite un aqueduc qui portait l'eau à la ville
par des canaux souterrains, envoyèrent enfin trois cents
hommes d'élite, avec quelques troupes légères bien armées, pour attaquer la nouvelle muraille syracusaine.
Les palissades furent enlevées: les Siciliens qui les gardaient se réfugièrent à Téménite, et en furent chassés;
on détruisit leur contre-mur si péniblement élevé. Le
lendemain, les combats recommencèrent, et l'une de ces
rencontres coûta la vie à Lamachus et à cinq ou six de
ses soldats. Un détachement syracusain, envoyé à l'enceinte que les Athéniens occupaient dans l'Épipole, y
serait parvenu, si Nicias n'avait eu l'art ou le bonheur
de l'empêcher. Ce général fit mettre le feu à tout ce qui
se trouvait de machines et de bois en avant du retranchement; et cet incendie ne permettant pas aux Syracusains de s'avancer davantage, ils se retirèrent. Survinrent les guerriers grecs qui revenaient de la plaine;
et, au même instant, les vaisseaux arrivèrent de Thapsos dans le grand port. Ces mouvements décidèrent la
rentrée de toute l'armée d'Hermocrate dans la place; il
n'y avait plus moyen d'empêcher l'achèvement de la

irconvallation. Nicias permit aux ennemis d'enlever
eurs morts; il reçut le corps de son collègue Lama-
:hus. Ses soins et ses efforts aboutirent à envelopper
Syracuse d'un double mur, qui, partant de l'Épipole, se
prolongeait jusqu'au rivage. Des munitions lui vinrent
l'Italie; les Sicules, jusqu'alors irrésolus, se déclarèrent
es alliés d'Athènes, et la Tyrsénie envoya trois penté-
:ontores ou vaisseaux montés chacun de cinquante
hommes. Les Syracusains, au contraire, ne voyaient arriver du Péloponnèse aucun secours : désespérant de
se défendre avec avantage, ils commençaient à parler
l'accommodement, et en faisaient porter des paroles
à Nicias qui commandait seul depuis la mort de Lama-
:hus. Mais il s'en fallait qu'ils fussent tous d'accord
dans l'intérieur de leur ville. Leurs revers y avaient
semé la discorde et les soupçons : ils destituèrent leurs
généraux, comme suspects d'impéritie et de perfidie,
et en élurent trois autres, Héraclide, Euclès et Tellias.

Le Lacédémonien Gylippe apprit ces nouvelles et
reconnut qu'il n'était pas encore temps de rien entreprendre. Il se retira d'abord à Tarente avec la flotte
corinthienne. Il en partit pour aller négocier à Thurium,
où il avait hérité de son père le droit de cité ; mais, ne
pouvant rien obtenir des habitants, il se remit en mer,
et côtoya l'Italie. A la hauteur du golfe de Ténare, un
vent du nord très-violent le porta dans la haute mer;
une tempête nouvelle le força de rentrer au port de
Tarente, où il radouba ses navires. Il ne pouvait être
ni craint de Nicias, ni recherché par les Italiens, qui ne
voyaient en lui qu'un chef de pirates. Cependant les
Spartiates entraient dans le pays d'Argos avec leurs alliés et le dévastaient. Les Athéniens s'y rendirent avec

trente vaisseaux, et la trêve, dont le nom avait subsisté jusqu'alors, fut enfin réputée rompue : ils descendirent à Épidaure, à Prasies, en d'autres cantons dépendant de Sparte, et y firent le plus de dégât qu'ils purent. De leur côté, les Argiens envahirent le pays de Phliasie, et ne rentrèrent chez eux qu'après avoir dévasté les champs et tué beaucoup d'hommes. C'est par le tableau de tous ces ravages que se termine le sixième livre de Thucydide.

Le principal artisan de ces malheurs publics, Alcibiade, habitait Lacédémone. Cette cité estimait, dit Plutarque, qu'elle avait déjà reçu de lui trois grands services : il avait provoqué la mission de Gylippe, une expédition nouvelle dans la Grèce, et l'entreprise de fortifier Décélie. Les Spartiates lui savaient gré aussi de sa facilité à imiter leurs mœurs, à se conformer à toutes leurs coutumes. A le voir se raser le visage, se baigner dans l'eau froide, manger du pain bis, humer du brouet noir, on eût cru que jamais il n'avait eu de cuisinier dans sa maison, ni employé de parfumeur, ni fait usage de draps tissus à Milet. Nul n'excella plus que lui à prendre et à quitter les habitudes si diverses de tous les peuples du monde. A Sparte, il se montrait laborieux, sobre et austère; en Ionie, délicat et voluptueux; chez les Thraces, buveur et cavalier; en la cour de Perse, somptueux et magnifique. Mais il était partout profondément pervers, incapable d'affections sincères et durables, ne prenant pour règle de ses actions que son intérêt personnel de chaque moment, et ne faisant consister cet intérêt que dans la satisfaction de ses plus vicieux penchants. C'est parce qu'il aimait passionnément les plaisirs, l'éclat, et par-dessus tout le pouvoir, que la

guerre du Péloponnèse s'est rallumée après les trêves,
et a désolé la Grèce dix-sept ans de plus. L'influence
des ambitieux tels que lui n'a jamais été que funeste;
et le plus grave reproche qu'on puisse adresser à l'histoire est de n'avoir pas flétri les noms de ces insignes
malfaiteurs; sa plus fatale erreur est de célébrer leur
mémoire. Alcibiade ne reparaîtra que dans le huitième
livre de Thucydide.

Dans notre prochaine séance nous étudierons le septième qui passe, comme je vous l'ai dit, pour le plus
brillant et le plus intéressant de l'ouvrage.

NEUVIÈME LEÇON.

Messieurs, Thucydide, dans son sixième livre, a conduit l'histoire de la guerre du Péloponnèse depuis la fin de l'an 416 avant notre ère jusqu'au milieu de 414. C'est un espace d'environ dix-huit mois, qui se compose d'une partie de la seizième année de la guerre, de la dix-septième tout entière et du commencement de la dix-huitième. Une courte description de la Sicile et un exposé des origines de ses divers habitants ont servi de préliminaires au récit des événements dont cette île allait être le théâtre. Les Athéniens, dupes des intrigues et de l'ambition d'Alcibiade, ont résolu, malgré Nicias, d'y entreprendre une expédition. La mutilation nocturne des Hermès a failli empêcher le départ d'Alcibiade, à qui l'on imputait cet attentat. Mais ses ennemis l'ont laissé partir, ou même ils l'y ont forcé, se réservant de l'accuser et de le juger en son absence. A peine était-il débarqué en Sicile avec les deux autres généraux, ses collègues, Nicias et Lamachus, qu'il reçut l'ordre de revenir pour répondre à l'accusation. A ce propos l'historien s'est engagé dans une digression qui nous a paru fort déplacée ; elle concerne Harmodius et Aristogiton, les meurtriers des Pisistratides. Alcibiade s'est réfugié chez les Péloponnésiens ; il s'est allié contre Athènes à Lacédémone. Nicias a commencé la guerre en Sicile : il a investi Syracuse, et remporté plusieurs avantages. Les Athéniens ont néanmoins essuyé quelques échecs, et perdu Lamachus, l'un de leurs chefs. Mais tels étaient encore leurs premiers succès en Sicile, que Gylippe, général lacédémonien, n'a pas cru qu'il fût temps de venir s'y mesurer avec eux; il est resté à Tarente avec sa flotte. Les Spartiates et leurs alliés dévastaient le pays d'Argos; les Athéniens s'y sont portés sur trente galères, et l'on a reconnu enfin que la trêve était rompue. En nous racontant ces faits, dans son sixième livre, Thucydide y a mêlé, selon son usage, un certain nombre de harangues; les personnages auxquels il les a prêtées sont Alcibiade, Nicias, les Syracusains Hermocrate et Athénagoras, l'Athénien Euphémus.

Aucun des six livres que nous venons d'étudier n'égale en intérêt historique le septième où la catastrophe des Athéniens en Sicile va nous être exposée. L'historien nous en dévoilera les causes, les avant-coureurs, les circonstances, les résultats. Cette précieuse partie de ses récits ne correspondra qu'aux années 414 et 413 avant l'ère vulgaire.

Gylippe et son collègue Python, après avoir fait radouber leurs navires, passèrent de Tarente chez les Locriens occidentaux, à l'extrémité de l'Italie. Là ils apprirent que Syracuse n'était pas encore entièrement investie, et qu'une armée pouvait y être introduite par l'Épipole. Les Athéniens ne disposaient pas des forces nécessaires pour étendre et affermir leurs conquêtes : ils venaient de perdre un de leurs meilleurs auxiliaires par le décès d'Archonidas, qui régnait sur une partie des Sicules. Voilà donc Gylippe qui descend dans l'île, et qui marche vers la place assiégée. Des Corinthiens venaient d'y arriver avant lui : il était temps; car déjà les Syracusains songeaient à se rendre. Les Corinthiens les en détournèrent en leur annonçant Gylippe. Son apparition inattendue troubla les Athéniens, qui pourtant se mirent en ordre de bataille. Une première affaire leur fut avantageuse : ils défirent les Syracusains et dressèrent un trophée. Gylippe assembla ses troupes et leur déclara que ce n'était point à elles, mais à lui seul qu'il fallait attribuer ce revers; qu'en les resserrant dans un étroit espace, il s'était ôté l'usage de sa cavalerie et de ses gens de trait; qu'il allait à l'instant les reconduire à l'ennemi; et que, loin de se croire inférieures en forces, elles devaient se sentir destinées, par leur qualité de Doriennes, à vaincre et à écraser des Ioniens. Je doute fort, Messieurs, de l'utilité de ces forfanteries nationales; mais on les a partout employées pour animer les soldats; c'est le style convenu des exhortations militaires. Les Athéniens s'avancèrent : Gylippe, qui les voulait prendre en flanc, disposa en conséquence ses cavaliers et ses archers; il les posta vers l'endroit où se terminaient ses retranchements, en établissant ses hoplites plus en avant des tranchées que la première fois. Sa cavalerie, pendant l'action, fondit sur l'aile gauche athénienne, et la mit en fuite; toute l'armée de Nicias se retira en désordre dans ses lignes. Les Syracusains, durant la nuit suivante, élevèrent et prolongèrent leur muraille au delà de celle de l'ennemi, et lui ôtèrent ainsi le moyen de les renfermer. Des secours survenaient de toutes parts à Syracuse; et, grâce à l'activité de Gylippe, plusieurs villes siciliennes entraient dans la confédération. Le

reste des vaisseaux de Corinthe, d'Ampracie, de Leucade, arrivait sous le commandement d'Érasinidas ; et les Syracusains équipaient une flotte : Nicias, prévoyant les embarras et les périls dont il allait être obsédé, sentit mieux que jamais que son armée avait besoin de renforts considérables, à moins qu'on ne se hâtât de la rappeler, ce qui eût été le parti le plus sage. Il écrivit donc aux Athéniens une lettre que Thucydide transcrit ou rédige, et qui peint parfaitement l'état des affaires en Sicile. « Vous avez appris, citoyens,
« par plusieurs de mes dépêches précédentes, ce que
« nous avons fait jusqu'à ce moment. Il importe que
« vous connaissiez notre situation actuelle. Nous avions
« eu l'avantage dans la plupart des combats ; nous
« avions construit des retranchements, où nous sommes
« encore. Gylippe est survenu à la tête d'une armée
« péloponnésienne : nous l'avons vaincu dans une pre-
« mière bataille ; mais le lendemain une cavalerie nom-
« breuse nous a repoussés, et il n'est plus en notre pou-
« voir de continuer nos travaux de circonvallation ;
« une partie de nos troupes est occupée à garder les lignes.
« D'ailleurs nos ennemis ont élevé autour de nous un
« mur qui, d'assiégeants que nous étions, nous transforme
« en assiégés, au moins du côté de la terre ; et, resser-
« rés par la cavalerie, nous ne pouvons plus avancer
« dans les campagnes. On songe même à nous attaquer
« du côté de la mer : on sait que notre flotte, naguère
« si florissante, ne se compose plus que de vaisseaux
« pourris et d'équipages ruinés. Comme les vivres com-
« mencent à nous manquer, on nous débauche des so -
« dats, des valets, des matelots, des auxiliaires. Je
« m'aperçois aussi que mon autorité s'affaiblit : encore

« quelques revers, et nous sommes réduits aux dernières
« extrémités. Je sais que vous n'aimez à recevoir que
« d'heureuses nouvelles; mais je vous dois la vérité.
« Nous sommes tous, chefs et soldats, sans reproche :
« n'imputez nos malheurs qu'à l'insuffisance de nos
« forces contre la Sicile entière et le Péloponnèse li-
« gués contre nous. Ou rappelez votre armée, ou en-
« voyez-en une seconde de terre et de mer, avec de
« grandes sommes d'argent. Je vous demande un suc-
« cesseur : ma santé s'est altérée; je ne suis plus en état
« de commander. » Cette lettre ne fut pas aussi mal
accueillie que Nicias l'avait craint. On ne le déchargea
point du commandement, mais on résolut de lui envoyer une autre armée et deux collègues, Démosthène,
fils d'Alcisthène, et Eurymédon. De leur côté, les Lacédémoniens se disposèrent à fortifier Décélie et à ravager l'Attique. Ainsi finissait l'hiver de la dix-huitième
année.

La dix-neuvième, 413 avant Jésus-Christ, allait être
plus décisive, et son premier semestre, de mars en septembre, occupe tout le reste du septième livre. Agis, roi
de Lacédémone, envahit l'Attique et entreprend la for-
tification de Décélie, ville située à près de cinq lieues
d'Athènes, et à la même distance de la Béotie. Sparte
expédiait en même temps des forces pour la Sicile; elle
armait six cents hoplites pris parmi les hilotes et les af-
franchis appelés *néodamodes* : Eccritus les commandait.
Les Béotiens envoyaient aussi des hoplites au nombre
de trois cents, les Corinthiens cinq cents, les Sicyoniens
deux cents. Vingt-cinq vaisseaux de Corinthe, équi-
pés pendant l'hiver, se tenaient en station à Naupacte,
en face de la flotte athénienne, et protégeaient le pas-

sage des bâtiments qui portaient les hoplites péloponnésiens. Athènes chargea Chariclès de conduire trente galères autour du Péloponnèse, et, en passant chez les Argiens, d'inviter leurs hoplites à se joindre à lui. Démosthène partit pour la Sicile à la tête de soixante-cinq vaisseaux, de douze cents guerriers d'Athènes et d'un grand nombre d'alliés : il avait ordre de suivre d'abord Chariclès, de côtoyer avec lui la Laconie, en y exerçant des ravages. Si maintenant, Messieurs, nous reportons nos regards sur la Sicile, nous y retrouvons Gylippe rassemblant des troupes, Hermocrate le secondant avec zèle et habileté : tout s'apprête pour une bataille navale. Gylippe fait sortir, pendant la nuit, toute son armée de terre, il marche aux lignes de Plemmyrium : ses trirèmes font voile, toutes à la fois, trente-cinq du grand port, quarante-cinq du petit, espérant troubler et déconcerter les Athéniens de l'un et de l'autre côté; mais voilà qu'ils remontent à la hâte sur soixante galères, dont vingt-cinq voguent à la rencontre des trente-cinq sorties du grand port, et le reste au devant des quarante-cinq. La bataille commence à l'entrée du principal port de la ville : longtemps les deux flottes combattent avec des forces égales; l'une pour forcer l'entrée, l'autre pour la défendre. L'avantage demeure cette fois encore aux Athéniens : ils submergent onze vaisseaux, en prennent trois, exterminent un grand nombre d'ennemis, font des prisonniers; mais ils perdent trois de leurs bâtiments, et leur position dans leurs retranchements sur terre devient de jour en jour plus périlleuse. On leur enlève leurs magasins, le dépôt qui renferme une quantité considérable de subsistances et d'effets appartenant, soit à des marchands, soit à des triérarques, les voiles de quarante trirèmes, d'autres agrès, et trois navires mis à sec. Chassés des lignes de Plemmyrium, ils n'ont plus d'abordage sûr pour leurs munitions. Plemmyrium devient un point de départ pour les Syracusains qui bientôt dépêchent, sous la conduite d'Agatharque, douze navires, l'un destiné à porter des députés au Péloponnèse; les onze autres à saisir, sur les côtes de l'Italie, des bâtiments athéniens richement chargés. Ils les abordèrent en effet, en détruisirent le plus grand nombre, et brûlèrent, dans la campagne de Caulonie, des bois de construction préparés pour le service d'Athènes. De là ils gagnèrent Locres, où ils reçurent les hoplites qui arrivaient de Thespies, et avec lesquels ils reprirent la route de la Sicile. Vingt vaisseaux athéniens, qui les épiaient près de Mégare, les attaquèrent. Un navire syracusain fut pris; tous les autres échappèrent et rentrèrent à Syracuse. Les Athéniens ne réussissaient plus dans leurs entreprises; ces désavantages en présageaient d'autres et décourageaient leur armée. Ils essuyaient presque chaque jour de petites pertes, qui ensemble équivalaient à un désastre. La flotte commandée par Démosthène parcourait et infestait différentes côtes; mais les fruits de ces courses ne compensaient pas les ravages plus affligeants que jamais qu'éprouvait l'Attique depuis que Décélie était fortifiée. Jusqu'alors cette place avait servi de passage aux denrées que l'on tirait de l'Eubée; maintenant il les fallait faire arriver par mer en tournant Sunium. Il était pressant d'abandonner la Sicile, et il y avait moins de courage que d'opiniâtreté à persister dans les projets qu'on avait formés sur elle. On les pouvait encore abandonner sans trop de dommage, et finir la guerre plus honorablement qu'il n'avait été permis de l'espérer. En effet, au commencement de cette guerre du Péloponnèse, la Grèce avait peine à croire, dit Thucydide, que les Athéniens pussent tenir une année entière; les plus confiants disaient deux ou trois; mais personne davantage; et voilà que, dix-sept ans après la première invasion de l'Attique, ils se sont imposé le fardeau d'une seconde guerre. Les dépenses militaires s'accroissaient sans mesure; il fallut réduire toutes les autres et augmenter les tributs. La disette d'argent était extrême; elle obligea de renvoyer les Thraces arrivés trop tard pour s'embarquer avec Démosthène : on manquait de moyens de les expédier pour la Sicile et de les retenir à Athènes. En retournant chez eux, ils pillèrent les pays ennemis et surtout Mycalesse, ville béotienne; ils y massacrèrent tout ce qu'ils rencontrèrent, sans distinction d'âge ni de sexe, et jusqu'aux bestiaux, n'épargnant rien de ce qui respirait; ils se jetèrent dans l'école où les enfants venaient d'entrer en fort grand nombre et les égorgèrent tous. Tels sont les forfaits que la guerre amène, et qu'on n'impute point assez aux hommes d'État qui la provoquent, et qui la perpétuent, comme avaient fait, dans Athènes, Cléon et Alcibiade. Les Thébains attaquèrent les Thraces, leur arrachèrent le butin, et les poursuivirent jusqu'à l'Euripe et aux bords de la mer, où étaient à l'ancre les vaisseaux qui les avaient amenés. On comptait treize cents de ces barbares; il en périt deux cent cinquante, et le moment de ce carnage fut celui où, ne sachant point nager, ils cherchaient à se rembarquer. Les Thébains perdirent dans ce

combat vingt hommes au plus, y compris le béotar-
que Scirphondas.

Démosthène, occupé d'expéditions particulières, ne
se pressait pas d'aborder la Sicile, où Nicias s'affaiblissait de plus en plus. Un combat naval se livra près
de Naupacte entre les Athéniens et les Corinthiens.
Ceux-ci furent dispersés et perdirent trois galères; sept
de celles d'Athènes restèrent hors d'état de manœu-
vrer : de part et d'autre on éleva un trophée. Les Syracusains, après avoir amélioré la construction de leurs
vaisseaux, résolurent de tenter la fortune d'une nouvelle
bataille. Ils attaquèrent l'armée athénienne avec leur
flotte et à la fois avec leurs troupes de terre. Ce double appareil alarma les Athéniens et troubla leurs manœuvres. Durant la plus grande partie du jour, tout
se passa en simples épreuves, seulement les Syracusains coulèrent bas un ou deux vaisseaux d'Athènes.
Le lendemain les Siciliens se tinrent en repos; et Nicias
s'occupa des dispositions défensives avec un zèle d'autant plus louable, qu'il n'était soutenu par aucun espoir. Le jour suivant, une attaque eut lieu, comme la
précédente, par terre et par mer, et semblait ne devoir
amener aucun résultat. Au milieu de la journée, les
Syracusains descendirent de leurs vaisseaux, et prirent
un repas à terre. Les Athéniens, persuadés que l'ennemi se retirait en se reconnaissant vaincu, descendirent à leur tour, se mirent à manger, déposèrent leurs
armes. On est surpris qu'un capitaine aussi expérimenté, aussi sage que Nicias, ait permis cette imprudence : elle a été payée bien cher. Tout à coup, les
Syracusains se rembarquent; ils s'avancent : les Athé-

niens déconcertés regagnent leur flotte, non sans désordre. D'abord on ne fit que s'observer réciproquement; les Athéniens se lassèrent les premiers, et un peu trop tôt, de ces lenteurs; ils engagèrent l'action, perdirent sept vaisseaux, beaucoup d'hommes, essuyèrent une défaite complète, et se réfugièrent avec peine dans leur station. Cependant Démosthène et Eurymédon arrivent; ils amènent soixante-treize navires, sept mille guerriers, sans compter les archers, les frondeurs, les soldats qui ne sont armés que de javelots. L'aspect de cet imposant renfort, ou plutôt de cette armée nouvelle, frappe d'une vive terreur les Syracusains et leurs alliés; il ranime le courage des troupes de Nicias. On reprochait à ce général, dont l'arrivée avait aussi paru formidable, d'avoir, au lieu d'attaquer aussitôt Syracuse, passé un hiver à Catane, et laissé à Gylippe le temps de se fortifier. Démosthène ne voulut pas commettre la même faute. Il était impatient de profiter de l'effroi qu'inspirait le spectacle de ses forces. Il se hâtait surtout de se rendre maître du passage de l'Épipole : s'il y réussissait, il entrerait dans Syracuse; sinon, il ramènerait toute l'armée à Athènes, et mettrait fin à une expédition ruineuse. La tentative sur l'Épipole semblait impraticable pendant le jour : l'attaque commença donc avec la nuit, et les troupes syracusaines qui ne s'y attendaient pas, s'épouvantèrent d'abord, se laissèrent forcer, prirent la fuite; mais les Athéniens aussi s'avançaient dans un désordre qu'entretenaient à la fois leur présomption et les ténèbres. Les Béotiens leur résistèrent vivement et parvinrent à les mettre en déroute. Thucydide avoue qu'il ne lui a pas été facile de se procurer des renseignements exacts sur les détails de cette bataille nocturne. On a, dit-il, moins d'incertitudes sur les actions qui se passent en plein jour; encore ceux qui s'y sont trouvés ont-ils peine à en bien connaître toutes les particularités, toutes les circonstances: chacun ne sait que ce qui s'est fait autour de lui. Un grand combat, que la lune seule a éclairé, ne saurait être raconté avec assez de précision. Quoi qu'il en soit, la défaite des Athéniens est trop constante; les Syracusains victorieux s'animaient mutuellement par de grands cris, seuls signes possibles dans une telle obscurité. Les vaincus se dispersaient, se cherchaient l'un l'autre, et ne se distinguaient pas des ennemis: ils s'entre-demandaient le mot d'ordre, et craignaient de l'apprendre à des Syracusains, ce qui arrivait en effet fort souvent. Rien ne leur fit plus de mal que le chant du pæan, qui, étant à peu près le même des deux côtés, les jetait dans l'incertitude. Ils se chargeaient, se battaient amis contre amis. La descente de l'Épipole est étroite: poursuivis, ils tombaient dans des précipices, et y trouvaient la mort. Ceux qui vinrent à bout de gagner la plaine, se sauvèrent presque tous dans leur camp; mais plusieurs se trompèrent de chemin, et furent, dès que le jour parut, enveloppés, massacrés par la cavalerie sicilienne. Le lendemain, les vainqueurs élevèrent deux trophées, l'un à la montée de l'Épipole, l'autre à l'endroit où les Béotiens avaient opposé la première résistance. Les Athéniens eurent à demander la permission d'enlever leurs morts; ils l'obtinrent. Ils avaient, eux et leurs alliés, souffert d'énormes dommages, et perdu surtout beaucoup d'armes. Les Syracusains, enhardis par leurs succès inattendus, envoyèrent Sicanus avec quinze vaisseaux à Agrigente, pour attirer, s'il se pouvait, dans leur parti, cette république alors tourmentée de troubles intérieurs. En même temps Gylippe parcourait une seconde fois par terre les cantons de la Sicile, et s'efforçait d'y lever des troupes.

Les généraux athéniens délibérèrent sur les difficultés de leur position. Ils voyaient leur armée abattue
sous le poids de ses revers, et affaiblie par une maladie
qui avait deux causes, l'approche de l'automne et le
terrain marécageux où l'on campait. Démosthène voulait qu'on partît sans différer, tandis qu'on pouvait
encore traverser la mer et y combattre, s'il le fallait,
avec avantage. Nicias craignait qu'un si prompt départ
ne proclamât trop tôt leur détresse, et ne compromît
dans Syracuse la faction qui leur était dévouée, et avec
laquelle il entretenait depuis longtemps des intelligences. Il prévoyait d'ailleurs que cette retraite déplairait
au peuple d'Athènes et donnerait lieu de calomnier,
d'accuser les chefs de l'armée. Il aimait mieux périr,
si le destin l'ordonnait, sur un champ de bataille et de
la main des ennemis, que d'être condamné par ses
concitoyens à une mort injuste et honteuse. Cédant
à ces considérations, Démosthène demandait qu'au
moins on ne s'obstinât pas à continuer le siége, mais
qu'on se portât à Catane ou à Thapsos, d'où l'on irait
dévaster les terres des Syracusains. Nicias persista
dans la résolution de ne point changer de position. Elle
devenait de jour en jour moins tenable. A la vérité,
Sicanus n'avait point réussi dans Agrigente, où les
deux factions s'étaient réconciliées et décidées à ne
point l'écouter. Mais Gylippe avait recruté un grand
nombre de Siciliens; et, par surcroît, les hoplites envoyés du Péloponnèse, avaient reçu des habitants de

Cyrène en Libye deux trirèmes, qui guidaient leur navigation; et ils venaient de franchir le trajet de Néapolis, comptoir des Carthaginois, à Sélinonte. Quand Nicias vit que les Syracusains et les Péloponnésiens se renforçaient ainsi chaque jour, il consentit enfin aux préparatifs du départ, pourvu qu'ils demeurassent bien secrets. On se hâta, on allait partir, quand la lune s'éclipsa (le 27 août 413, selon la table de Pingré). Ce phénomène inspira des craintes ou des scrupules à la plupart des Athéniens; et Nicias, qui n'était pas le moins superstitieux de la troupe, déclara qu'il ne permettrait point qn'on remît en délibération le projet de retraite, avant qu'il se fût écoulé trois fois neuf jours; c'était le terme que les devins avaient indiqué. Il est impossible, Messieurs, de ne pas remarquer ici à quels désastres l'ignorance et la superstition exposent les États. Les Athéniens n'avaient plus un instant à perdre; et voilà qu'un phénomène purement naturel, presque vulgaire, les retient dans une position dont ils commençaient, quoique déjà trop tard, à reconnaître le péril.

Les Syracusains, sûrs de leur supériorité, ne songèrent plus qu'à empêcher le départ de leurs ennemis, et conçurent l'espoir de les accabler par une dernière bataille, à la fois sur terre et sur mer. Ils attaquèrent d'abord les retranchements, et ne remportèrent qu'un léger avantage. Le lendemain, soixante-seize de leurs vaisseaux livrèrent un combat à quatre-vingt-six navires athéniens, commandés par Eurymédon. Ce général s'était étendu le long du rivage pour envelopper les Siciliens et leurs auxiliaires : ce mouvement causa sa perte. Le centre de sa flotte fut enfoncé; le

vaisseau qu'il montait brisé; le reste poussé et resserré au fond d'un golfe. Plutarque et Diodore de Sicile nous apprennent qu'Eurymédon perdit la vie dans
le combat; Thucydide a omis cette circonstance. Gylippe,
impatient d'achever la défaite des Athéniens qui des-
cendraient à terre, conduisit sur le rivage une partie
de ses troupes; mais il fut repoussé. Alors, pour in-
cendier la flotte athénienne, qui n'avait perdu que dix-
huit vaisseaux, on lança contre elle un vieux bâtiment
de charge, rempli de torches et de matières auxquelles
on avait mis le feu. Les Athéniens eurent encore l'a-
dresse d'éloigner ce brûlot et d'éteindre les flammes.
Ils dressèrent un trophée pour avoir mis en fuite le détachement de Gylippe; et les Syracusains en érigèrent
un pour avoir défait Eurymédon. Les forces étaient de-
venues trop inégales. La question n'était plus de savoir
si les Athéniens prendraient Syracuse, mais s'ils réus-
siraient à se retirer. Ici Thucydide fait le recensement
des nations qui avaient pris part à cette guerre, soit
pour, soit contre l'Attique: pour elle, les Ioniens, les
Éoliens, les Grecs insulaires, quelques-uns même de
ceux dont l'origine était dorienne; en Italie, les citoyens de Thurium et de Métaponte, en Sicile les Égestains et un petit nombre d'autres cités. Mais Syracuse
avait pour auxiliaires les Sélinontins, les habitants de
Géla, de Camarina, les Himériens, une partie des Sicules; entre les Grecs, les Béotiens, les Corinthiens et
les Spartiates. Quoiqu'en général on se prétendît partagé, dans cette guerre, en race ionienne et race dorienne; ce n'étaient point des liaisons d'origine commune, pas plus que des sentiments d'équité, qui avaient
entraîné ces divers peuples dans l'un ou dans l'autre

parti : ils suivaient des impulsions données par des intérêts accidentels, par des conjonctures fortuites, par quelque dure nécessité. Il faut plaindre des nations armées ainsi sans savoir pourquoi, et gratuitement vouées à tant de fatigues, de souffrances et de malheurs; mais ce déplorable égarement se reproduit dans toutes les histoires.

L'ambition des Syracusains était de prendre l'armée athénienne tout entière, et de ne lui laisser aucun moyen d'évasion. Ils se mirent donc à fermer le grand port, qui avait environ huit stades d'ouverture; ils en détruisirent l'entrée en mettant à l'ancre des trirèmes, des vaisseaux de charge et des barques. Les Athéniens, se voyant enfermés et réduits à la dernière détresse, résolurent d'abandonner leur camp et leur muraille, et de se retrancher sur le rivage, près de leurs navires, dans le plus petit espace qu'ils pourraient, et de livrer une bataille décisive avec tout ce qui leur restait de galères. Victorieux, ils se retireraient à Catane; vaincus, ils mettraient le feu à leurs navires, et gagneraient par terre la plus prochaine ville de leurs alliés. Voilà donc qu'ils descendent de leurs retranchements, équipent cent dix vaisseaux, y font monter, de gré ou de force, tous ceux des leurs qui sont capables de quelques services, placent sur les ponts un grand nombre d'archers et de gens de trait, Acarnanes ou autres étrangers, et rassemblent enfin tous les moyens de défense et d'attaque que peut leur laisser une si fatale extrémité. Quand tout fut prêt pour le combat, Nicias rassembla ses troupes et leur adressa, selon notre historien, un discours solennel. « Il s'agit, leur dit-il, « pour vous, comme pour vos ennemis, du salut de

« l'État. Chacun de vous a besoin de vaincre, s'il veut
« revoir sa ville natale. Non, vous n'êtes point de ceux
« dont le courage se laisse abattre par des revers : le
« vôtre n'en est que plus aguerri, et vous avez assez
« acquis l'expérience des combats, pour savoir que la
« fortune, qui vous a éprouvés, vous doit maintenant
« des succès. De concert avec les pilotes, nous avons
« reconnu, disposé tout ce qui, dans l'espace étroit
« du port, peut tourner à notre avantage et contre la
« flotte ennemie. Nous couvrirons nos vaisseaux d'ar-
« chers, de gens de trait : ces troupes si nombreu-
« ses, que nous n'aurions garde d'employer dans un
« combat en haute mer, vont nous servir aujourd'hui,
« parce que, sur notre flotte même, c'est réellement une
« sorte de bataille terrestre que nous devons livrer :
« il nous y faudra, ne pouvant reculer nous-mêmes,
« empêcher la retraite de nos adversaires. Quand vous
« aurez attaqué un vaisseau, ne vous en détachez pas
« que vous n'ayez défait tous les guerriers qu'il porte.
« J'exhorte les matelots à ne pas se laisser décourager
« par le souvenir de nos derniers malheurs : ils ont
« maintenant un meilleur pontage et un plus grand
« nombre de bâtiments. Et vous, alliés, vrais Athéniens,
« nés hors de l'Attique, vous que la Grèce révère, et à
« qui sont communes avec nous les mêmes coutumes,
« la même langue, et la même puissance, conservez
« cette ardeur guerrière qui vous a toujours distingués.
« Méprisez ces Corinthiens si souvent vaincus par
« vous, et ces Siciliens, téméraires sans habileté, eni-
« vrés de quelques instants de bonheur. Pour vous, ci-
« toyens d'Athènes, souvenez-vous que nous n'avons
« laissé dans notre patrie ni une flotte pareille à celle-ci,

« ni une jeunesse guerrière qui vous ressemble. Pen-
« sez, s'il vous arrive autre chose que d'être vainqueurs,
(Nicias évite de dire simplement, si vous êtes vaincus,
apparemment parce que ce serait une parole de mauvais augure), « pensez que les Siciliens vont fondre
« aussitôt sur les citoyens restés dans vos murs. Serez-
« vous les sujets de Syracuse, et souffrirez-vous qu'A-
« thènes obéisse à Lacédémone? Non, votre courage
« préviendra ce double malheur. Vous songerez que
« les forces guerrières et maritimes de votre patrie,
« que la république elle-même et le grand nom d'A-
« thènes sont ici avec vous sur ces vaisseaux. »

De son côté, Gylippe ayant appris que les Athéniens
devaient se servir de crampons, s'efforça de se prémunir contre cette manœuvre, en garnissant de peaux les
parties supérieures de ses navires. Ses troupes furent
aussi haranguées par lui et par les autres généraux ;
vous pensez bien que Thucydide ne manque pas de
mettre ces discours en opposition avec celui de Nicias.
« Syracusains et alliés, dit Gylippe, ou disent ses collè-
« gues, vous avez fait de grandes choses : le moment
« est venu de consommer votre ouvrage. Les Athé-
« niens qui se promettaient d'asservir la Sicile, le
« Péloponnèse et la Grèce entière, vous les avez arrê-
« tés dans le cours de leurs projets tyranniques. Vous
« êtes les premiers qui ayez résisté à leur marine, l'u-
« nique instrument de leur puissance. Déjà vous avez
« affaibli, ruiné leurs forces, en les détrompant eux-
« mêmes de l'idée qu'ils en avaient conçue. Voyez-vous
« comme ils sont obligés, dans leur désespoir, de changer
« de tactique, d'employer de nouveaux moyens qui tour-
« neraient aussi à leur perte? Les bâtiments qu'ils ont

« resserrés en si grand nombre dans un petit espace ne
« pourront plus se mouvoir et demeureront exposés à
« vos coups. Jetez-vous au milieu de leur désordre.
« N'écoutez que l'indignation et la vengeance. Vous
« savez, s'ils vous eussent vaincus, quel sort ils vous
« préparaient : ils auraient condamné les hommes
« aux supplices, les enfants et les femmes à l'opprobre,
« la république à porter le plus honteux des noms
« (celui d'esclave). Ne songez qu'à leur crime : non, si
« vous leur permettez de fuir, vous n'aurez pas triom-
« phé. Ils fuiraient encore s'ils étaient vainqueurs ; c'est
« aujourd'hui le seul succès auquel ils aspirent. Notre
« but, dans l'action qui va s'ouvrir, est de les extermi-
« ner ; et le prix en sera d'assurer à la Sicile son anti-
« que liberté. » La dernière phrase de cette harangue
est traduite par Lévesque en ces termes : « Les dangers
« les plus rares sont ceux où l'on peut succomber sans
« avoir beaucoup à souffrir, et qui, si l'on en sort, pro-
« curent une grande félicité. » On ne sait trop ce que
de telles paroles veulent dire, au lieu que le texte,
quoique très-concis, est fort clair : καὶ κινδύνων οὗτοι
σπανιώτατοι οἳ ἂν ἐλάχιστα ἐκ τοῦ σφαλῆναι βλάπτοντες,
πλεῖστα διὰ τὸ εὐτυχῆσαι ὠφελῶσι. Κινδύνων est mal
traduit par *dangers*. Il ne s'agit pas de ces périls simples, et pour ainsi dire à une seule face, où la seule
bonne chance, l'unique triomphe, est d'échapper à un
grand dommage ; mais d'une sorte de jeu de hasard,
d'un coup de dé, pouvant amener un résultat ou pré-
judiciable ou avantageux. Le mot *periculum* a quelquefois ce sens en latin ; *péril* ne l'a plus guère en français. Σπανιώτατοι n'est pas non plus très-bien rendu
ici par *les plus rares*, ce sont plutôt les plus désira-

bles, ceux qui sont d'un plus haut prix. Gylippe veut
dire : c'est un rare bonheur qu'une épreuve où l'on a
fort peu à perdre et beaucoup à gagner. Il suppose que
telle est la partie que vont jouer ses soldats, contre de
si faibles adversaires.

Vous prévoyez, Messieurs, par l'amertume et la violence de ces discours, quel sera l'acharnement du combat. Nicias en pressentait toute l'horreur; il croyait
n'avoir ni assez fait, ni assez dit. Il s'adressait successivement à tous les chefs, les appelait de leurs noms propres, de ceux de leurs pères et de leurs tribus, genre d'é-
gards et de prévenance auquel les anciens étaient extrêmement sensibles. Il leur parlait de leurs familles, de leurs
enfants, de leurs épouses et de leurs dieux, rédisait tout ce
qu'il avait déjà fait entendre, épuisait toutes les idées générales et particulières, toutes les expressions de l'amitié
la plus familière et la plus fraternelle. Le moment vint
de conduire les troupes sur le rivage, et de diriger les
vaisseaux vers l'entrée du port pour s'ouvrir un passage
à la haute mer. Dans l'impétuosité du premier choc, les
Athéniens obtinrent quelque avantage; mais bientôt
l'ennemi fondit sur eux de toutes parts. Une bataille,
plus terrible qu'aucune des précédentes, s'engagea dans
l'intérieur du port. Cet espace resserré contenait environ deux cents vaisseaux des deux flottes ensemble. On
ne pouvait ni reculer ni avancer; les navires se heurtaient, se mêlaient, à la fois attaqués et agresseurs,
sous les nuages de javelots, de flèches, et de pierres, qui
se lançaient du haut des ponts. Les ordres n'étaient
plus entendus au milieu de ces chocs violents, et la
fureur seule dirigeait tant de combats particuliers. Si
les généraux voyaient, dans l'une ou l'autre flotte, un

navire s'éloigner, ils interpellaient le triérarque et le sommaient d'accomplir ses devoirs, sans prendre garde au danger. Les troupes restées à terre contemplaient cette lutte sanglante, suspendues entre l'espérance et la crainte; les Siciliens impatients d'acquérir plus de puissance, les Athéniens redoutant des maux plus cruels que ceux qu'ils avaient endurés : leurs yeux se fixaient avec effroi sur ces vaisseaux qui portaient leur fortune, et qui risquaient tout leur avenir. Le spectacle avait peu d'étendue et des mouvements innombrables; tous les points appelaient-les regards. Chaque aspect, chaque coup d'œil provoquait des vœux, des prières, des gémissements, des actions de grâces, des cris de joie ou de douleur. Tant que le combat se soutenait opiniâtrément avec égalité des deux parts, les spectateurs exprimaient par les mouvements de leurs corps leur trouble et leur anxiété. On entendait les Athéniens s'écrier : «Nous sommes vainqueurs, nous sommes vaincus ;» et ces exclamations confuses avaient toutes, même les moins sinistres, l'accent de la terreur. Thucydide a employé toutes les ressources de son talent, toutes les richesses de sa langue, pour peindre les vicissitudes de cette mémorable bataille : elles aboutirent au triomphe des Syracusains : les Athéniens poursuivis prirent terre où ils purent, et regagnèrent le camp. Des sentiments divers n'agitaient plus leurs âmes : il ne leur en restait qu'un seul, le désespoir qu'exprimaient leurs sanglots. Quelques-uns pourtant couraient encore à la défense des navires, ou des derniers débris de leurs retranchements. Mais la plupart ne songeaient qu'à leur salut personnel; et, privés de presque tous les moyens de l'assurer, ils ne l'attendaient que d'un hasard. Leur détresse extrême ressemblait à celle où les Lacédémoniens s'étaient vus réduits à Pylos, quand ils perdaient, avec leur flotte, leurs guerriers enfermés dans l'île de Sphactérie.

Les Syracusains et leurs alliés avaient aussi, quoique vainqueurs, essuyé de très-grandes pertes d'hommes et de vaisseaux : après avoir recueilli des débris et des cadavres, ils rentrèrent dans leur ville et y dressèrent un trophée. Les vaincus ne redemandaient pas leurs morts : l'excès de leur abattement ne leur laissait d'autre pensée que de s'enfuir, s'il était possible, à la faveur des ténèbres de la nuit. Démosthène, qui n'avait pas renoncé à tout espoir, vint proposer à Nicias de couvrir de troupes les bâtiments qui leur restaient, et de forcer le passage au lever de l'aurore. Ils avaient conservé au moins soixante vaisseaux capables de tenir la mer, et l'ennemi n'en possédait plus que cinquante. Pour le malheur d'Athènes, ces deux généraux ne purent entraîner les équipages à tenter ce dernier moyen de salut public; les Athéniens ne se croyaient plus en état de sortir vainqueurs d'aucune bataille, et ne voulaient songer qu'à opérer leur retraite par terre. Le Syracusain Hermocrate se douta de ce projet, et engagea les magistrats à le prévenir. Il ne fallait pas, disait-il, permettre aux Athéniens de s'échapper nuitamment et d'aller dévaster d'autres cantons de la Sicile. Il demandait que tous les Syracusains et tous les alliés sortissent pour fermer les issues et occuper les défilés. Les magistrats auraient approuvé ces mesures, mais ils désespéraient de les faire agréer à un peuple enivré de joie et impatient de reprendre du repos. D'ailleurs c'était, ce jour-là, la fête d'Hercule; on la célébrait en buvant, et cette fois en se réjouissant du nouveau triomphe. Comme Nicias avait toujours à Syracuse des amis qui allaient l'avertir de ce qui se passait dans la ville, Hermocrate imagina de lui faire donner un faux avis : il lui envoya quelques hommes qui feignirent d'être dévoués aux Athéniens, et qui leur conseillèrent de ne pas se mettre en route durant cette nuit, parce que les ennemis gardaient les routes. On se prit à ce piége, et l'on perdit encore la journée du lendemain en préparatifs; il fallait, disait-on, laisser aux soldats le loisir d'emporter au moins les objets qui leur seraient le plus strictement nécessaires. Gylippe et son armée employèrent ce délai à prendre de l'avance, et à embarrasser les chemins, à occuper les passages des ruisseaux et des rivières; à écarter, brûler ou remorquer près de la ville des vaisseaux athéniens. Enfin l'ordre du départ fut donné par Nicias le surlendemain de la bataille navale. Ce qu'il y avait de lamentable dans cette retraite, ce n'était pas seulement de la faire après un tel désastre, et quand d'imminents périls menaçaient l'armée et la république elle-même : le camp d'où l'on sortait présentait le plus douloureux spectacle; on abandonnait et la flotte entière, et les morts sans sépulture, et, ce qui était plus affreux, les malades et blessés sans secours. Ces infortunés suppliaient qu'on les emmenât; ils imploraient à grands cris la pitié de leurs amis, de leurs parents; ils s'accrochaient, se suspendaient aux habits, aux bras de leurs compagnons d'armes, et les suivaient tant que pouvaient le permettre le peu de forces qu'ils retrouvaient. On s'éloignait douloureusement d'une terre où l'on avait tant souffert; et, ainsi qu'il arrive en de telles, catastrophes, on s'accablait mutuellement de reproches et d'accusations.

Quarante mille hommes fuyaient ainsi, emportant à peine de quoi subsister ou languir pendant quelques jours. Les valets avaient déserté, les hoplites et les cavaliers, accoutumés à ne porter que leurs armes, marchaient chargés de leurs munitions. De quel éclat, dans quelle misère on était tombé! Cette armée, qui naguère arrivait menaçante et se flattant de tout asservir, comment la reconnaître dans une troupe fugitive, qui redoute à chaque pas la rencontre de ses vainqueurs et la honte de l'esclavage? Elle était sortie d'Athènes au chant des pæans, aux acclamations d'un peuple ivre d'orgueil et d'espérance : elle fuyait poursuivie d'augures sinistres; elle se traînait à pied, laissant les navires qui l'avaient portée dans l'appareil d'un triomphe. Nicias osa se présenter à ses soldats, et leur adresser une dernière exhortation : le malheur animait sa voix et la rendait plus forte qu'à l'ordinaire : le discours qu'il prononça est le dernier qui se rencontre dans l'ouvrage de Thucydide, et, comme c'est en même temps l'un des plus courts, je vous le rapporterai tout entier, mais sans pouvoir encore emprunter la version beaucoup trop pénible de Lévesque. « Dans l'extrémité « où vous êtes réduits, ô Athéniens et alliés, il faut « savoir espérer encore; d'autres ont échappé à des « dangers plus terribles. Pourquoi vous reprocher à « vous-mêmes des maux que vous n'avez pas mérités? « Je ne suis pas moins affaibli que vous : j'ai, par-des- « sus vos souffrances, celle d'une maladie opiniâtre; « et, après avoir été aussi heureux que tout autre dans « ma vie privée et publique, je partage aujourd'hui le « sort et les périls des plus infortunés mortels. Cepen- « dant j'ai rempli tous mes devoirs envers les dieux,

« acquitté toutes mes dettes envers la patrie. J'ai vécu
« juste et généreux ; c'est ce qui me remplit d'espoir et
« d'audace. Ces malheurs que nous n'avons point à nous
« imputer à nous-mêmes, ils sont enfin épuisés, et le
« bonheur de nos ennemis l'est aussi sans doute ; s'il est
« vrai que nous leur ayons fait la guerre contre la vo-
« lonté des dieux, nous en avons été assez punis ; rien
« ne nous reste à expier. D'autres avant nous se sont
« montrés agresseurs ; leurs fautes étaient de celles qui
« échappent à la faiblesse humaine ; ils n'ont subi que les
« peines qu'elle peut supporter. Pourquoi ne compte-
« rions-nous pas aussi sur la clémence des immortels ?
« nous voilà plus dignes de leur pitié que de leur cour-
« roux. Que vos regards se tournent donc sur vous-
« mêmes, sur ce que vous êtes encore nombreux, bien
« armés, marchant en bon ordre, non sans douleur,
« mais sans trouble et sans effroi. En quelque lieu que
« vous avanciez ou que vous vous arrêtiez, vous êtes
« une cité puissante, à qui nulle cité sicilienne ne peut
« résister, si vous l'attaquiez, ni enlever les établisse-
« ments qu'il vous plairait de former. Il suffira de vous
« tenir sur vos gardes, et de bien conserver vos rangs
« dans votre marche. N'oubliez jamais que partout où
« se dirigeront vos pas, il y aura pour vous une patrie,
« une ville. Nous marcherons jour et nuit ; car nous n'a-
« vons que peu de vivres. Si nous gagnons seulement
« quelque endroit de la Sicile où nous ayons des amis
« (et nous ne pourrons ni en manquer, ni nous défier de
« leur fidélité, car la crainte que Syracuse inspire doit
« nous en répondre), vous serez dès lors, n'en doutez
« pas, en pleine sûreté. Déjà des messagers expédiés
« dans ces villes avertissent les habitants de venir à no-

« tré rencontre, et de nous apporter des subsistances.
« Oui, vous avez, dès ce moment, un refuge assuré,
« mais vous n'en avez point d'autre, et la nécessité vous
« force à triompher de vos malheurs. Vous qui nous
« accompagnez sans être citoyens d'Athènes, évitez
« aujourd'hui de tomber aux mains de l'ennemi, et
« vous reverrez les lieux, les objets que vos vœux re-
« demandent; et vous, ô Athéniens, vous relèverez la
« puissance, si déchue, de votre cité; une cité, ce sont
« les hommes qui la composent, et non des murs ou
« des vaisseaux vides qui la constituent. »

Démosthène tenait à peu près le même langage aux
troupes qu'il commandait. Mais au fond, Messieurs,
toutes ces paroles n'exprimaient que les difficultés et les
périls de la situation des fugitifs. Arrivés au passage de
l'Anapus, ils trouvèrent sur les bords de ce fleuve un
détachement de Syracusains, le repoussèrent, et continuèrent d'avancer. Une cavalerie les harcelait, des
troupes légères tiraient sur eux. Ils parcoururent dans
la journée environ quarante stades, et vingt le lendemain. Puis ils campèrent dans un lieu habité, d'où ils se
proposaient de tirer de l'eau et des vivres. Cependant
l'ennemi s'était porté en avant, et avait muré un passage. C'était une hauteur appelée le roc Acrée, et sous
laquelle se voyaient, des deux côtés, des ravins escarpés et profonds. Les Athéniens s'y présentèrent, y soutinrent les attaques des cavaliers, les traits des troupes
légères, et furent enfin forcés de retourner à leur camp,
sans avoir pu se procurer de subsistance; la cavalerie
ne leur permettant pas de s'écarter. Dès l'aurore du jour
suivant, ils reprirent leur marche, et s'ouvrirent de vive
force le passage jusqu'au tertre fortifié. Ils trouvèrent

devant eux une infanterie disposée sur un ordre profond, le lieu étant fort étroit : en vain ils attaquèrent
le mur; accablés de traits lancés d'en haut, ils ne réussirent point à le forcer. Un orage, qui survint pendant
qu'ils se retiraient et qu'ils prenaient quelques instants
de repos, orage qui n'avait rien d'extraordinaire dans
ce pays et dans cette saison (l'on était en septembre), leur parut un nouveau présage de leur perte.

Gylippe profita de leur inaction et de leur terreur
pour envoyer un détachement élever derrière eux une
muraille; ils en expédièrent un pour empêcher de là
bâtir. Toute leur armée se rapprocha de la plaine et
passa la nuit en chemin. L'ennemi les entourait de
toutes parts, les excédait de fatigues, les affaiblissait
par des blessures, reculait quand ils avançaient sur lui,
fondait sur eux dès qu'il les voyait reculer, pressait surtout les derniers rangs, afin de répandre l'effroi
dans tous les autres. Ils tinrent ferme cependant; et,
malgré ces manœuvres, qui durèrent assez longtemps,
ils traversèrent cinq ou six stades, au bout desquels ils
se reposèrent encore dans la plaine, tandis que les Syracusains s'éloignaient et regagnaient leur camp. Ainsi,
tous les pas que firent les malheureux Athéniens, ils
eurent à les disputer. Dans cette longue suite d'attaques, le nombre de leurs blessés s'accroissait rapidement,
et les munitions de toute espèce leur manquaient de
plus en plus. Nicias et Démosthène prirent le parti de
conduire l'armée, durant la nuit et à l'aide de feux al-
lumés, vers la mer. Au lieu de se diriger vers Catane,
elle suivait la route qui menait à Camarina et à Géla,
route opposée à celle où les ennemis l'attendaient.
Malgré des terreurs paniques, la division de Nicias

prit de l'avance; celle de Démosthène se coupa et marcha en désordre, et cependant, au point du jour, parvenue au rivage, elle s'avança par la route nommée
Hélorine, jusqu'au fleuve Cacyparis, dont elle pouvait
suivre le cours pour pénétrer dans l'intérieur des terres, et dans l'espoir de rencontrer les Sicules qu'on avait
mandés. Aux bords du fleuve, un détachement ennemi
élevait un mur, et plantait des pilotis, afin de fermer
le passage. Les Athéniens le forcèrent, et continuèrent
leur marche vers un autre fleuve qui s'appelait Érinée.

Informés de l'évasion des Athéniens, les Syracusains
se plaignirent amèrement de Gylippe, l'accusèrent de
négligence, et se mirent aussitôt à la poursuite des
vaincus. Ils atteignirent, vers le milieu du jour, la division de Démosthène, qui était toujours en retard. Celle
de Nicias avait une avance de cent cinquante stades
(cinq lieues) : ce général avait su lui imprimer un
mouvement plus rapide : il pensait qu'en de si fatales
conjonctures, le moyen de se sauver n'était pas de faire
des pauses volontaires, ni de livrer des combats; qu'au
contraire il convenait d'user de toute la célérité possible, et de ne jamais se battre, sans y être forcé. Démosthène, parti le dernier, avait marché plus lentement, plus irrégulièrement, et soutenu plus d'attaques.
Les ennemis harcelèrent sa troupe; il la voulut mettre
en ordre de bataille, et y perdit un temps précieux
qui aurait été bien mieux employé à gagner du terrain. Les Syracusains se bornaient à des escarmouches;
ils les préféraient à une bataille réglée contre des fugitifs, à qui le désespoir pouvait rendre des forces invincibles : sûrs de les réduire par la fatigue et par de

continuels échecs, ils ne voulaient pas risquer, dans une affaire générale, les fruits des manœuvres de plusieurs jours. Des traits lancés çà et là devaient suffire pour mettre aux abois une armée si malheureuse, si déroutée, enveloppée de toutes parts, emprisonnée entre des murailles et des plantations d'oliviers.

Gylippe et ses alliés envoyèrent offrir la liberté à ceux des Siciliens qui abandonneraient la troupe de Démosthène et passeraient dans la leur. Quelques-uns, mais en petit nombre, prirent ce parti. Le général athénien, convaincu de l'inutilité et des périls d'une plus longue résistance, n'hésita plus à se rendre. La convention portait que ses soldats remettraient leurs armes; on s'engageait à leur laisser la vie et la liberté, à n'y attenter ni par des violences, ni par des chaînes, ni par le refus de l'absolu nécessaire. A ces conditions, ils se rendirent au nombre de six mille, livrèrent leurs armes et leur argent, dont on remplit quatre boucliers. On les conduisit à Syracuse, tandis que Nicias parvenait aux bords de l'Érinée et campait sur une hauteur. Atteint lui-même dès le jour suivant, il apprit que son collègue s'était rendu, et ne voulut pourtant le croire que sur le rapport d'un cavalier qu'il envoya pour s'assurer du fait. Alors Nicias, par le ministère d'un héraut, déclara que, si on laissait partir son armée, il stipulerait, au nom d'Athènes, que cette cité rembourserait aux vainqueurs tous les frais de la guerre, et leur livrerait, jusqu'au paiement de la somme, un nombre déterminé d'otages, savoir, un par talent. On n'accepta point ces propositions; on investit les Athéniens, on les assaillit, on tira sur eux jusqu'au soir. Quoique manquant de vivres et de munitions, ils résolurent de profiter du repos de la nuit pour s'évader; mais les Syracusains s'aperçurent des préparatifs de leur départ, et chantèrent le pæan. Trois cents Athéniens forcèrent la garde; les autres virent bien qu'ils ne pourraient plus cacher leur retraite. Nicias, cependant, au retour de l'aurore, mit encore son armée en marche : bravant les flèches, les javelots et les insultes des cavaliers, elle courait au fleuve Asinarus, à la fois pressée par la soif et par l'espoir de se sauver, si elle avait le bonheur de le traverser. Tous s'y précipitèrent à l'envi et en désordre : vivement poursuivis et obligés de se serrer, ils tombaient les uns sur les autres, se heurtaient contre les javelots de leurs voisins, s'embarrassaient dans leurs ustensiles : les uns se blessaient à mort; le courant emportait les autres. Les rives étaient escarpées, et les Syracusains, postés sur l'une, tiraient d'en haut sur des infortunés, dont le plus impatient besoin, au milieu de tant de dangers, était d'étancher leur soif. Les vainqueurs impitoyables descendirent dans ce fleuve profond, et y firent un carnage horrible, qui troublait et bouleversait l'onde : bourbeuse et sanglante, on la buvait encore, on se la disputait les armes à la main. Voyant toute son armée détruite, les cadavres entassés dans le fleuve, et ceux qui n'y avaient point péri, menacés par une cavalerie qui tout à l'heure allait les atteindre, Nicias se remit à la discrétion de Gylippe, en le priant d'arrêter le massacre : il avait plus de confiance dans un Lacédémonien que dans les Syracusains. Gylippe ordonna de faire les Athéniens prisonniers; les Syracusains en avaient caché plusieurs; on emmena vivants tous les autres, et l'on poursuivit avec tant d'ardeur les trois cents qui avaient échappé à la garde, qu'on les arrêta. En tout, néanmoins, le nombre des captifs au profit de l'État ne fut pas considérable ; les particuliers en avaient dérobé davantage. Ceux-là n'appartenaient ni à Syracuse ni à Lacédémone ; leurs maîtres les répandirent dans toute la Sicile. Les derniers combats avaient moissonné une multitude d'Athéniens. Toutefois il s'en évada beaucoup, soit des champs de bataille, soit après avoir été réduits en servitude. Catane fut leur principal refuge. De leurs compagnons d'armes, les uns, non compris dans les capitulations, demeuraient esclaves domestiques des Syracusains qui les avaient saisis ; les autres, considérés comme prisonniers de guerre, furent déposés dans la carrière, où l'on croyait qu'il serait plus facile de les garder. Contre l'avis de Gylippe, et malgré ses réclamations, qui ne paraissent pourtant pas avoir été fort vives, on mit à mort Démosthène et Nicias ; crime exécrable que Thucydide impute spécialement aux vindicatifs Corinthiens, et à ceux des Syracusains qui, ayant eu des intelligences avec Nicias, craignaient qu'il ne les dénonçât. Gylippe eût regardé comme une glorieuse récompense de ses travaux guerriers, d'amener à Lacédémone les deux généraux athéniens ; l'un, Démosthène, était détesté des Spartiates, à cause du mal qu'il leur avait fait à Sphactérie et à Pylos. Ils aimaient Nicias, qui leur avait rendu des services, surtout en déterminant le peuple d'Athènes à conclure l'accord qui délivrait leurs prisonniers. Aussi s'était-il pleinement confié à la bienveillance et à l'équité de Gylippe. Mais ceux qu'il avait eus pour amis ou pour complices dans Syracuse, appréhendèrent des révélations que sans doute il n'eût jamais faites, et crurent sa perte nécessaire à leur sécurité; lâche perfidie dont les exemples ne sont pas rares dans l'histoire des dissensions humaines. Une haine encore plus aveugle animait contre lui les Corinthiens. Ils tremblaient qu'il n'employât ses richesses à corrompre ses gardiens, et qu'une fois libre, il ne leur suscitât de nouvelles affaires. « Telles furent, dit l'historien, « les causes de la mort de Nicias, de celui de tous les « Grecs, mes contemporains, que sa piété devait le plus « préserver d'un si triste sort. »

Les Syracusains commencèrent par traiter fort durement les prisonniers qu'ils avaient rassemblés dans les carrières. Déposés en un lieu profond et découvert, ces malheureux y souffrirent d'abord les ardeurs d'un soleil brûlant et y respirèrent un air pernicieux. Survinrent les nuits fraîches de l'automne, qui leur apportèrent d'autres maladies. Aucun toit ne les garantissait de ces intempéries diverses. Les morts s'entassaient dans cet étroit tombeau. Les uns y expiraient par suite des blessures qu'ils y avaient apportées, les autres par la malfaisance et les variations de l'atmosphère. Assiégés d'odeurs insupportables, tous souffraient les tourments de la chaleur, du froid, de la soif et de la faim. Pendant huit mois, chaque homme n'eut par jour qu'une cotyle d'eau et deux de blé. Les savants modernes expliquent ce que c'était qu'une cotyle; la vérité est qu'ils n'en savent rien du tout, sinon que c'était une fort petite mesure; car κοτύλη signifie *le creux de la main*, et dans le *Plutus* d'Aristophane, pour dire que Plutus a recouvré la vue en un instant, on se sert de la paraphrase, « moins de temps qu'il n'en faut à une femme « qui aime le vin pour en avaler dix cotyles. » Après les deux premiers mois, et dix jours du troisième, on vendit une partie de ces prisonniers ; on ne garda que les Athéniens, les Italiens et les Siciliens. Au moment de leur entrée aux carrières, on en comptait au moins sept mille ; à vrai dire, on n'en saurait indiquer exactement le nombre. Jamais, encore, dans cette guerre du Péloponnèse, les vaincus n'avaient essuyé une si funeste calamité : armée, vaisseaux, équipages, tout avait péri ; et, de tant de milliers de guerriers, quelques-uns à peine rentrèrent dans les murs d'Athènes. Tels sont, Messieurs, les affligeants, mais instructifs récits, par lesquels finit le septième livre de Thucydide.

Plutarque, qui a écrit une vie de Nicias, nous apprend que plusieurs Athéniens, vendus comme esclaves, surent se rendre si agréables à leurs maîtres, que ceux-ci les affranchirent. Quelques-uns récitaient des scènes d'Euripide, avec l'accent pathétique que leur inspiraient leurs propres infortunes. Cette honorable industrie leur valut le bonheur de revoir leurs foyers : en y rentrant, ils allèrent rendre honneur au poëte dont le génie avait payé leur rançon.

Le huitième et dernier livre de Thucydide nous occupera dans notre prochaine séance, que je terminerai par des réflexions générales sur tout l'ouvrage.

DIXIÈME LEÇON.

Messieurs, la catastrophe des Athéniens en Sicile a été le sujet du septième livre de Thucydide, qui n'a embrassé qu'environ quinze mois depuis la fin de juin 414 jusqu'à la fin de septembre 413. Le Lacédémonien Gylippe descend dans cette île : les Athéniens, après un premier avantage, sortent moins heureusement d'une seconde affaire : leur général Nicias reconnaît les difficultés et les périls de sa position ; il en instruit, par une lettre fort détaillée, le peuple d'Athènes; il demande des renforts et un successeur; on lui envoie deux collègues, Démosthène et Eurymédon. En Grèce, le roi de Sparte Agis ravage l'Attique et fortifie Décélie; mais le principal théâtre de la guerre du Péloponnèse est en Sicile, où les Athéniens, malgré leurs succès dans une bataille navale, se voient de plus en plus affaiblis et menacés. Vainqueurs des Corinthiens à Naupacte, ils sont repoussés, défaits par les Syracusains sur terre et sur mer. Déjà ils n'ont plus de salut que dans une prompte retraite : Démosthène la propose; Nicias la retarde. Empêcher leur départ est l'unique soin de leurs ennemis, surtout après qu'Eurymédon a essuyé sur mer un nouvel échec. Nous avons remarqué ici le recensement que fait l'historien de tous les peuples qui combattaient pour ou contre Athènes. Une action plus décisive se prépare. Le récit en est précédé des exhortations que Nicias et Gylippe adressent à l'une et à l'autre armée. Celle des Athéniens succombe : Thucydide vous a peint leur désastre, leur fuite, leur captivité, leurs dernières infortunes, et la mort de leurs généraux, Démosthène et Nicias.

La vie de ce dernier a été, comme je vous l'ai dit, écrite par Plutarque, et je ne crois pas hors de propos d'en extraire un petit nombre de détails que nous n'avons pas rencontrés dans les livres de Thucydide. Plutarque commence par rendre à ce grand historien un éclatant hommage : « Quand j'entreprends, dit-il, « d'exposer des faits que Thucydide a décrits d'une ma- « nière si pathétique, avec tant de vivacité, d'énergie, « de mouvements, qu'il s'y est surpassé lui-même, et n'a « laissé à personne l'espérance de l'imiter, ce n'est pas cer- « tès que je prétende entrer en lice avec lui. Mon dessein « est de recueillir des faits moins connus, épars en d'au- « tres annales, en de vieilles inscriptions, dans des dé- « crets de ville, et qui peuvent contribuer à faire con- « naître les mœurs et le caractère de Nicias. Cet estimable « citoyen s'était mis successivement en opposition à Pé- « riclès, à Cléon, à Alcibiade; et, malgré sa modestie à « la guerre, sa timidité dans les assemblées publiques, « il avait acquis un grand crédit. L'usage qu'il faisait « de ses richesses contribuait à sa popularité. Il donnait « avec magnificence des spectacles et des jeux publics. « Il consacra une statue à Pallas, une chapelle à Bac- « chus. Un de ses esclaves, revêtu des attributs et du « costume de ce dieu, ayant été vivement applaudi dans « un chœur de tragédie, il le mit en liberté, disant qu'il « y aurait de l'impiété à retenir dans la servitude celui « que des acclamations si solennelles avaient presque

« divinisé. Il enrichit le temple d'Apollon à Délos, y
« institua un sacrifice annuel où l'on devait prier pour
« le salut et la prospérité du fondateur. » Plutarque ne
dissimule pas plus que Thucydide que Nicias était superstitieux. Il sacrifiait tous les jours, et entretenait à
ses gages un devin qu'il consultait assidûment sur les
affaires publiques, et encore plus sur les siennes propres,
spécialement sur les mines d'argent qu'il possédait dans
le Laurium, et dont il tirait des profits considérables.
Ayant toujours beaucoup d'argent comptant, il multi-
pliait à son gré ses libéralités. La peur extrême qu'il
avait des délateurs l'éloignait des compagnies, et des
réunions que les autres hommes trouvaient agréables.
Il ne faisait et ne recevait aucune visite. Quand il était
archonte, il entrait le premier au conseil et n'en sortait qu'à la nuit. Lorsqu'aucune affaire ne l'appelait
hors de sa maison, il s'y tenait enfermé, invisible même
à ses amis. Un de ses affidés, nommé Hiéron, le représentait comme accablé d'occupations austères, suc-
combant et dépérissant sous le poids du travail. Peut-
être y avait-il quelque artifice ou quelque affectation
dans ses pratiques.

Après une victoire remportée sur les Corinthiens,
Nicias avait eu le malheur de laisser sur le champ de
bataille les corps de deux de ses soldats. Aussitôt qu'il
s'aperçut de cet oubli, il envoya un héraut demander
aux ennemis la permission d'enlever ces deux morts.
C'était renoncer au droit d'élever un trophée, et presque céder le titre de vainqueur, car les anciennes coutumes n'attribuaient cet honneur qu'à celui qui avait
les morts en sa puissance. Il aima mieux moins de
gloire, et plus de fidélité à remplir une obligation sacrée :

il ne voulut pas que deux de ses guerriers restassent
sans sépulture, et ses concitoyens lui surent gré de ce
soin religieux. Ils paraissent l'avoir jugé un peu moins
équitablement, lorsqu'il eut cédé le commandement à
Cléon; ils applaudirent, dans la comédie des *Oiseaux*
d'Aristophane, les vers où il est dit qu'il n'est pas
temps de sommeiller, et d'imiter les lenteurs et les refus de Nicias. Ce poëte a lancé un autre trait contre
lui dans une pièce que nous n'avons plus et qui était
intitulée *les Laboureurs*. Un personnage y offrait mille
drachmes, si on le dispensait de commander : « Donne
« les, lui répondait-on; ce sera deux mille, avec les
« mille que Nicias nous a payées pour la même cause. »
La trêve avec les Lacédémoniens fut son ouvrage, et en
quelque sorte le chef-d'œuvre de sa sagesse : on la
nomma la paix Nicienne, ou le Nicisium, à ce que
rapporte Plutarque. L'un des articles portait que le
sort déciderait lequel des deux peuples rendrait le premier les prisonniers, et le biographe dit, en citant
Théophraste, que Nicias acheta le sort, et obligea ainsi
les Spartiates à faire les premières restitutions. Il ne
faut pas sans doute le louer de cette fraude; mais on
peut s'étonner que les anciens n'aient pas su la rendre
impossible, dans une opération aussi simple qu'un ti-
rage au sort, surtout pour un si grave intérêt.

Plutarque raconte ensuite fort au long le bannissement d'Hyperbolus. A certaines époques, les Athéniens exilaient pour dix ans l'un des citoyens que
leur crédit ou leur opulence rendait suspects. On hé-
sitait entre Nicias et Alcibiade : le premier déplaisait
aux jeunes gens, le second aux vieillards. Les deux
rivaux s'entendirent secrètement pour faire tomber la

fatale sentence sur un personnage que son effron-
terie et le mépris qu'elle excitait semblaient mettre à
l'abri de cette proscription honorable. On bannit donc
Hyperbolus, et l'ostracisme, ainsi avili, ne se renou-
vela plus jamais. « Je n'ignore point, ajoute Plutarque,
« que, selon Théophraste, il s'agissait d'exiler ou Alci-
« biade ou Phæax, et non Nicias ; mais je me suis con-
« formé aux récits de la plupart des historiens. » A propos
de la mutilation des Hermès et des autres présages qui
devaient détourner les Athéniens de leur expédition en
Sicile, il est dit ici que Socrate avait été averti par
son démon familier des malheurs qu'entraînerait cette
entreprise ; et c'est ce que Socrate déclare lui-même
dans le *Théagès* de Platon. Je ne rappelle, Messieurs,
cette particularité que parce qu'elle tient à l'histoire
des superstitions ou des impostures. Un homme sage
n'avait besoin ni de démons ni de devins, pour prévoir
les suites funestes de l'imprudence que les Athéniens
commettaient. Nicias s'y opposa tant qu'il put, ainsi
que vous l'a expliqué Thucydide ; il partagea néanmoins
avec Alcibiade et Lamachus le commandement de
l'armée qu'ils envoyaient en Sicile. On dit qu'un jour
les généraux et les officiers athéniens étant assemblés
en conseil de guerre pour délibérer sur une affaire importante, Nicias ordonna au poëte Sophocle, qui était
l'un des capitaines, de dire le premier son avis, en qualité de doyen d'âge. « Je suis en effet le plus vieux, si
« l'on compte les années, lui répondit Sophocle ; mais
« si l'on considère le mérite et les services rendus, vous
« êtes mon ancien. » Plutarque ne cite aucun garant de
cette anecdote. Il rapporte de même que la courtisane
Laïs, fort jeune alors, ayant été prise dans le bourg

d'Hyccara dont Nicias s'était emparé, on la vendit avec les autres prisonniers, et on la conduisit en Grèce.

Le temple de Jupiter Olympien était voisin du camp des Athéniens, qui auraient volontiers fait main basse sur les offrandes d'or et d'argent que la dévotion des rois et des peuples y avait accumulées. Nicias, de peur que ce pillage ne profitant aucunement à sa république, le sacrilége ne retombât sur lui seul, perdit exprès l'occasion de s'emparer de cet édifice, et laissa aux Syracusains le temps d'envoyer un détachement pour le défendre. Plutarque ne blâme point cette réserve; mais il se plaint en général des lenteurs et de la timidité de Nicias. Il donne le nom de colique néphrétique à la maladie qui tourmentait ce général, et le retenait souvent dans son lit. Il lui tient compte de ses divers succès, et cite le poëte Euripide, qui avait composé, pour les Athéniens morts autour de Syracuse, cette épitaphe : « Ici reposent les braves guerriers qui « ont battu huit fois les Syracusains, autant de fois que « les dieux ont été neutres. » C'était, Messieurs, comme on le voit dans Homère, un article de la théologie païenne, que les dieux décidaient souvent eux-mêmes le sort des batailles, et l'abandonnaient quelquefois au courage et aux forces des mortels.

Au sujet de l'éclipse de lune du 27 août 413, Plutarque présente à ses lecteurs des observations qui ne sont point à négliger dans l'histoire de l'esprit humain. « Pour ce qui est, dit-il, du soleil éclipsé au moment « d'une conjonction, la plupart en connaissaient à peu « près la cause, le peuple même savait que c'est l'inter- « position de la lune qui produit ce phénomène. Mais la « lune, comment arrive-t-il que, dans son plein, elle perde

« tout à coup sa clarté, et change plusieurs fois de cou-
« leurs? c'est ce qu'on ne comprenait point : on ne voyait
« là qu'un accident étrange, que le signe de quelque
« malheur. A la vérité, Anaxagore avait écrit fort claire-
« ment ou très-hardiment sur l'illumination de la lune,
« sur ses phases et sur ses ombres ; mais Anaxagore n'é-
« tait pas ancien, ni son traité assez connu : peu de person-
« nes l'avaient entre les mains, et elles ne le communi-
« quaient qu'avec infiniment de réserve et de précautions.
« Le peuple n'aimait pas, ne tolérait pas les météoroty-
« ches ou discoureurs sur les météores : il trouvait de
« l'impiété à substituer des causes naturelles à la puis-
« sance et aux volontés de la divine providence. Protago-
« ras, pour un système de cette espèce, a été banni d'A-
« thènes ; Anaxagore jeté dans une prison, d'où Périclès a
« eu peine à le tirer ; et Socrate condamné à mort, quoique
« ne s'étant pas mêlé de physique. Si l'on a souffert son
« disciple Platon, c'est parce qu'il subordonnait les cau-
« ses naturelles au gouvernement exercé par une âme
« universelle et toute-puissante. Quand Dion, l'ami de
« Platon, partait de Zacynthe pour aller en Sicile, la lune
« vint à s'éclipser soudainement. Dion ne s'en épouvanta
« point, il mit à la voile comme si de rien n'était, il ren-
« versa le tyran Denys. Le malheur de Nicias (c'est tou-
« jours Plutarque qui parle) fut de n'avoir pas auprès
« de lui un devin expérimenté ; celui qu'il avait eu, et
« qui s'appelait Stilbidès, était mort depuis peu. Stil-
« bidès lui aurait remontré qu'une éclipse de lune, ainsi
« que l'a fort bien dit Philochorus, n'est pas un mauvais
« présage pour des gens qui veulent fuir ; car ils ont be-
« soin de ténèbres ; et la lumière est leur plus redou-
« table ennemie. Même au temps de la plus profonde

« ignorance, on ne passait que trois jours en observa-
« tion et en repos, après une éclipse de lune ou de
« soleil; c'est ce qui se lit dans les commentaires d'Au-
« toclidès ou d'Anticlidès : Nicias interrompit son en-
« treprise durant trois fois neuf journées ; il voulut
« attendre une révolution entière de la lune, et quitta
« le soin des affaires pour offrir des sacrifices. Les en-
« nemis profitèrent de cette inaction et l'assaillirent.
« Ne devait-il pas lui suffire d'avoir vu, aussitôt après
« l'éclipse, la lune sortir brillante de l'espace obscurci
« et ombragé par l'opposition de la terre? » Vous voyez,
Messieurs, que ces derniers mots indiquent la véritable cause du phénomène.

En décrivant les désastres des Athéniens, Plutarque
nous fait envisager particulièrement Nicias abattu, ex-
ténué par la maladie, indignement réduit à la dernière
détresse, manquant des choses les plus nécessaires à
son âge, à ses infirmités, mais soutenant avec un inflexible courage les épreuves et les fatigues insupportables aux plus robustes guerriers. Ce n'était pas pour
lui-même, ni pour prolonger ses tristes jours, c'était
pour ses soldats et pour sa patrie, qu'il ne renonçait
point à la dernière espérance. Tandis que l'épouvante,
la douleur, le désespoir arrachaient des larmes et des
gémissements à tous les autres, il s'affligeait bien plus
des malheurs communs que des siens propres. Personne ne les avait mérités moins que lui, puisqu'il
s'était si vivement opposé à cette expédition déplorable.
Il s'efforçait par le ton de sa voix, par l'aménité de
ses traits et de ses regards, par l'affabilité de ses manières, de se montrer supérieur à sa cruelle destinée,
et d'inspirer un espoir, une assurance qu'il n'avait plus.

Pendant huit jours de marche, sans cesse harcelé, chargé, pressé par les ennemis, il sut maintenir le bon ordre dans sa troupe, et la conserver indomptable jusqu'au moment où il apprit que Démosthène s'était rendu. Lorsque ayant enfin cédé à la nécessité, il eut été fait prisonnier, avec tous ses compagnons d'armes, un orateur syracusain, Euryclès, fit rendre un décret portant que le jour où Nicias avait été pris, 26 du mois carnéen, correspondant au métagitnion d'Athènes, au septembre de Rome, serait à Syracuse une fête annuelle, appelée *Asinaria,* du nom du fleuve Asinarus, aux bords duquel on venait d'obtenir ce bonheur mémorable, et qu'on enfermerait tous les vaincus dans les carrières, à l'exception des deux généraux qu'on ferait mourir sur l'heure. Thucydide vous a dit, Messieurs, qu'en effet les Syracusains mirent à mort Démosthène et Nicias; et Plutarque ne le nie point; mais il nous apprend que, selon Timée, ces deux Athéniens, au moment où ils allaient être lapidés, furent informés par Hermocrate du sort qui les attendait, et que, sur cet avis, ils se tuèrent eux-mêmes. Leurs corps, jetés à la porte de la prison, y restèrent longtemps exposés. On montrait encore, plusieurs siècles après, dans un temple de Syracuse, un bouclier qu'on disait être celui de Nicias, et dont le dessus offrait un tissu d'or et de pourpre.

Tels sont, Messieurs, dans cette vie de Nicias, les principaux détails qui peuvent servir de supplément aux récits de Thucydide. J'ai écarté ceux que cet historien vous avait déjà exposés dans ses sept premiers livres. Nous allons maintenant ouvrir le huitième.

Il y a, nous l'avons dit, des savants qui prétendent

que ce dernier livre n'est point authentique. Nous avons rejeté cette opinion, parce qu'elle contredit d'anciens témoignages; mais elle a été suggérée par les différences sensibles qui existent entre les formes de ce livre et celles des précédents. Ils sont remplis de harangues directes; il n'en contient pas une seule. Ils offrent de vives images des événements politiques et militaires; il est sans couleur comme sans mouvement. Jusqu'ici nous avons admiré l'élévation et l'énergie du style de l'historien : nous n'entendrons plus que les récits monotones et presque vulgaires d'une simple chronique. Selon toute apparence, Thucydide s'était réservé de retoucher et de perfectionner cette partie de son ouvrage, qui d'ailleurs ne devait pas être la dernière, puisqu'elle se termine à la vingt et unième année de la guerre du Péloponnèse, et que, dans son cinquième livre, il a promis de conduire cette histoire jusqu'à la vingt-septième année.

Nous n'aurons donc à recueillir ici que la suite des faits; l'historien ne prend plus guère la peine de les peindre, et il n'en établit l'enchaînement que par leur succession. Toutefois les deux premiers articles offrent encore une peinture assez riche des effets que produisit, dans l'Attique et dans le Péloponnèse, la nouvelle du désastre des Athéniens à Syracuse. Dans Athènes, on refusait d'y croire, même sur le témoignage des guerriers distingués qui avaient eu le bonheur d'échapper. Mais, lorsqu'il n'y eut plus moyen d'en douter, on s'en prit à tous ceux qui avaient conseillé cette expédition, aux orateurs, aux devins, et, comme écrit Lévesqué, aux *publicateurs* d'oracles, traduction plus littérale que pure du mot χρησμολόγοις. Il ne restait plus de vaisseaux dans les chantiers, plus d'argent dans le trésor public, plus d'espérance dans les cœurs. On s'attendait à voir, au premier jour, les Siciliens triomphants aborder au Pirée, et les Péloponnésiens implacables inonder de nouveau l'Attique. On craignait la défection des alliés et les manœuvres des citoyens ambitieux. Néanmoins on sentait la nécessité d'employer tout ce qui restait de ressources. On réforma des abus, on réduisit les dépenses, on élut un conseil de vieillards qu'on chargea de préparer les délibérations; et le malheur fit rétablir le bon ordre. Dans les autres pays de la Grèce, chacun se déclarait et s'armait contre les Athéniens vaincus : c'était à qui contribuerait à consommer leur ruine. Ils auraient opprimé tous les Grecs, s'ils avaient réussi en Sicile : il fallait profiter de cette occasion de les abaisser, de les effacer de la liste des peuples. Lacédémone surtout se complaisait dans cette idée de la destruction absolue d'Athènes, et n'attendait que le retour du printemps pour écraser sa rivale et régner seule paisiblement sur la Grèce entière. Voilà, Messieurs, comment s'exaltent les passions politiques, comment elles éteignent dans les âmes tous les sentiments de justice, de générosité, d'humanité.

Durant l'hiver, Agis, roi de Sparte, leva des contributions sur les alliés, comme sur les ennemis de sa république : il obligea les uns et les autres à construire et fournir des vaisseaux. Les Athéniens se procuraient avec bien plus de peine des bois de construction : ils travaillaient avec ardeur, et ne dépensaient qu'avec épargne. Ils eurent la douleur de voir l'Eubée se détacher de leur alliance et traiter avec Agis. Les Lesbiens et d'autres États les abandonnèrent aussi ; et Tissapherne, général du roi de Perse, aidait de ses intrigues les manœuvres de leurs ennemis. Le printemps s'ouvre ; la vingtième année commence (412 avant notre ère). Les hostilités furent différées jusqu'après la célébration des jeux isthmiques. Cette solennité ayant été annoncée aux Athéniens, comme aux autres nations grecques, ils s'y rendirent, et y connurent l'étendue des projets conçus contre eux. Leur extrême activité les soutenait encore. Ils livrèrent avec succès quelques combats à la flotte péloponnésienne ; ils attaquèrent même et dispersèrent les seize vaisseaux que Gylippe ramenait de Sicile. Il leur restait mille talents (cinq millions et demi), qu'ils avaient mis en dépôt, et auxquels ils ne devaient pas toucher avant la fin de la guerre : une loi avait été portée qui prononçait la peine de mort contre quiconque proposerait d'en faire usage ; ils abrogèrent cette loi, et employèrent les mille talents à équiper une flotte formidable. Ils redevenaient déjà si puissants que les Lacédémoniens se déterminèrent à conclure, pour la première fois, un traité d'alliance avec le roi de Perse, représenté par Tissapherne. Il y était stipulé que toutes les contrées et villes que le roi possédait, ou qui avaient appartenu à ses pères, resteraient sous sa domination ; qu'on empêcherait les Athéniens de tirer de ces villes aucun revenu, aucune marchandise ; que le roi, les Lacédémoniens et leurs alliés feraient en commun la guerre à Athènes, et ne traiteraient avec elle que d'un commun accord ; que, si quelques sujets du roi se révoltaient contre lui, ils seraient déclarés ennemis de Sparte et de ses alliés ; que de même, si les sujets de Sparte ou de ses alliés se soulevaient con-

tre elle, le roi les traiterait comme ses propres ennemis.
Il n'est rien, je crois, dans l'histoire entière de Lacédémone, de plus honteux que ce traité : c'était abju-
rer la gloire des Thermopyles, et livrer la Grèce à une
tyrannie étrangère, dont elle avait triomphé. Mais les
intérêts de la Grèce et de la liberté étaient sacrifiés à
la haine aveugle que l'on portait aux Athéniens; et,
comme s'il n'eût pas suffi d'avoir armé contre eux le
Péloponnèse et tous les peuples grecs, on voulait se renforcer encore de la puissance d'un despote asiatique.
Pouvait-on rendre un plus grand hommage au courage
et au génie d'Athènes accablée de tant de malheurs?

Il s'opéra en leur faveur une révolution à Samos.
Le parti populaire, qui leur était demeuré fidèle, se révolta contre les hommes puissants, en condamna deux
cents à la mort, quatre cents à l'exil, se partagea les
maisons et les terres des proscrits, et obtint d'Athènes
un décret qui proclamait l'indépendance des Samiens.
Il se livrait en ce même temps plusieurs combats sur
mer où les avantages se balançaient, mais dont l'histoire n'est pas très-bien éclaircie dans ce livre : on y
soupçonne même quelques lacunes; les détails sont
décousus, et quelquefois difficiles à concilier. Toujours
voit-on que les Athéniens reprirent Lesbos, et que
Clazomènes rentra sous leur domination. Ils tenaient
Milet en échec avec vingt bâtiments. Ils tuèrent le général spartiate Chalcidée, et dressèrent un trophée qui
après leur départ fut renversé par les Milésiens. D'autres victoires rétablissaient peu à peu leur ancienne
puissance maritime; et l'on commençait à s'apercevoir
qu'on s'était trop hâté de les croire abattus. Un peuple
n'est pas vaincu, tant que l'esprit de liberté l'anime :

ses lumières et son énergie finissent par subjuguer la fortune et les autres forces aveugles. L'automne commençait lorsque Tissapherne se rendit à Milet où était aussi Alcibiade, toujours armé contre sa patrie. « Tissapherne, j'emprunte ici la traduction de Lévesque, « Tissapherne, suivant la promesse qu'il en avait faite «à Lacédémone, donna, pour un mois de subside, une «drachme attique à chaque soldat de tous les vaisseaux : « il voulait, pour le reste du temps, ne donner que « trois oboles jusqu'à ce qu'il eût consulté la volonté du « roi; ajoutant que, s'il en recevait l'ordre de ce prince, «il donnerait la drachme entière :... on convint cepen- «dant qu'il serait donné plus de trois oboles par tête, «en comptant cinq vaisseaux de plus que n'en compo- «sait sa flotte; car Tissapherne paya pour cinquante- «cinq vaisseaux trois talents par mois, et, pour ce « qu'il pouvait y avoir de plus que ce nombre, il don- «nait une somme proportionnée. » Cette version littérale de Lévesque n'est ni correcte ni claire, mais le texte est si embarrassé qu'il n'est guère possible de le mieux rendre. Ce passage, probablement altéré, a exercé les commentateurs, qui l'ont corrigé, expliqué, tourmenté de toutes les manières, sans en tirer un résultat positif. En partageant dix-huit mille drachmes par mois entre cinquante-cinq vaisseaux, il n'y a pour chaque vaisseau que trois cent vingt-sept drachmes par mois, ce qui n'en donne pas tout à fait onze par jour, quantité évidemment trop faible. En conséquence, au lieu de τρία τάλαντα, on a proposé de lire τριάκοντα τάλαντα, ce qui décuple les sommes. D'autres veulent que les trois talents n'aient été divisés qu'entre cinq vaisseaux, et non entre cinquante-cinq, et suppriment, après πέντε ναῦς les mots καὶ πεντήκοντα. Duker hasarde cette seconde conjecture, en ne la donnant néanmoins que pour ce qu'elle vaut, et en se déclarant prêt à l'abandonner dès qu'on en aura imaginé une meilleure. Je crois, Messieurs, qu'on en prendrait en vain la peine, et qu'on ne parviendrait à concilier avec toute la contexture de ces lignes aucun calcul raisonnable. Ces altérations de nombres sont presque toujours irremédiables, surtout lorsqu'il s'agit des monnaies grecques, dont nous connaissons fort mal les noms et les valeurs. Tout ce qui résulte de ce passage, c'est que le grand roi s'était engagé à soudoyer la flotte péloponnésienne, et que le lieutenant Tissapherne payait le moins qu'il pouvait. Il n'y a là de bien constant et de bien clair que l'opprobre des Péloponnésiens.

Les Athéniens, qui, dans leur détresse, ne mendiaient point d'aumônes royales, tenaient la mer avec soixante-quatorze vaisseaux, et faisaient des courses sur Milet. Toujours maîtres de Lesbos et de Samos, ils inquiétaient et affaiblissaient de plus en plus la flotte ennemie; tellement que les Spartiates, sentant le besoin d'être mieux secourus, sollicitèrent et obtinrent un nouveau traité avec le roi de Perse. Les dispositions du premier y sont renouvelées, et l'on ajoute que toute armée qui pourra se trouver sur les terres du roi, et qu'il aura mandée, sera soldée et défrayée par lui. Malgré ces conventions, il s'élevait de fréquents débats entre Tissapherne et les Lacédémoniens : ceux-ci commençaient à comprendre qu'on s'exposait à placer toute la Grèce sous la domination des barbares. Alcibiade aussi se brouillait avec les Péloponnésiens, soit qu'il lui fût impossible d'être plus longtemps fidèle à qui que ce pût être, soit qu'ennemi personnel d'Agis, il désespérât de conserver de l'ascendant sur les Spartiates, soit qu'enfin il jugeât que l'heure était venue d'imiter la fortune qui semblait se réconcilier avec Athènes. Il intrigua d'abord auprès de Tissapherne, l'indisposa contre les peuples du Péloponnèse, et le détermina à réduire la solde, d'une drachme attique à trois oboles, qui encore n'étaient pas exactement payées. Il lui apprit à corrompre par argent les magistrats et les généraux des villes, à semer ainsi des germes de discorde entre Sparte et ses alliés. Il lui représentait surtout qu'il n'était point de l'intérêt du roi de hâter la fin de la guerre, et d'en assurer le profit à une seule cité; qu'il valait bien mieux entretenir des rivalités et maintenir l'équilibre entre les nations grecques, se ménager les moyens de les exciter l'une contre l'autre, afin de se venger d'elles par elles-mêmes. Il lui parlait des Athéniens, qui n'inspiraient d'alarmes à aucune puissance continentale, et desquels on pourrait se servir un jour pour soumettre au roi les pays maritimes. Tissapherne goûtait fort ces leçons, et, plein de confiance dans le maître qui les lui donnait, il les mettait déjà en pratique. Il pourvut mal à la subsistance des Péloponnésiens, leur ôta les moyens de combattre sur mer, détruisit la force de leur marine, ruina leurs affaires. Voilà, Messieurs, quels sont toujours les effets de l'intervention des étrangers et de l'influence qu'on leur laisse prendre. Mais en même temps Alcibiade ménageait son retour à Athènes, et, pour le malheur de ses concitoyens, il ne se trompait pas en les jugeant assez inconsidérés pour lui rouvrir une carrière politique au milieu d'eux. Il les avait embarqués dans une expédition folle et funeste.

Il avait ensuite déserté et trahi leur cause; il s'était ligué avec tous leurs ennemis; et même il avait encore, par la mutilation des Hermès, offensé leurs idées superstitieuses : n'importe, ils vont le reprendre, et lui rendre, dans leur cité, le crédit dont il a tant abusé. Ce fut là, dans cette campagne, leur plus fatal revers. Il rentrerait, disait-il lui-même, pour établir l'autorité du petit nombre, ὀλιγαρχία, non pour soutenir le pouvoir des méchants, ni celui du peuple. Cette annonce plaisait fort aux hommes éminents, et à ceux qu'on appelait, dit Thucydide, beaux et bons, τούς τε καλοὺς κ' ἀγαθοὺς ὀνομαζομένους, expression dont le sens équivaut à celui qu'on a donné quelquefois au terme d'honnêtes gens dans notre langue. Donc les honnêtes gens d'Athènes s'employèrent à livrer la république au plus vicieux personnage de cette époque. Alcibiade osait promettre qu'il concilierait aux Athéniens l'amitié de Tissapherne et celle du grand roi, à condition qu'on renoncerait au système populaire. Ce projet circula dans l'armée et n'y fit pas fortune; mais, dans la ville, les beaux et bons le trouvaient excellent. Ils prirent le haut ton, et, profitant de la difficulté des circonstances, ils déclarèrent au peuple, à l'armée, qu'il fallait saisir l'occasion d'avoir un grand roi pour ami, et un grand homme pour administrateur. Phrynichus, qui depuis plusieurs mois commandait la flotte avec une rare habileté, s'opposa de toutes ses forces à de si pernicieux desseins; il croyait, et, ajoute Thucydide, c'était la vérité, ὅπερ καὶ ἦν; qu'Alcibiade n'était pas plus partisan de l'oligarchie que de la démocratie, mais avide de tous les bouleversements qui offriraient des chances à son ambition; que le gouvernement populaire, quand

même les Athéniens y renonceraient, resterait cher
à leurs alliés ; que les républiques craindraient de n'ê-
tre pas moins agitées par les passions des beaux et bons,
τῶν τε καλῶν κ'ἀγαθῶν, que par celles de la multitude ;
qu'au contraire elles se croiraient exposées à beaucoup
plus de violences, de proscriptions, de lois arbitraires
et de jugements iniques ; que telle était l'opinion des
villes, telle aussi la leçon de l'expérience. Voyant que
le complot durait toujours, Phrynichus s'avisa d'un
stratagème ; il informa le général spartiate Astyochus
qu'Alcibiade et Tissapherne trompaient les Péloponnésiens ; et, par une étrange complication d'intrigues et
d'infidélités, Astyochus n'eut rien de plus pressé que
d'aller instruire Tissapherne et Alcibiade de l'avis qu'il
venait de recevoir de Phrynichus. Alcibiade jure la
perte du général athénien, et celui-ci se trouble à tel
point qu'il adresse à Astyochus un second message,
bien plus imprudent et plus criminel que le premier ;
car c'était une promesse de livrer aux Péloponnésiens
et la ville de Samos et l'armée d'Athènes. On a peine
à comprendre et même à croire cette extravagance.
Astyochus ne manqua point de faire part de cette nouvelle dépêche à Alcibiade, qui dès lors se tint assuré
de perdre Phrynichus. Toutefois celui-ci informé qu'Astyochus venait d'abuser une seconde fois de sa confiance, eut le bon sens de reconnaître qu'il n'y avait
plus de salut pour lui que dans une conduite plus
loyale et plus civique. Il annonça que l'ennemi allait
venir attaquer Samos, et hâta le travail des fortifications de cette place. On y mettait la dernière main,
lorsque des lettres d'Alcibiade dénoncèrent Phrynichus,
comme trahissant l'armée, et disposé à livrer la place

On n'en voulut rien croire, et cette dénonciation, que l'on jugea fausse, quoiqu'elle ne fût que trop vraie, loin de nuire au général si gravement inculpé, disposa le peuple en sa faveur.

Mais Alcibiade s'emparait de plus en plus de l'esprit de Tissapherne, et poursuivait auprès des Athéniens le cours de ses manœuvres. Il fit proposer dans l'assemblée de cette ville, d'abord de le rappeler et d'annuler les procédures entamées contre lui en 415, puis d'abolir la démocratie, et enfin de s'allier au roi des Perses. C'é-taient là, disait-il, et répétaient ses partisans, trois moyens sûrs d'asservir le Péloponnèse. Beaucoup de voix s'élevaient encore pour les institutions du pays : les Eumolpides et les Céryces (deux familles sacerdo-tales) invoquaient la religion qu'Alcibiade avait pro-fanée. Mais Pisandre, l'un des chefs du parti oligarchi-que, assurait que la république n'avait plus d'autres ressources, et qu'il convenait de les accepter, sauf à y renoncer en de meilleures circonstances. Phrynichus fut destitué, Alcibiade rétabli, la réforme du régime politique entreprise, Pisandre envoyé avec quelques autres pour négocier auprès de Tissapherne. Ce satrape les accueillit assez mal. En ce moment-là, il redoutait plus Sparte qu'Athènes; et, ainsi qu'Alcibiade le lui avait conseillé, il ne songeait qu'à les ruiner l'une par l'autre. Il fit aux députés athéniens des propositions que, malgré la servilité dont ils faisaient profession, ils trouvèrent inadmissibles : il leur offrit presque le pur esclavage; ils se retirèrent, persuadés qu'Alcibiade les avait joués. Pour la troisième fois, Tissapherne traita avec les Péloponnésiens, la treizième année du règne de Darius, Alexippidas étant éphore à Lacédémone. Voici,

Messieurs, quelques-unes des dispositions de ce pacte : tout le pays du roi, qui a fait partie de l'Asie, restera sous sa domination, et il le tiendra selon son bon plaisir. Tissapherne paiera à la flotte actuelle, ταῖς ναυσὶ ταῖς νῦν παρούσαις, le subside convenu jusqu'à l'arrivée de la flotte du roi ; après quoi, si les Lacédémoniens et leurs alliés veulent soudoyer leur flotte, ils en seront les maîtres. S'ils aiment mieux recevoir le subside, Tissapherne le leur paiera encore ; mais ils en feront le remboursement à la fin de la guerre. La guerre et la paix avec les Athéniens n'auront lieu que du commun accord des Spartiates, des alliés et du roi. C'est par la transcription de ce traité que l'historien termine la vingtième année de la guerre du Péloponnèse.

A l'ouverture de la vingt et unième, c'est-à-dire au printemps de l'an 411 avant l'ère vulgaire, Abydos, colonie de Milet, se révolta contre les Athéniens, dont les affaires ne prospéraient plus depuis les intrigues d'Alcibiade et de Pisandre. Le complot oligarchique durait toujours. L'état populaire fut aboli à Thasos, mais aussitôt rétabli et rectifié par les habitants ; seulement ces entreprises et ces révolutions locales détachaient Athènes des peuples alliés, qui ne tenaient à elle que parce qu'ils l'avaient considérée comme le soutien du régime démocratique dans la Grèce. Presque partout où les Athéniens détruisaient ce régime, on s'alliait, après la réforme, aux Spartiates. Ainsi Athènes travaillait elle-même à se priver d'auxiliaires et à 'tiplier ses ennemis. Cependant il fallait bien que le système politique, qu'elle introduisait ailleurs, dans ses propres murs. Les novateurs tuèui passait pour le chef du parti populaire; ils égorgèrent plusieurs de ses amis : après quoi, profitant de la terreur qu'inspiraient ces assassinats, tantôt publics, tantôt secrets, ils déclarèrent que les droits de cité n'appartiendraient plus qu'aux cinq mille Athéniens les plus considérables. Ces cinq mille n'étaient qu'environ le quart des citoyens qui avaient eu jusqu'alors le droit de suffrage. Le peuple et le conseil des cinq cents ne laissaient pas de s'assembler encore; mais les conjurés dictaient les résolutions. Tout opposant était frappé de mort par des assassins, qui restaient impunis. La faction, qui parlait seule, se disait le plus grand nombre. Ainsi, dit Thucydide, malgré l'indignation générale, aucune plainte n'était entendue. On n'osait plus exprimer sa pensée : en voyant l'oligarchie soutenue par des hommes qui s'étaient autrefois déclarés hautement et même violemment contre elle, chacun craignait d'être le seul à la combattre. Le peuple se méfiait de lui-même : Τὴν ἀπιστίαν τῷ δήμῳ πρὸς ἑαυτόν. Alors arrivèrent Pisandre et ses compagnons d'ambassade : ils assemblèrent le peuple et firent élire dix citoyens qu'on chargea de rédiger de nouvelles lois politiques, et qui les présentèrent en effet au peuple assemblé à Colone, lieu consacré à Neptune, et situé à dix stades d'Athènes. Il fut décrété qu'on nommerait cinq présidents, qui éliraient cent citoyens, dont chacun se donnerait trois adjoints : il en résulterait un corps de quatre cents hommes, investis du pouvoir souverain, et qui n'assembleraient les cinq mille habitants les plus considérables après eux que lorsqu'ils le jugeraient convenable, eux les quatre cents. Thucydide désigne, comme le directeur de cette réforme, l'orateur Antiphon, do on suppose qu'il avait été jadis le disciple, et do fait ici un très-grand éloge. Mais il loue aussi le zèle périlleux que Phrynichus, revenu à de meilleurs sentiments, opposa presque seul à l'établissement de l'oligarchie. L'assemblée se sépara : il s'agissait d'installer les quatre cents. Tous les Athéniens, dans la crainte des ennemis qui occupaient Décélie, restaient toujours en armes, les uns sur les remparts, les autres dans les corps de réserve : on laissa, ce jour-là, faire le service à ceux qui n'étaient point de la conjuration. Il avait été recommandé aux conjurés de s'en abstenir, afin qu'ils pussent prendre les armes, si quelque opposition survenait. On les employa particulièrement à dissoudre le conseil des cinq cents, qui s'était assemblé, et qu'on remplaça par les quatre cents. L'inauguration de ces nouveaux magistrats tout-puissants se fit avec les prières et les cérémonies accoutumées, après lesquelles ils firent mettre à mort, ainsi qu'il était aussi d'usage, les citoyens qu'ils redoutaient ou haïssaient le plus, en assez petit nombre pourtant : ils en incarcérèrent davantage. Ensuite ils envoyèrent un héraut au roi de Lacédémone qui était à Décélie, et lui proposèrent d'entrer en conférence avec eux, le priant de vouloir bien ne pas les confondre avec cette populace indigne de confiance, avec

> ce peuple insolent et barbare,
> Que la fureur conduit, réunit et sépare;
> Aveugle dans sa haine, aveugle en son amour,
> Qui menace et qui craint, règne et sert en un jour.

Agis trouva les quatre cents trop nouveaux pour se confier à leurs desseins et à leur puissance. Il jugea plus à propos de profiter du trouble où cette révolution devait jeter les Athéniens, pour attaquer leur ville à

l'improviste avec un renfort considérable qui lui arrivait. Mais il éprouva de la résistance : le peuple d'A-
thènes n'était point encore accoutumé à penser qu'il
n'avait plus de patrie. Agis renvoya le renfort et atten-
dit une seconde députation des quatre cents. Elle ne
tarda point; car ces quatre cents sentaient le besoin de
s'affermir par des négociations extérieures. Cette fois,
le roi de Sparte les accueillit un peu mieux, sans leur
rien proposer toutefois, et en leur conseillant d'envoyer
une ambassade à Lacédémone. Ils expédièrent d'abord
une députation à Samos, vers l'armée athénienne qu'il
leur importait de tranquilliser. Ils s'efforçaient de lui faire
accroire que la puissance souveraine avait été décernée,
non à quatre cents citoyens, mais à cinq mille, et que
ce nombre était réellement celui qui avait toujours
existé; car, disaient-ils, quoique plus de vingt mille
hommes eussent paru jusqu'alors jouir du droit de vo-
ter dans l'assemblée générale, jamais plus de cinq mille
ne l'avaient effectivement exercé. Ils joignaient, à ces
observations captieuses, des promesses qui n'étaient
pas plus sincères, et des cajoleries qui ne séduisirent
pas l'armée : elle laissa voir, dès ce premier instant, son
aversion pour l'oligarchie.

Une faction oligarchique s'était formée à Samos
même, et comptait parmi ses membres des hommes
dévoués, peu de temps auparavant, à la cause populaire. Ils immolèrent, entre autres victimes, cet Hyperbolus, Athénien plus méprisable qu'odieux, qui avait
déshonoré l'ostracisme en le subissant. Les oligarques
samiens lui faisaient aussi en l'assassinant, beaucoup
trop d'honneur. Cependant les partisans de la démocratie, dans cette cité, s'y liguèrent comme ailleurs, et

soutenus par quelques Athéniens, surtout par Thrasylle et Thrasybule, ils vinrent à bout de rétablir la république. Des trois cents conjurés qui s'étaient emparés du pouvoir souverain, et qui prétendaient en jouir seuls, trente furent mis à mort, et les autres contenus dans le devoir. Un vaisseau fut expédié de Samos à Athènes, pour y annoncer le triomphe du peuple : ceux qui le montaient apprirent, en arrivant, qu'Athènes, au contraire, avait subi le joug des quatre cents, et se virent bientôt chargés de fers. Un seul échappa, revint à Samos, raconta et exagéra les crimes de l'oligarchie athénienne. A ce récit, les esprits s'enflammèrent, on jura de venger partout les droits du grand nombre; Thrasylle et Thrasybule reçurent des citoyens et de l'armée le serment de combattre à la fois les Péloponnésiens et les quatre cents. Athènes, aux yeux des guerriers, n'était plus dans ses murs; eux seuls formaient la cité; la patrie n'existait plus que sous leurs étendards; ils sauraient maintenir leurs droits politiques, et les rendre à ceux de leurs concitoyens qui venaient d'en être indignement dépouillés.

Sur la flotte péloponnésienne, on se plaignait amèrement d'Astyochus et de Tissapherne; d'Astyochus, parce qu'il restait dans l'inaction; du satrape, parce qu'il annonçait des renforts qui n'arrivaient point, payait mal le subside, et intriguait avec les Athéniens. On fit faire à cette flotte quelques mouvements qui n'amenèrent aucun succès décisif. L'armée athénienne aurait pu obtenir de grands avantages; mais Thrasybule commit une faute énorme. Il conçut le projet de s'attacher Alcibiade, disposa l'armée à le recevoir et l'introduisit à Samos: Alcibiade, qui avait provoqué l'établis-

voile à l'oligarchie réellement concentrée dans le conseil
des quatre cents. L'agitation croissait en tous les quartiers de la ville : on se groupait; il se tenait des conférences particulières; il se formait des assemblées publiques; mais, dès qu'on apprenait les mouvements de
la flotte lacédémonienne, on quittait subitement les délibérations pour courir aux armes. Il fallut même livrer,
près du port d'Érétrie, une bataille où les Athéniens
perdirent vingt-deux bâtiments et beaucoup d'hommes :
l'Eubée se souleva contre eux tout entière, à l'exception d'une seule place qu'ils occupaient. Ces événements
les consternèrent. Notre historien dit que ni leur désastre en Sicile, ni aucun autre de leurs malheurs ne les
avaient plongés dans un tel abattement. Considérez en
effet, Messieurs, les divers périls qui menaçaient alors
ces quatre cents ambitieux, investis d'un pouvoir
usurpé. Ils avaient pour ennemis le Péloponnèse, l'Eubée, la plupart des alliés d'Athènes, une grande partie
des citoyens de cette ville, et l'armée athénienne commandée à Samos par Alcibiade. Le peuple sentit enfin
que l'unique moyen d'échapper à tant de dangers, était
de s'affranchir d'une tyrannie qui l'en défendait si mal.
Il renversa donc les quatre cents, et maintint ou plutôt
établit les cinq mille, au nombre desquels furent compris ou adjoints tous ceux qui portaient les armes. On
fit des règlements provisoires d'administration publique; et, par un aveuglement fatal, on décréta le rappel
d'Alcibiade; on l'envoya prier de venir prendre part
aux affaires. Pisandre et d'autres oligarques se sauvèrent à Décélie, dans les bras des ennemis de leur
république.

A Milet, Tissapherne continuait de se jouer des Péloponnésiens : il ne leur payait plus de subsides ; il ne leur amenait point de vaisseaux : aussi essuyaient-ils des revers dans presque toutes les rencontres où ils avaient à combattre des détachements de la flotte de Samos, commandée par Thrasylle ou par Thrasybule. Une action plus considérable s'engagea vers Sestos entre les deux flottes. Celle des Athéniens, composée de quatre-vingts bâtiments, s'étendait du côté de la Chersonèse, et celle des Péloponnésiens, forte de quatre-vingt-huit vaisseaux, depuis Abydos jusqu'à Dardane. La victoire, longtemps indécise, et qu'un instant les Péloponnésiens croyaient avoir remportée, demeura aux Athéniens, qui la durent surtout à l'habileté de Thrasybule et à son courage. Ils perdirent quinze navires et n'en prirent que dix-huit ; mais ils ressaisissaient leur puissance sur mer, et reprenaient le sentiment de leur supériorité. Alcibiade se vanta d'avoir détourné la flotte phénicienne de se joindre aux Péloponnésiens, et d'avoir fait de Tissapherne un ami d'Athènes. Ce satrape néanmoins se gardait de rompre ouvertement avec les Spartiates, il songeait à entrer en explication avec eux, pour leur reprocher leur conduite et justifier la sienne. Il résolut d'aller les trouver ; et, arrivé à Éphèse, il offrit un sacrifice à Diane. C'est le dernier fait que rapporte Thucydide, dont l'ouvrage se termine ensuite par cette phrase : « Quand finira l'hiver qui a suivi cet été, la vingt et unième année de la guerre sera achevée ; ὅταν ὁ μετὰ τοῦτο τὸ θέρος χειμὼν τελευτήσῃ, ἐν καὶ εἰκοστὸν ἔτος πληροῦται. »

Vous voyez, Messieurs, que la matière de ce huitième livre était encore pleine d'intérêt, et digne d'être traitée avec tout le soin que Thucydide y aurait apporté sans doute, s'il en avait eu le temps. Tenons aussi pour indubitable qu'il eût conduit l'histoire de la guerre péloponnésiaque jusqu'à son terme, selon la promesse qu'il en avait faite. Nous retrouverons dans Xénophon, dans Diodore de Sicile et ailleurs, le récit des événements qui ont rempli les sept dernières années, depuis l'automne de l'an 410 jusqu'en 404. Les Athéniens remporteront, non loin d'Abydos, une victoire navale qui sera décidée surtout par Alcibiade survenant avec dix-huit vaisseaux. Tissapherne deviendra de plus en plus suspect aux Lacédémoniens : pour regagner leur confiance, il fera arrêter Alcibiade : mais, lorsqu'on verra le prisonnier s'échapper de Sardes, trente jours après, on soupçonnera le satrape d'avoir favorisé cette évasion. Alcibiade, vainqueur encore à Cyzique, s'emparera de toute la flotte ennemie. Sparte à son tour demandera la paix; le démagogue Cléophon empêchera les Athéniens de la conclure et rouvrira le cours de leurs malheurs. Leur général Thrasylle sera vaincu à Éphèse; mais la fortune continuera de favoriser Alcibiade, qui, à Ténédos, obtiendra un triomphe éclatant. Il rentrera glorieux dans Athènes, le jour des Plyntéries, où l'on a coutume de couvrir d'un voile la statue de Minerve, ce qui ne manquera pas d'être pris pour un mauvais augure : il semble, dira-t-on, que la déesse se cache pour ne pas voir un mauvais citoyen. N'importe, on le comblera d'honneurs, on lui restituera ses biens : les Eumolpides recevront l'ordre de lever les anathèmes qu'ils ont prononcés contre lui, et les hérauts révoqueront, à haute voix, les exécrations dont ils l'ont chargé au nom du peuple. Il sera proclamé le commandant général de la république; et, s'il ne s'empare pas du pouvoir suprême, c'est qu'il n'en croira pas le moment encore venu. Cependant Lysandre s'élèvera dans Lacédémone, et saura gagner la confiance du jeune Cyrus, gouverneur de l'Asie Mineure au nom de Darius son père. Le présomptueux Alcibiade échouera devant la petite île d'Andros, vaincu par la prudence ou l'astuce de Lysandre. Ce revers suffira pour détruire la popularité du général athénien, qui, en un même jour se verra poursuivi, condamné, destitué, peu de mois après sa rentrée triomphante; et le commandement sera divisé entre dix généraux. Les Lacédémoniens prendront Méthymne, et une partie d'une flotte athénienne commandée par Conon. Malgré cette défaite, les Athéniens rassembleront encore cent cinquante voiles, et gagneront la bataille navale des Arginuses. Des généraux cependant auront à recueillir les corps de plusieurs guerriers atteints d'un glorieux trépas : une tempête violente les empêchera d'accomplir ce devoir, et ils seront condamnés à mort par un peuple superstitieux : Socrate prendra vainement leur défense : le peuple ne tardera point à se repentir de cet horrible jugement, et proscrira les démagogues qui le lui auront conseillé. Chez les Spartiates, Lysandre reparaîtra pour prendre Lampsaque, et pour battre la flotte athénienne à Ægos Potamos. De tous les généraux d'Athènes, Conon seul aura l'honneur de faire sa retraite à la vue de l'ennemi; ses collègues seront pris par les Lacédémoniens, et tous mis à mort, à l'exception d'un seul. Dès lors il ne restera plus à l'Attique d'autres alliés que les Samiens et les Argiens. Les Péloponnésiens fondront de nouveau sur son territoire : ils y seront conduits par Pausanias, l'un des

même dans le caractère national. La puissance d'Alcibiade encore jeune, et son retour après des trahisons
éclatantes, annonçaient une corruption générale, dont il
était lui-même la vive image, ou, comme on dirait aujourd'hui, l'expression. Cependant, au milieu de tant de
désordres et de vices, vous avez pu distinguer encore les
heureux fruits de tout ce qui restait de sage et d'honorable dans les lois et les mœurs d'Athènes. Ce peuple, si
léger, si frivole, s'arme d'une constance à toute épreuve;
il déploie une infatigable activité, lorsqu'après les ravages des Péloponnésiens et de la peste à la fois, surtout après son désastre en Sicile et la destruction de
tous les ressorts de sa puissance, il a fallu, pour échapper à la servitude, les renouveler aussi subitement
qu'il les avait perdus. C'est ce qu'il a su faire : il a
reproduit tout l'appareil de ses forces, et reporté au
cœur de ses ennemis l'effroi dont ils le croyaient saisi
lui-même. Telle est, Messieurs, la puissance toute na-
turelle du patriotisme et de la liberté; cette puissance
qu'on trouve miraculeuse, dès qu'on n'en aperçoit
plus les sources recouvertes et presque taries par un
long amas de traditions serviles, mais qui néanmoins résulte immédiatement de l'organisation humaine, remonte à l'origine des sociétés, et redevient visible sur
la scène du monde, chaque fois qu'un peuple, qui a été
libre, cesse d'être comprimé par une dure et pesante
tyrannie. Les Athéniens, attaqués par tant de nations,
abandonnés et trahis par tant d'alliés, affligés de tant
de revers, n'ont compromis le salut et la gloire de
leur cité que du moment où ils ont accepté le joug de
l'oligarchie, consenti à reconnaître cinq mille privilé-
giés, à s'imposer quatre cents maîtres, ou bien trente,

ou enfin dix. Hélas! il était trop évident que, vaincus dans l'intérieur de leur république, ils le seraient tôt ou tard au dehors.

Parmi les institutions politiques qui manquaient à la Grèce, il en est deux qui peut-être l'auraient préservée des malheurs dont Thucydide vient de nous tracer le tableau, ou qui les auraient du moins adoucis, je veux parler du lien fédéral et du système représentatif. Nous reviendrons sur ce sujet au commencement de notre prochaine séance, dans laquelle, ensuite, nous entamerons l'étude des livres historiques de Xénophon.

TABLE ANALYTIQUE

DU TOME DIXIÈME

DES ÉTUDES HISTORIQUES.

X. 22

FIN DE LA TABLE ANALYTIQUE.